江苏省“十二五”重点建设学科
——公共管理(南京审计学院)出版资助项目

大学行政化的组织分析

徐 波 著

山东大学出版社

图书在版编目(CIP)数据

大学行政化的组织分析/徐波著. —济南:山东大学出版社,2013.11

ISBN 978-7-5607-4930-3

Ⅰ.①大… Ⅱ.①徐… Ⅲ.①高等学校—学校管理—研究—中国 Ⅳ.①G647

中国版本图书馆 CIP 数据核字(2013)第 269966 号

责任策划:马银川

责任编辑:董付兰

封面设计:张　荔

出版发行:山东大学出版社

社　址　山东省济南市山大南路 20 号

邮　编　250100

电　话　市场部(0531)88364466

经　销:山东省新华书店

印　刷:济南景升印业有限公司印刷

规　格:720 毫米×1000 毫米　1/16

15.25 印张　248 千字

版　次:2013 年 11 月第 1 版

印　次:2013 年 11 月第 1 次印刷

定　价:36.00 元

序

大学行政的扩张、官僚主义的膨胀似乎是一个带有全球性的问题。例如，爱德华·希尔斯在《教师的道与德》一书中对美国大学的行政扩张作了如下描述与剖析:“教师人数的增加、学生人数的增加、为学生服务的福利设施的数量的增加、基金的增加、政府的规章及其对信息的需求量的增加、建筑物和需要照管的设备数量的增加都导致大学行政部门的数量出现了现实的增长。联邦政府在近年来的慷慨拨款和干预措施也增加了大学行政人员的数量。所有这一切都使大学的行政人员看起来更像是拥有昔日的校长和院长们的权力。”

不过，我国大学的行政扩张问题由于历史、制度、文化等多方面因素的影响，比起其他国家的大学来说，恐怕显得更为突出，以至于人们用“大学行政化”一词来描述大学中行政扩张的过度与行政权力的强势。

近年来，大学行政化问题日益引起人们的关注，政府也在有关文件中多次提及。2010 年 6 月，《国家中长期人才发展规划纲要(2010～2020 年)》中提出要“克服人才管理中存在的行政化、‘官本位’倾向，取消科研院所、学校、医院等事业单位实际存在的行政级别和行政化管理模式”。同年 7 月发布的《国家中长期教育改革和发展规划纲要(2010～2020 年)》也指出:“随着国家事业单位分类改革推进，探索建立符合学校特点的管理制度和配套政策，克服行政化倾向，取消实际存在的行政级别和行政化管理模式。”2013 年 11 月，中国共产党第十八届中央委员会第三次全体会议通过的《中共中央关于全面深化改革若干重大问题的决定》明确提出:“加快事业单位分类改革,加大政府购买公共服务力度,推动公办事业单位与主管部门理顺关系和去行政化,创造条件,逐步取消学校、科研院所、医院等单位的行政级别。”

看起来,大学行政化已成为众矢之的,大学去行政化已成为大势所趋。但是我们应该清醒地认识到,由于我国大学中的行政化由来已久,其制度基础较为深厚,去行政化并非易事,正所谓“冰冻三尺,非一日之寒”。大学行政化是如何形成的,大学行政化的组织制度基础究竟是什么,大学行政化对我国大学发展又有什么影响……这些问题值得我们去作进一步的深入研究与探讨。从这一意义上讲,徐波博士的这本论著——《大学行政化的组织分析》出版得可谓正逢其时。

从组织的视角、运用组织学的理论来研究大学内部的结构、管理、制度等问题,在近年来的大学研究中时常可以看到。因为大学作为一种社会机构,与其他社会机构的差异,在组织层面上显现得最为突出。国外学者经过研究提出的“有组织的无政府”这样一种对大学组织特征的概括在研究界已广为人知。同样,运用组织理论作为分析框架研究大学行政化问题,也不失为一种有意义的尝试。徐波博士在论著中按照“本体—结构—评价—历史走向”的逻辑线索,在对大学行政化的概念、历史、未来走向等作深入分析的基础上,着重从组织结构、组织权力、组织政治、组织文化这四个维度探讨了大学行政化赖以形成与存在的组织制度基础,指出大学行政化的支撑点在于牢固联结的组织结构、准官僚模式的组织权力、追逐政府资源的组织政治、依附型的组织文化。这一具有创新意义的分析研究有助于我们进一步深刻理解大学行政化的本质及去行政化的要义所在。

徐波博士选择大学行政化这样一个看似积重难返的问题作为博士论文研究课题,反映出他作为一个青年研究者的责任与勇气。毫无疑问,大学行政化问题无论在实践层面还是理论研究层面,都还未达到能够解决的地步。希望徐波博士能以这本论著的出版作为新的开始,将这一问题的研究继续深入下去。是为序。

胡建华
2013 年 11 月

前　言

大学行政化已经引起了全社会的广泛关注，人们对行政化引发的种种弊病予以严厉的批判和声讨，更是对去行政化表现出了热切的期待。大学行政化关乎大学自治、学术自由，因此大学行政化问题牵涉大学的属性、大学的功能、大学的精神。大学行政化关乎政府与大学之间的关系，也关乎大学内部管理模式，而这正是现代大学制度的要义所在，大学行政化问题是研究现代大学制度无法绕开的命题。

本书分为七章。分别讨论什么是大学行政化、大学行政化的构成要素、大学行政化的原因与评价、大学行政化的历史走向。第一章着重分析大学行政化的内涵，行政与政治密不可分，具有强制性和控制性，相应的，大学行政化也必然有这些特征。本书认为，大学行政化简单地说就是指大学趋同政府，成为政府的延伸。第二章提出大学行政化之组织结构的特征是牢固联结。这与西方经典高等教育著作把大学称为"有组织的无政府"组织、把大学的组织结构描述为"松散联结"完全不同。第三章提出大学行政化之组织权力的模式为准官僚模式。准官僚模式是指我国大学的权力既具有部分韦伯所谓理性官僚模式的特征，同时又违背了理性官僚模式。第四章提出大学行政化之组织政治集中表现为功利取向。本章对组织政治行为、组织政治认知、组织政治技能三个相辅相成的概念进行了分析。第五章提出大学行政化之组织文化是一种依附型文化。本书认为大学组织文化与大学文化是两个不同的概念，与具有独立、批判、创新、超越等品格的大学文化不同，大学行政化下的组织文化表现出很强的依附性。第六章分析了大学行政化产生的原因，并对大学行政化作了评价，既论述了大学行政化存在的现实合理性，又对大学行政化的消极影响进行了剖析。第七章以历史的视角分析了大学行政化的走向。在这一章着力探讨了去行政化问题，本书认为强制性制度变迁、诱致性制度变迁的方式难以达到去行政化的效果，而随着市场效用的提升，市场性制度变迁有望成为去行政化的有效方式。

徐　波

2013年6月20日

目　录

第一章　绪　论

英国诗人约翰·曼斯菲尔德(John Masefield)曾经说过:"世间再无堪与大学相媲美的事物。在国破家亡、价值沦丧之时,在大坝坍塌、洪水肆虐之时,在前途暗淡、了无依赖之时,不论何地,只要有大学存在,它就巍然屹立,光芒四射。只要有大学存在,人的自由思想、全面公正探索的冲动仍能将智慧流入人们的行为之中。"①

在诗人颂扬的言辞中,大学正以"纯粹"的思想有力地引领社会前行的步伐,然而在现实中却充满着颠倒,大学被赋予一种别样的存在方式。"高校已经不是或不完全是真正意义上的高校,而是行政体系在高教系统的延伸。其主要特征是:庞大的行政队伍是支配和支撑高校的真正主体;单位和人员按权力框架编排在不同位格等级中,权力意志是高校运作的根本的价值信号;权力价值标准和价值根据是评价人的行为、肯定人的价值的根本标准和依据。"②

第一节　大学行政化概念辨析

研究大学行政化,首先要从理论上给大学行政化作出界定,这也是本书研究的起点。对此,从这个概念的关键词,即"行政"入手。

---

① ［美］罗伯特·伯恩鲍姆:《大学运行模式——大学组织与领导的控制系统·中文版序》,别敦荣译,中国海洋大学出版社 2003 年版,第 6～7 页。

② 冉云飞编:《沉疴:中国教育的危机与批判》,南方出版社 1999 年版,第 147 页。

一、行政概念

关于"什么是行政",学术界有许多观点,众说纷纭,始终未能形成共识。本文无意于研究行政的概念,但是有必要把握行政的基本特征,这是深入认识大学行政化概念的基础。

中外有不少学者从单一的维度给行政下定义,以下几种观点具有代表性:

从边界划分角度,有学者认为"行政是指国家立法、司法以外的国家的职能"①。这个概念是在比较立法、行政、司法三种作用后对行政的定义。该观点虽然未说明行政的本质是什么,但对行政的范围作了形式上的界定。

从目标功能角度,日本学者田中二郎认为"近代行政,可理解为于法之下,受法之规则,并以现实具体地积极实现国家目的为目标,所为之整体上具有统一性之继续的形成性国家活动"②;而另一位日本学者认为,行政是"为适应国家社会的需要具体实施公共政策的过程及行动"③。

从组织管理角度,有学者认为:"行政是指国家行政机关对国家和公共事务的决策、组织、管理和调控。"④这种观点把行政分解为主体、对象和功能三部分,但未能揭示行政与立法、司法职能的本质区别,因为立法与司法也可以表现为决策、组织、管理、调控等功能。

新近,学者们在以往"行政"概念的基础上,从多个视角系统、整体性地出了"行政"的定义——与立法、司法相对应的"行政"。这里所说的"行政",就是行政机关实施立法机关所制定的法律的活动,是与政治相对应的"行政"。按这种说法,政治是国家意志的表达,行政是国家意志的执行,是与管理相对应的行政。这种观点认为,行政活动就是管理活动。行政是由计划、组织人事、指挥、协调、报告和预算等功能构成的一个过程。⑤

(一)行政与政治

"政治与行政二分",首先由伍德罗·威尔逊(Woodrow Wilson)提出,随

① 罗豪才主编:《行政法学》(新编本),北京大学出版社 1996 年版,第 2 页。

② [日]田中二郎:《行政法》上卷,东京弘文堂 1974 年版,第 5 页。

③ [日]南博方:《日本行政法》,杨建顺、周作彩译,中国人民大学出版社 1988 年版,第 8 页。

④ 罗豪才主编:《行政法学》(新编本),第 2 页。

⑤ 参见张康之、李传军:《公共行政学》,北京大学出版社 2007 年版,第 5 页;吴琼恩等:《公共行政学》,北京大学出版社 2006 年版,第 10 页。

后由弗兰克·J·古德诺(Frank J. Goodnow)进行了充分阐述。

威尔逊认为:"行政是一切国家所共有的相似性很强的工作,是行动中的政府,是政府在执行和操作方面最显眼的部分。政治是政府在重大而且带着普遍性事项方面的国家活动,而行政是政府在个别、细致而且带技术方面的国家活动,是合法的、明确而且系统的执行活动。"但是,威尔逊并没有由此将政治与行政完全割裂开来,他也强调了行政与政治的密切相关性:"行政管理却同时又大大高出于纯粹技术细节的那种单调内容之上,其事实根据就在于通过行政管理那比较高深的理论,它与政治学智慧所派生的经久不败的原理以及政治进步所具有的永恒真理是直接相关联的。"①

古德诺于1900年出版了《政治与行政》一书。在该书中,他对政治与行政的关系进行了系统论证。他认为,政治是国家意志的表达,而行政则是国家意志的执行。

> 分权原则的极端形式不能作为任何具体政治组织的基础。因为这一原则要求存在分立的政府机构,每个机构只限于行使一种被分开了的政府功能。然而,实际政治的需要却要求国家意志的表达与执行之间协调一致……为了在国家意志的表达与执行之间求得这种协调,就必须或者牺牲掉国家意志的表达机构的独立性,或者牺牲掉国家意志执行机构的独立性。要么执行机构必须服从表达机构,要么表达机构必须经常受执行机构的控制。只有这样,在政府中才能存在协调。只有这样,真正的国家意志的表达才能成为被普遍遵守的实际的行为规范。②

"政治与行政二分"绝不能望文生义地理解为行政脱离政治,在实践中政治牢牢地主导着行政,行政管理的任务是由政治加以确定的,行政权力受到政治系统强有力的制约和监督。

(二)行政与法

行政与法的关系问题,是各国行政法关注的焦点。无论是英美法系国家的限制权力观念还是大陆法系国家的依法行政观念,都旨在确立和有效地处理二者的关系。其实,"行政概念与法本无关系,行政即是政策的实施,它与国家同时产生,并不是没有法律的允许就不能行政。实际上,行政机关

---

① 转引自彭和平、竹立家:《国外公共行政理论精选》,中共中央党校出版社1997年版,第3页。

② [美]弗兰克·J·古德诺:《政治与行政》,王元译,华夏出版社1987年版,第24页。

能够根据自己的主动权实现其固有的意思”。比如近代以前的专制时代，封建领主、专制君主以布告、敕令等所谓的“法规”行政。法国大革命以后的近代国家，开始“根据法的合理性来制约行政的随意性”。由此，近代行政法学得以产生。与此相适应，也出现了行政与法的关系问题。① 行政管理立足于权力，然而，权力具有扩张性，一切有权力的人都容易滥用权力，这是万古不易的一条经验。因此，政府的所有权力应该根据既定的和公布的法律来行使。根据法的合理性来制约行政的随意性是各国行政法治理论与实践的共同点。因此，在行政与法的关系上，总的来说，应坚持依法制约、规范行政。

(三)行政与管理

关于管理(management)与行政(administration)的异同，系统分析组织理论的代表人物卡斯特和罗森茨韦克在其所著的《组织与管理》一书中写道：

> 会反复出现的一个问题是“管理”(management)与“行政”(administration)这两个词之间的区别。“行政”常与政府或其他非营利性组织相联系，而“管理”则与工商企业相关。……我们把这两个词作为可替代的词来使用，但侧重于使用“管理”这个词，不管是用以指工商业组织、医院、慈善机构或政府机关。据此，管理就成了极其普遍的活动。②

行政包含着管理的内容，有着管理的形式，或者可以说，行政本身就是从原始的管理形态演化而来的。但需要强调指出的是，行政是一种特殊形式和有着特殊内容的管理。③ 行政是管理的一种。管理包括企业管理、行政管理等种类。

综上所述，从行政与政治、法(立法与司法)、管理三者的关系来看，我们可以这样把握行政的内涵：行政是为实现国家的目的，受法律、法规、规章等制度的授权与约束进行的管理活动。

二、大学行政化

对“大学行政化”这个概念，我们似乎既熟悉又陌生。说熟悉，是因为大学行政化的种种形态恣意徜徉于大学，不需要仔细辨别就能准确圈出。例如，大学被赋予行政级别，动辄以行政级别为标准，甚至捐款数目多少也按

---

① 参见袁汝海：《论依法行政中行政与法的关系》，《云南行政学院学报》2000 年第 2 期。

② 转引自刘俊生：《管理学》，中国政法大学出版社 2001 年版，第 4 页。

③ 参见张康之、李传军、张璋：《公共行政学》，经济科学出版社 2002 年版，第 2～3 页。

照行政级别划分，许多政府官员调任高校领导，大学行政队伍庞大，大学行政机构众多，大学职能部门主导资源分配，某些事情大学教授没有发言权，很多大学教授乐于做“官”。

然而，“大学行政化”这个概念又是陌生的，我们在列举大学行政化的数种迹象时，并没有能够清晰地界定其内涵。概念并不是所有特征现象的再现，它是经过抽象的思想内容。只有借助于一般概念，并由此将那些具有某些共同特征的对象进行概括，才可从思想上将世界上无穷无尽的多样性进行归类和整理，才能上升到理论研究的层面。

大学是一个传授知识、创新知识、运用知识服务于社会的场所，也是教师和学生的学术共同体。克拉克认为：

> 知识是包含在高等系统活动中的共同要素：科研创造它；学术工作保存、提炼和完善它；教学和服务传播它。自高等教育产生以来，处理各门高深知识就是高等教育的主要任务，并一直是各国高等教育的共同领域。当我们把目光投向高等教育的生产车间时，我们所看到的一群群研究一门门知识的专业学者，这种一门门的知识称作“学科”，而组织正是围绕这些学科确立起来的。[①]

知识构成大学的一切，学术性是大学自诞生起，就与之相依存的根本属性。离开了学术性，大学根本就不能再用“大学”来指称。

“大学”和“行政”是两个迥然不同的概念。如果我们要对“大学行政化”这个概念作出整体把握，当从这个词组的结构本身去理解时，“化”在此就具有非同寻常的意义。《汉语大词典》对“化”的解释有若干种，其中之一在此是吻合的：“后缀，加在名词或形容词之后构成动词，表示转变成某种性质或状态。”[②]“大学行政化”意味着大学的性质发生了变化，大学组织向行政组织方向转变。在此，“化”具有使动性，即“使……转化，使变化”。因此我们可以说，“大学行政化”指在某种力量的推动下，大学组织的学术性弱化，行政性增强，大学组织趋同行政组织的典型——政府。

政府作为典型的行政组织，具有以下主要特征：

1. 政治特点鲜明

行政既履行管理公共事务的职能，又执行统治的政治职能。行政作为

---

① [美]伯顿·克拉克主编：《高等教育新论——多学科的研究》，王承绪等译，浙江教育出版社 1988 年版，第 119 页。

② 《汉语大词典》，上海辞书出版社 1986 年版，第 1107 页。

国家管理的一种职能，必须管理社会事务，维护和推进公共利益，为公民提供优质的社会服务，这是各级政府的重要职责。与此同时，还必须看到，行政又具有鲜明的政治性，即阶级性。行政对社会公共事务的管理，从根本上说是以维护统治阶级的根本利益为前提的，是为统治阶级实现其政治目的服务的。政治统治又是以社会管理职能为基础的。政治只有在执行了它的这种社会职能时才能继续下去。

大学的政治功能是夹杂在政府履行管理职能中完成的。政府对大学的管理以及大学内部管理都是借着行政的手段进行的，只是这种管理活动发生了某些异化，管理活动既成为手段(学术也成为手段)，也成为目的，并有取代学术活动成为大学核心的嫌疑。

政治嵌入在我国大学的方方面面：反映在我们的人才培养目标上，培养社会主义建设者与接班人；反映在我们大学的领导体制上，实行党委领导下的校长负责制；反映在我们的机构设置上，普遍设置多个党群机构；反映在我们的教师队伍上，党务人员占重要比重；反映在我们的知识传授上，“两课”是我们的必修课；反映在我们的身份上，大多数教工为党员；反映在我们的组织文化上，社会主义文化始终是我们的主旋律。

2.具有强制性

行政是行使国家权力所发生的一种社会政治现象，是行使国家权力对国家政务和社会事务进行管理的一种活动。行政权属于国家，行政的本质由国家的阶级性所决定。一切行政活动都直接或间接地与国家权力相联系，是以国家权力为基础的。因此，行政具有普遍的约束力和强制力。

这一点同样在大学中有鲜明表现。对于大学来说，行政要分两个层次来看待。一个层次是大学外部：政府和大学是什么关系？大学校级领导是由政府任命的，政府对大学的领导主要以红头文件方式下命令，并以定期、不定期相结合的手段检查评估大学对文件的执行情况。一个层次是大学内部：大学中的院长、处长等干部是由学校任命的，学校的决定也是以红头文件下发的，并根据文件的执行效果对部门或部门负责人进行考核。命令—服从成为一种常见的大学行政运行机制。

3.具有控制性

行政的控制性是由以上两点决定的，行政的政治性与强制性必然会带来控制性。管理学认为，管理的职能包括计划、组织、领导、控制四项职能，控制是管理的职能之一。控制是指“建立精确的测评和监管系统，用以评价

实现组织目标的过程是否有效”[①]。管理学的控制不同于行政的控制。行政控制是指政府对事物起因、发展及结果的全过程的一种把握,能预测和了解并决定事物的结果。或者说,即指掌握住对象不使其任意活动或超出范围,从而按照控制者的意愿活动。控制性在大学中的表现主要是政府对大学的控制,如组织结构控制、组织权力控制、组织文化控制。控制的手段也是多样的,如政治方式、经济方式、行政方式、文化方式等。

第二节 组织理论的系谱

本书之所以选择组织理论作为分析大学行政化的基础,是因为大学是组织的一种表现形式。当然,选择组织理论作为分析工具,更因为组织理论经过长期的发展日趋成熟。

一、组织的特征

组织是什么?人们较多引用格罗斯与埃策尼、卡斯特与罗森茨韦克关于“组织”的概念。格罗斯与埃策尼关于“组织”的定义是:

> 组织,是人类为了达到某些共同的目标而特意建构的社会单元,企业公司、军队、学校、教会、监狱等都是组织。那些自然形成的群体,如部落、阶级、宗教团体以及家庭则不包括在内。现代组织具有以下特征:(1)在劳动、权力以及沟通责任上有所分工,分工的方式既不是任意的,也不是传统的,而是围绕某一特定目标加以精心设计的;(2)具备一个以上的权力核心,用以指挥组织成员的行为,以促进组织目标的实现,这些权力核心要不时地考核组织的绩效,必要时调整组织结构以增加效率;(3)实行成员的淘汰,对不胜任的成员通过轮训、降职、撤职的方式加以更换。[②]

卡斯特与罗森茨韦克关于组织的定义是:

> 组织是:(1)有目标的,即怀有某种目的的人群;(2)心理系统,即群体中相互作用的人群;(3)技术系统,即运用知识和技能的人群;(4)有

---

① [美]加雷思·琼斯、珍妮弗·乔治:《当代管理学》,郑风田、赵淑芳译,人民邮电出版社2005年版,第6~8页。

② Gross, E. & Etzioni, A. *Qrgnizations in Society*. New Jersey: Prentice-Hall Inc., 1985, pp. 5-7.

结构的活动整体，即在特定关系模式中一起工作的人群。①

综合以上两种定义，大致可以归纳出组织所必备的要素。首先，组织是有目标的；其次，组织包含某种结构，这种结构是建立在分工基础上的，而权力是维持结构与分工的必要条件；最后，组织有一种文化心理。

汉南(Hannan)和卡罗尔(Carroll)认为组织有三点益处：首先，组织比其他社会结构类型更具持续性。组织设计出来是为了能够在一段时间内一贯并连续地支持一系列具体行为的实施。形式化(规范化)的主要功能就在于能在参与者不停变动的情况下，保持体系的稳定性。

其次，组织具有可靠性。组织擅长一次又一次地用同样的方法完成同样的事。形式化、权威结构、具体规章制度、强烈的文化色彩和具体的机制的使用，所有这些因素或更多的设计，都是为了提高工作的可靠性。

最后，组织还具有可控性。行为往往发生在一定的规则框架内。规则框架为决策与行为提供了指导和合法性，为参与者对其过去行为的评价提供了理性基础。由组织保存下来的记录和创建的“文件检索”，为回溯过往行为提供了基础。权力等级确保了人们遵守规则并以被认同的标准和方式进行工作。②

二、组织理论的演变

传统上，人们往往把组织理论的发展历史分为三个阶段：古典组织理论、近代组织理论和现代组织理论。但是这种分类没有抓住组织理论每个发展阶段的特征，因此本书借用朱国云《组织理论：历史与流派》的分期法，把组织理论发展的历史流派演变分为五个阶段：科学管理时期(20世纪初至30年代)、行为科学时期(20世纪30～50年代)、科学决策时期(20世纪40～50年代)、系统科学时期(20世纪60～70年代)和文化管理时期(20世纪80～90年代)。

(一)科学管理时期

科学管理是由弗里德里克·泰勒(F. W. Taylor)始创的。泰勒提倡的工厂劳动的管理法称为“泰勒制”。可以说，这是适应20世纪初期以人力为动力的机械时代的“作业的科学”。

---

① Kast, F. E. & Rosenzweig J. E. *Orgnization and Management*. New York: Mc Graw-Hill, 1979, p9.

② 参见[美]W. 理查德·斯格特：《组织理论》，黄洋等译，华夏出版社2002年版，第21页。

科学管理强调科学调查，就是要实地进行记录、列表，归纳出法则，找出规则，将这些规则、法则运用于对工人的日常管理，使每个工人有更多、更好的产出，使每个人得到更多的工资。

在同一时期，还有马克斯・韦伯（Max Weber）的组织结构理论。韦伯的贡献在于对组织的官僚制、合法权力、效率等进行了经典性的概括。他认为，领导要履行职责就必须具有合法的权力，在合理的官僚制度中，上下级之间应贯彻职位等级原则，官僚组织应当由经过充分专业训练的、专职的、被任命的职业官员组成，在"官僚机器"中的人应该去掉他们之间人性方面的差异。同时，这个组织又具有制度性，在组织中存在一系列的规则和程序，在组织担任一定职务的成员，则必须依据相应的规则和程序来行使其职责。由此，理性官僚制（即理想化的官僚制）是打破人格依附性的产物。韦伯的三种合法权力在第三章再具体论述。

亨利・法约尔（Henri Fayol）的组织过程理论也是科学管理时期的理论之一。他认为计划、组织、协调、指挥、控制构成了组织管理运行的五要素。他还提出了 14 条组织管理原则，这与韦伯的官僚制理论类似：劳动分工，即专业化；权力和责任；纪律；统一指挥；统一领导；个人利益服从集体利益；报酬；集权化；等级系列；秩序；公平；人员的稳定；首创精神；集体精神。

林德・厄威克（Lyndall Urwick）与路瑟・古利克（Luther Gulick）对科学管理时期的组织研究进行了总结。1937 年，他们的《管理科学论文集》问世，第一次正式提出"组织理论"这一概念。此后，各种对组织的研究归并到"组织理论"的名下。

（二）行为科学时期

按照科学管理法，构成组织的要素是职务，而不是担当这些职务的员工。合理地编制组织就是将全部的职务进行合理的分化或组合，而并不是决定员工的配置组合。在这里，人配合事，而不是事配合人。

但是，活生生的人并不是引擎的配件，并不会如设计者所想象的那样行动。研究者通过现场观察，提出新的认识组织的方法，即人际关系理论（human relations theory）。

最初发表人际关系理论的是哈佛大学商学院的梅奥（E. Mayo）及其弟子罗特利斯伯格（F. J. Roethlisberger）。他们的研究团队受西部电器公司委托，进行关于提高工作效率方法的调查研究。他们以该公司的霍桑工厂为基地开始实地调查。最初的调查是依据科学管理法的观点和方法设计的，但是在调查中,他们渐渐对科学管理法是否妥当产生了疑问,多次改变调查的观点和方法。调查最终得到的结论是:应当把组织当作一种社会系统来看待,工作场的非正式人际关系是给予第一线的工作效率最大影响的因素。

他们把社会组织分为正式组织和非正式组织。组织系统表、人员编制、组织规章、行为准则等构成了正式组织赖以存在的主要因素。在正式组织中,每个成员的典型职能关系都能在组织表中显示出来。相对于此,非正式组织(或者说非定型组织)是指在正式组织中没有表现出来,但却在组织的成员之间实际发生的所有的关系形态。

行为科学家伦西斯·利克特(Rensis Likert)把组织管理分成两种类型:低效的和高效的。低效组织管理主张通过权威授权实行控制,主张"工作中心论"。工作是有组织的,方法是预先规定的,标准、目标和预算是已定的。领导通过等级压力和经济压力使人们遵从各种规定。

与低效组织管理相反,高效组织管理认为直接运用权力控制会使组织成员产生不满,从而带来低效,主张"雇员中心论",在管理中力求使组织成员产生积极合作的动因,将经济的、自我的和其他的激励机制合并使用。

在这一时期,切斯特·巴纳德(Chester I. Barnard)提出组织平衡理论,主张所有的组织都拥有追求组织目标的功能(称为"对外均衡")以及确保组织成员发自内心地合作的功能(称为"对内均衡")。这两项功能中,经营者所关心的常常趋向于对外均衡的问题,但是要使一个组织成为真正有效的组织,经营者就必须同时考虑另一项功能,也就是对内均衡的问题,要提高组织成员的工作满意度。

以包含丰富人际关系理论的关于人的行为的知识积累为前提,巴纳德写成了《经理人员的职能》(1938 年),将组织理论作为各种具体管理理论的基础,从此现代组织理论产生。

(三)科学决策时期

继承了巴纳德理论的重要思想,飞跃性地发展了现代组织理论的是赫伯特·西蒙(Herbert. A. Simon)的《管理行为》(1947 年)以及赫伯特·西蒙与马奇(J. G. March)合著的《组织》(1958 年)。

西蒙以"管理人"作为他寻求组织决策的假设前提。"管理人"具有两大基本特性:一是他寻求的是满意而不是最优,因此,他不用考虑一切可能的备选行动方案;二是他将世界看成是近乎空旷的,因而不去考虑事物之间的相互联系。西蒙提出的"管理人",其实质就是一种有限理性。有限理性论

是西蒙全部决策过程理论的基石。

西蒙把决策分为程序化决策与非程序化决策。他还把组织决策分成四个主要阶段:一是找出制定决策的理由的阶段,二是寻找可能的行动方案的阶段,三是在各种方案中进行选择的阶段,四是对已经选择的方案进行评价的阶段。

(四)系统科学时期

这一阶段的组织理论明显地带有综合性、有机性和总体性的特征。在系统分析和权变理论阶段,出现了诸多代表人物,如弗雷德·菲德勒(Fred E. Fiedler)、沃伦·本尼斯(Warren Bennis)、卡斯特(F. E. Kast)和罗森茨韦克(J. E. Rosenzweig)。

菲德勒提出了权变控制模型理论。该理论研究的是在动态领导过程中,领导者个性与领导情境之间的相互关系。构成权变模型的第一个重要变量是领导者个性。一种类型的领导是"以关系为动因",其在领导的情境中是凭借良好的人际关系完成任务并以此来获得自我尊重的。领导者的另一种个性是"以任务为动因",他们试图通过证明自己的才干来得到尊重和满足。权变模型的另一个重要变量是领导情境,包括三个指标:一是领导者与成员的关系;二是任务的结构性,指的是任务本身的明确性程度和上下级之间的关联性程度;三是职位权力。在领导情境系统中,最重要的是领导者与成员的关系,最不重要的是职位权力。这与韦伯的观点相反。

本尼斯指出,组织要生存下去,必须完成两项相互关联的任务:一是要协调成员之间的活动,维持内部系统的正常运转;二是要协调组织与外部环境的关系。前者是一种"内协调"或"内适应",后者则是一种"外协调"或"外适应"。

卡斯特和罗森茨韦克的组织环境超系统理论、组织目标理论影响深远。

组织环境超系统理论认为,在组织与环境之间存在着可分辨的界线,它将组织与环境分隔开来,对投入到组织内的能量、信息、材料进行筛选,因此界线的功能首先是为组织提供一定程度的独立性与自主权,使它不受外界的影响。

组织目标理论认为,在组织内会发生目标置换的问题。所谓目标置换,是指组织为了达到自己的目标,常常建立起一套程序和手段。在遵行这些程序和手段的过程中,组织成员常将这些程序和手段视为是他们本身的目标,而不是看作实现组织总目标的手段。这时,原来的手段变成了目的,手

段成了最终的价值。当一个组织的成员被规定的职能和规章所束缚，并且组织还制定了严厉的制裁规则时，目标置换的现象就会经常发生。

对组织目标的承诺的有限性在组织中的科学家和专业人员身上会明显地表现出来。组织中的这类成员很重视追求知识、专业工作的成绩和自治。他们迫切需要成就和自我实现。这些价值观念可能与组织的一体化会产生冲突。因此，科学家、专业人员可能是组织中的"有条件的承诺者"。

(五)文化管理时期

埃德加·沙因(Edgar H. Schein)是这一阶段的代表人物，其观点集中在《组织文化与领导》中。沙因正式提出了"组织文化"的定义：群体在解决其外在适应与内部整合的问题时，学得的一组共享的基本假定，因为他们运作得很好，而被视为有效，因此传授给新成员，作为当遇到这些问题时，如何去知觉、思考及感觉的正确方法。沙因还将组织文化区分为三个层次：最顶层是人为饰物层次，包括了我们初入一个新群体，面对一个不熟悉的文化时，所看见、听见与感受到的一切现象；第二个层次是外显价值观；第三层是基本假定，属于潜意识的、视为理所当然的，是价值与行动的终极来源。

路易斯(Meryl Reis Louis)的组织文化渊源理论认为，组织文化是从社会系统内部的影响中产生出来的，他将此称为组织文化的社会内容或社会学渊源。对于一个社会系统来说，其固有的意义和关联充当了使得人们的行为得以形成的社会理想。这些社会理想规定了人们应当做什么，不应当做什么。相应的，社会理想构成了价值和关联的系统。个人和组织正是通过这一系统制定目标、确立抱负、激励行为、评判绩效的。

第三节　问题的提出及其研究意义

"旧时王谢堂前燕，飞入寻常百姓家。"随着高等教育大众化时代的到来，随着高等教育功能的日益发挥，大学与整个社会越来越密不可分。一方面，大学强大的社会推动力激起我们对大学更多的期待，因此人们开始反思大学存在的问题，寻找制约大学发展的因素；另一方面，"距离产生美"，当大学与我们以前所未有的近距离接触时，大学曾经的神圣感、朦胧感被逐渐地剥离，大学的弊病暴露出来。近年来，大学行政化成为各种新闻媒体竞相报道的社会热点问题，引起了包括大学人在内的全社会的关注。人们似乎认为，这就是我国大学问题的关键所在，而这种讨论也有愈演愈烈的趋势，因此，客观、深入、系统地从理论上研究这个问题显得非常迫切。

一、问题的提出

（一）经验式的讨论呼唤理论的应答

翻阅新闻媒体的报道，可以发现对大学行政化的讨论集中反映在三个方面。

第一，描述大学行政化的各种现象。2007 年 3 月“两会”（十一届全国人大一次会议、全国政协十一届一次会议）期间，许章润教授作为委员在接受《新京报》采访时，认为大学行政化表现为：行政首长、学术领袖不是经过大学共同体自发产生的，而是经过自上而下的权力运作出现的；科研经费的申请、划拨方式完全是行政主导；教学内容的安排、教学体例的设定，甚至研究生招生考试科目的确定，大学教授是没有发言权的，甚至大学本身也是没有发言权的；职称评定是上面下发名额，而不是根据教学需求；科研单位的设定，比如中心是正处级，而且与待遇挂钩；行政人员远远多于教学科研人员，他们所占有的资源远远多于教师。

2007 年 11 月 28 日，北京工业大学人文学院院长陆学艺教授指出，大学行政化的表现为：党委、行政机构过于庞大，人员众多，一个学校像一个城市，党政后勤、基建道路、医院食堂、学生宿舍、民事纠纷、刑事犯罪都要校长、书记管。

2009 年 3 月 8 日，邵鸿教授在政协十一届全体委员会第二次会议大会发言中指出，大学行政化表现在两个方面：一是政府行政干预日益强化，大学越来越像行政单位而非独立的教学科研机构。如高校办学自主权不断受到挤压，大学行政级别被人为强化，大学领导来源行政化。二是大学内部高度行政化，行政权力凌驾于学术权力之上。如行政机构成为学校主导部门，学术委员会权力被虚化，教代会权力被弱化。

第二，认为大学行政化与大学存在的各种弊端密切相关。比如“官本位”导致学术精神的沦丧，滥评职称、滥发文凭乃至卖文凭、送文凭，教学科研质量评估中造假，金钱打点、疏通关系之类学术外“功夫”在课题申请、硕士博士授予权等纯学术事务上“粉墨登场”。随着高校在招生录取、经费使用、干部聘任等方面拥有的自主权越来越多，高校领导的权力也越来越大。

个别领导甚至大权独揽，滑向腐败。[①] 熊丙奇教授说，行政思维办校，必将导致高校追求近期业绩、注重外延发展、忽视内涵建设等问题。[②] 郭传杰教授认为，长期计划体制的影响和高度行政化的管理，使学校这个办学主体缺乏实际办学的自主权。体制因素是大学特色的第一"杀手"。[③]

第三，提出去行政化的措施。有人认为，去行政化要做到依法民主治校、强化服务意识、优化利益分配。[④] 朱崇实校长认为，政府作为主管者，要特别注意维护大学的自主权，要让大学的党委和校长拥有充分的、能够按照教育规律和学校特点自主办学的权力。在党委领导下的校长负责制这一根本制度的基础上，注意发挥教师特别是教授在办学中的重要地位。张德祥教授认为，应进一步理顺政府与大学的关系，要进一步完善高等学校内部决策与管理机制。[⑤]

作为大学圈中人的教授甚至是大学校长们深邃的思想、精辟的观点带领我们走近了大学行政化问题，甚至是走进了问题的内部，切中了问题的要害。然而，这些经验式的讨论只能为我们进一步研究大学行政化作出理论上的准备。这些以新闻的形式呈现给我们的信息，缺乏逻辑、推理、演绎的过程，我们只能以个人经验的方式判断其"是"或"否"。要把这些感性认识上升到理性认识，我们有必要经过严密的论证，把这一问题放在学术体系中予以检讨。

(二)去行政化的改革要求深入认识大学行政化

响应时代的需求和社会的呼声，2010 年国家连续出台的文件中先后提出大学去行政化的改革政策。4 月份，中共中央、国务院出台了《关于分类推进事业单位改革的指导意见》，提到"对面向社会提供公益服务的事业单位，积极探索管办分离的有效实现形式，逐步取消行政级别"。6 月份，《国家中长期人才发展规划纲要(2010～2020 年)》发布，提出"克服人才管理中存在的行政化、'官本位'倾向，取消科研院所、学校、医院等事业单位实际存在的行政级别和行政化管理模式"。7 月份，《国家中长期教育改革和发展规划纲

---

① 参见李松:《行政化倾向，高校难以承受之重》，新华社 2005 年 12 月 29 日。

② 参见樊未晨、谢洋:《机构臃肿效率低下，熊丙奇剑指高校行政化弊端》，《中国青年报》2008 年 3 月 3 日。

③ 参见原春琳:《中科大原书记:三因素扼杀中国大学，官本位严重》，《中国青年报》2009 年 9 月 1 日。

④ 参见李松:《行政化倾向，高校难以承受之重》，新华社 2005 年 12 月 29 日。

⑤ 参见谢维和:《清华大学副校长称:校长要习惯给教授打工》，《人民日报》2009 年 2 月 24 日。

要(2010～2020年)》发布，指出“随着国家事业单位分类改革推进，探索建立符合学校特点的管理制度和配套政策，克服行政化倾向，取消实际存在的行政级别和行政化管理模式”。

进行改革，理论先行。我们需要知道什么是大学行政化，其表现有哪些，具有什么特征，存在哪些危害，其历史成因何在，可能的改革路径有哪些。只有在回答这些问题之后，我们才可能真正有效地推进大学去行政化的改革，也才可能达到应有效果，最大限度地降低改革的代价。

(三)需要加强大学行政化系统的研究

大学行政化作为我国大学所特有的现象，受到人们空前的关注，然而学界却迟迟没有作出反应。2010年之前还没有讨论大学行政化的学术专著，以“大学行政化”为关键字检索CNKI数据库，仅仅只有8篇论文。从这8篇论文来看，有一个共同的特点：参考文献少，被引用频率低。这说明大学行政化问题没有引起理论界的关注，既有的研究理论化水平非常低。

2010年以后，随着国家相关文件的出台，大学去行政化成为热点问题。正如胡建华教授在《高等教育学新论》中指出的，高等教育研究具有“热点趋向”的特点，即“学科(理论)研究的轨迹以实践领域的热点问题为转移”[①]。短时期内，有关大学行政化的论文，特点是去行政化的论文呈喷发式增长，大约出现了200篇相关的学术论文。但是，仍然没有专门的著作系统分析大学行政化问题。

在英美等拥有大学自治强大传统的高等教育发达国家，高等教育的发展有一个共同的趋势，即政府加强对大学的干预，甚至政治也加大对大学的渗透力。正如布鲁贝克所说，高等教育越卷入社会的事务中就越有必要用政治观点来看待它。就像战争意义太重大，不能完全交给将军们决定一样，高等教育也相当重要，不能完全留给教授们决定。[②] 布氏对此表现出的豁达令我们吃惊，也令我们汗颜。面对政府的干预与政治的渗透，作为大学人，我们既不能愤世嫉俗般地鞭挞，为此悲观、失望，也不能雀跃般欢呼，拍手称赞，这都不是学者应有的态度，我们需要的是冷静客观的分析。

在大学越来越成为社会发动机时，政府的干预与政治的渗透也具有了逻辑的基点。我们必须正视现实，客观、公正地研讨大学与行政、大学与政

① 胡建华等:《高等教育学新论》，江苏教育出版社2006年版，第19页。

② 参见[美]约翰·S·布鲁贝克:《高等教育哲学》，王承绪等译，浙江教育出版社2002年版，第32页。

治之间的关系。我们不能一味地钻进中世纪大学的故纸堆中挖掘所谓的大学自治传统,而不加审视地批判有违中世纪大学传统的现象。

(四)建构现代大学制度需要研究大学行政化问题

现代大学制度是对大学发展模式的整体设计。在社会的转型期、高等教育的转型期,把我们的大学引向何方,成为人们热切关注的时代话题。

邬大光教授认为,大学制度大体包含两个方面的含义:其一是宏观层面的大学制度,亦可理解为一个国家的高等教育制度,它包括国家层面的办学体制、投资体制和管理体制,是一个国家整个高等教育系统的总称;其二是微观制度,主要是指一所大学的组织结构和体系,是维系一所大学正常运行和发挥其职能的制度保障。①

王洪才教授认为,构建现代大学制度的雏形,需要处理好四对关系。第一对需要处理的关系就是大学与政府的关系。第二对要处理的关系就是大学与社会发展需要的关系。第三对要处理的关系就是大学发展与学术发展内在需要的关系。在很多时候,大学发展与学术发展关系的问题,常常被人们简化为学术权力与行政权力的冲突,也常常被表示为以大学校长为首的行政机构与以教授委员会或学术委员会为首的学术组织之间的矛盾。第四对关系是大学发展与学生发展需要的关系。②

对于大学来说,行政存在于两个层面:一是大学行政管理部门与大学之间的关系,二是大学内部的关系。大学行政化探讨的主要是大学与政府的关系,以及大学内部以校长为代表的行政与以教授为代表的学术之间的关系。也就是说,大学行政化的本质是讨论两种关系,即大学的外部关系与大学的内部关系。不管是邬大光教授的"两层论",还是王洪才教授的"四对关系论",大学建立什么样的内外关系都是现代大学制度研究的核心要素。在弄清楚我们要去哪里之前,最好先弄清楚我们在哪里。研究大学行政化问题,必然可以为我们更好地构建现代大学制度提供较好的准备。

① 参见邬大光:《论建立有中国特色的现代大学制度》,《中国高等教育》2006 年第 19 期。

② 参见王洪才:《论现代大学制度的雏形》,《中国高等教育》2007 年第 2 期。

二、研究的意义

(一)理论意义

1.提升大学行政化研究的理论水平

本书从界定大学行政化概念出发，揭示行政性所具有的政治性、强制性、控制性的特点，这既为下文剖析大学行政化产生的原因埋下了预设，也为我们去行政化研究提供了分析路径。全书侧重于从四个方面分析行政化的表现，即行政化在组织基本结构上的表现、行政化在组织权力上的表现、行政化在组织政治上的表现和行政化在组织文化上的表现。“行政化”成为贯穿全书的关键词，依次解决“什么叫大学行政化”、“大学行政化的表现”、“大学行政化的评价”、“大学行政化的原因与走向”等环环相扣的系列问题。

经过对政府、企业、学校、医院等典型组织的广泛研究，现代组织理论已经发展为一套成熟的理论体系。为了提升本书的理论素养，本书借用现代组织理论，把大学行政化从一个现象性问题提升到一个研究性课题。

2.有利于丰富大学自治与学术自由的内涵

大学自治与学术自由是高等教育研究的经典主题。学者们从大学的历史学研究、国别比较研究、理论研究、应用研究等各个方面，阐述了大学自治与学术自由的历史经验与现实需求，所有的研究都指向一个结论:大学自治与学术自由是大学天然的元素。然而，现实却是令人困惑的，甚至是沮丧的，那么又是什么制约了我国大学自治与学术自由精神的萌发或繁盛呢？因素可能是多重的，但是大学行政化必然是其中一个重要的原因。大学行政化是大学自治与学术自由的相左者，如果能够找到支撑大学行政化的要素，或者说弄清大学行政化的结构，也就找到了开启大学自治与学术自由之门的路径。

3.有利于丰富本土化的高等教育理论

台湾学者对学术研究中表现出的西化问题有过深刻而警醒的认识:

> 近四十年学术的发展，具有相当浓厚的“加工性”、“殖民性”、“实用性”、“实证性”，以及受到学术研究“边陲”性格的影响，因此研究品质并不十分理想。表面上看，学术市场相当热闹，有逻辑实证论、行为科学、现象学、诠释学、批判理论、结构主义、存在主义、后现代主义……可说“菜单”十全，但若深究其“营养”，实在贫乏得可怜，就像流行服饰般地“无根”。[①]

① 杨莹:《转型社会中的教育》，财团法人民主文教基金会1991年版，第168页。

尽管我们的高等教育学理论体系的建构表现出了自主、创新、本土化的特点，但是我们所熟悉的高等教育术语大多是西方的舶来品，如用“有组织的无政府状态”来描述大学的管理，用“松散联结”来描述大学的基本结构关系，用“大学自治、学术自由”来描述大学的传统与大学精神，用“学术权力”来描述大学的权力运行机制。然而我们用这些概念术语来解释大学的种种现象时，却发现“缺乏分析现象的明晰度和解决问题的穿透力”。

“大学行政化”这个名词是在中国的语境下产生的，反映了我国高等教育特有的现象。尽管大学行政化的现实不理想，但是现有的高等教育理论体系，特别是高等教育管理理论所构筑的理想也不现实。由于“对外来理论或思想过度依赖，再由于‘急功近利’心态的作祟，因此研究变成了与自己社会文化‘疏离’。其中概念的借用，方法论的混杂、膨胀，导致了‘知’与‘行’的严重差隔，理论无法指导实践，而实践也无法导正理论”①。因此，要分析我国大学的问题，深入认识大学行政化，就必须建立新的概念术语。

（二）实践意义

针对政府与大学的关系问题，中央出台的文件多次提出扩大大学办学自主权。1985 年，中共中央颁布《中共中央关于教育体制改革的决定》，第四点明确提出“改革高等学校的招生计划和毕业生分配制度，扩大高等学校办学自主权”。1993 年 2 月 13 日，《中国教育改革和发展纲要》发布，提出“逐步建立政府宏观管理、学校面向社会自主办学的体制”。1999 年 1 月 1 日，《中华人民共和国高等教育法》实施，第十一条规定“高等学校应当面向社会，依法自主办学，实行民主管理”。1999 年 1 月 13 日，《面向 21 世纪教育振兴行动计划》出台，重申“扩大高校办学自主权”。2010 年 4 月出台的《关于分类推进事业单位改革的指导意见》、6 月发布的《国家中长期人才发展规划纲要（2010～2020 年）》、7 月发布的《国家中长期教育改革和发展规划纲要（2010～2020 年）》都提出大学去行政化，但是去行政化的时间表、路线图仍然不明确。

在大学内部，各种彰显学术权力、教授权力的举措逐一登台。例如，建立教授委员会，自 2000 年东北师范大学首倡在学院一级建立教授委员会以来，目前全国已经有几十所高校实行教授委员会制度；制定大学章程，保障学术权力，如吉林大学的《吉林大学章程》；实施职员制改革。20 世纪末，教

① 杨莹：《转型社会中的教育》，第 168 页。

育部在武汉大学等五所高校开展职员制改革(把学校管理人员全部转为教育职员,不设行政级别,不聘技术职务,全部按照职员职级进行聘任使用),其首要目的是“减少高校管理部门‘政府化’倾向”。

根据近期各种媒体报道,如果对对大学行政化展开讨论的论者身份作一个梳理,我们会发现主要是两大群体:一是大学的知名教授,二是大学的校长或党委书记。他们都不约而同地提出了大学去行政化的措施,这既反映了大学主体意识的觉醒及高扬(一方面,大学要求扩大自主权;另一方面,教授们要求分享大学的权力),也告诉我们一个关键的信息:迄今为止,大学内外去行政化的各种改革措施效果不明显,一个行之有效的改革路径仍未明晰。

然而,无论如何,大学要发展,去行政化的管理体制改革刻不容缓。梁启超先生是戊戌变法的先锋人物之一,110 年前,他在《戊戌变法》一书中总结变法失败的原因时痛切地说:“变法不变本源,而变枝叶,不变全体,而变一端,非徒无效,只增弊耳。”而大学行政化的根源在何处?大学行政化已经浸入到大学肌体的何处?我们要寻找答案,我们要作出判断。

第四节 国内外研究概况

一、大学行政化研究概述

大学行政化的研究呈现出两个阶段,其分水岭是 2010 年。2010 年以前,有关大学行政化的研究较少,即使有所涉及,也是散落在一些论文之中,经验性、感悟性的讨论较多。2010 年以后,大学行政化问题成为研究热点,去行政化研究更是热点中的热点。

2010 年以前的研究主要包括以下内容:

就大学行政化的某个方面展开讨论。有不少文章抨击“官本位”现象,这类文章多采用评论文体。如李琳的《中国高校官场化批判》①从张鸣事件说起,批判高校已经成为一个官场,不仅有官场的结构,还有官场的文化、官场的行事方式,并把大学官场病的本质归结于“体制的问题”。王曾瑜的《大学、科研机构的沉疴痼疾》②指出,即使是学者当官,也不免产生官僚化、学阀

① 李琳:《中国高校官场化批判》,《政府法制》2007 年第 11 期。

② 王曾瑜:《衙门化:大学、科研机构的沉病瘤疾》,《新观察》2006 年第 2 期。

化、奴才化倾向。赏芝堂的《教授·科长·名片》①以大学行政的代表“科长”为例，评述大学教授权威的滑落。杨移贻的《大学官本位及其消解》②分五个方面阐述了官本位的表现，从传统文化、中国大学发展史、制度建设落后三个方面分析官本位的原因，最后从重建大学精神和扩大大学自主权角度提出解决办法。

关于行政评估和考核的研究。熊丙奇的《行政评估缘何难以退场》③分析了行政评估取消的障碍，如教育质量观错位、官员迷恋手中权力、缺乏纠错机制等。刘鸿亮等的《中国大学“泛行政化管理”模式与“量化考核”评价机制亟待改变》④指出，出于维护学校各级主管部门权力的需要，建立了中国大学的“量化考核”评价机制。

关于大学行政权力的研究。董云川的《论大学行政权力的泛化》⑤提出，行政泛化于组织表现为结构变繁，机构臃肿，心性变乱。文章转引了余杰的话语：在一个权力泛化的时代，权力不仅仅归结于政府、政党，而且渗透到每一建筑物的根基里。宋伟的《大学组织行政权力生成的哲学基础》⑥从大学组织行政权力的政治属性、大学组织行政权力的运行机制、大学组织的科层制体系三个方面分析大学组织中行政权力的性质，认为突出的政治特性是大学组织行政权力存在的政治诉求，现代大学组织规模不断扩大是大学行政权力存在的组织保证，现代组织管理理论体系成为大学行政权力存在的理论基础。徐小洲、张剑的《我国大学行政权力分配中的问题与改革策略》⑦认为，大学行政权力的基本特点是整体性、复合性和弹性，并提出未来大学行政权力分配改革的策略：寻找行政力量与市场调节的平衡点，行政权力的行使要法制化与规范化，行政权力结构可适当分散并采取弹性控制，校长的管理方式与选任机制应多元化。阎亚林的《论我国高校学术权力行政化》⑧剖析了行政权力的结构，认为行政权力的大小，取决于该行政权力组织在整

---

① 赏芝堂：《教授·科长·名片》，《现代大学教育》2004 年第 3 期。

② 杨移贻：《大学官本位及其消解》，《学园》2009 年第 1 期。

③ 熊丙奇：《行政评估绝缘何难以退场》，《学习月刊》2008 年第 11 期。

④ 刘鸿亮、杨超华：《中国大学“泛行政化管理”模式与“量化考核”评价机制亟待改变》，《自然辩证法通讯》2007 年第 2 期。

⑤ 董云川：《论大学行政权力的泛化》，《高等教育研究》2000 年第 2 期。

⑥ 宋伟：《大学组织行政权力生成的哲学基础》，《清华大学教育研究》2005 年第 4 期。

⑦ 徐小洲、张剑：《我国大学行政权力分配中的问题与改革策略》，《高等教育研究》2004 年第 3 期。

⑧ 阎亚林：《论我国高校学术权力行政化》，《陕西师范大学学报(哲学社会科学版)》2003 年第 1 期。

个管理系统中的层次和位置。眭依凡的《论大学学术权力与行政权力的协调》[①]从两种权力协调的理由、两种权力的协调模式、关于强化我国大学学术权力的建议等方面讨论了大学内部的两种基本权力形式的协调问题。

关于大学科层化的研究。马廷奇的《大学管理的科层化及其实践困境》[②]认为有两个原因强化了科层化。一是大学规模的扩大、学科的分化以及由此决定的大学内部公共事务的进一步复杂化，客观上要求管理机构和管理人员的增加。二是大学与生存环境联系的加强以及大学职能的复杂化，使大学逐步成为由纵向的层级与横向的职能部门划分组成的复杂的科层体制。文章还分析了大学科层化造成的困境，建议从完善学术体制、引入市场竞争机制方面来化解困境。查永军的《我国大学学术组织科层化及应对》[③]分析了大学学术组织科层化的表现，提出"学术组织构建是按照行政机构的方式进行的，即遵循自上而下的行政组织构建原则"。

把大学行政化作为整体进行研究的学术性论文不多。张家的《大学去行政化的困难何在》[④]着力研究去行政化的阻力，包括历史的原因、社会的原因、体制的原因。论文深刻地指出，大学管理行政化、资源配置垄断化、学术活动功利化、教育伦理沦丧化之间有着内在的联系。丁东、谢泳的《大学行政化与高教大跃进》[⑤]以对话的形式讨论大学行政化，把大学行政化的问题分为两个层次。一个层次是大学内部：校长、院长、校内行政领导和教授的关系。一个层次是大学外部：政府教育行政部门和大学的关系。

李江源的《对我国高等学校行政化的反思》[⑥]认为，大学行政化主要表现在：庞大的行政队伍是支配和支撑高等学校的真正主体、单位和人员按权力框架编排在不同的位格等级中，权力意志是高等学校运作的根本的价值信号，权力价值标准和价值根据是评价人的行为、肯定人的价值的根本标准和根据。文章还阐述了大学行政化导致的六个方面的后果：权力的倒错；主体的倒错；价值系统的倒错；不合格和伪劣的现象严重；机构恶性膨胀，冗员过剩；教育资源浪费惊人。林善栋的《去行政化与现代大学制度的建立》[⑦]从建

---

① 眭依凡：《论大学学术权力与行政权力的协调》，《现代大学教育》2001年第6期。

② 马廷奇：《大学管理的科层化及其实践困境》，《清华大学教育研究》2006年第1期。

③ 查永军：《我国大学学术组织科层化及应对》，《中国高教研究》2009年第3期。

④ 张家：《大学去行政化的困难何在》，《大学教育科学》2009年第2期。

⑤ 丁东、谢泳：《大学行政化与高教大跃进》，《民主与科学》2007年第3期。

⑥ 李江源：《对我国高等学校行政化的反思》，《有色金属高教研究》2000年第1期。

⑦ 林善栋：《去行政化与现代大学制度的建立》，《教育评论》2008年第6期。

立现代大学制度的角度来谈去行政化。王长乐的《我们应该怎么对待大学行政化》[①]描述了教师群体在行政化环境下形成的"表里不一、言行脱节，既疏于权利又轻于责任，既漠视规则又失公德的双重人格"，表达了改革大学行政化的强烈愿望。张九海、叶军的《在学术和政治之间——高校"学术行政化"倾向探因》[②]分析了学术行政化的原因，即：文化层面，传统文化的熏染；体制层面，政治经济体制的影响；现实层面，经济利益的驱动。

2010年以后的研究主要围绕去行政化开展，代表性的观点包括：

龚放教授的《大学去行政化的关键：确立大学行政管理的科学性》[③]认为，在大学组织文化的"场"内确立大学行政管理的科学性，即服务并切合大学的学术活动、教育活动的特性，防止行政管理的越权和"异化"，提出大学去行政化的出路在于大学校长的职业化。

宣勇的《外儒内道：大学去行政化的策略》[④]提出，走外儒内道之路是大学去行政化的现实策略。就大学而言，外儒强调的是大学的社会责任与外在价值，内道反映的是大学的理想追求与内在价值。制定大学章程是实现儒道会通、内外融通的有效途径。

别敦荣、唐世纲的《我国大学行政化的困境与出路》[⑤]认为，我国大学行政化改革可以从制定并落实大学法人制度、健全大学教师社会保障体系、推行大学全员聘任制和培育崇尚学术的大学价值观等几个方面着手，探索现代大学管理之道。

王建华的《中国大学转型与去行政化》[⑥]认为，在我国大学转型的过程中，去行政化首先要取消大学的行政级别，然后再通过制度设计将学术与政治、行政与学术进行合理区分与重构，以抑制大学里的官僚文化与行政文化，张扬学术权力，恢复大学尊严，最终让大学回归大学，学术回归学术。

郝瑜、周光礼的《中国大学去行政化改革的制度困境及其破解》[⑦]提出，破解大学行政化应采取四个方面的措施：深化社会管理改革，为大学办学自

---

① 王长乐：《我们应该怎么对待大学行政化》，《大学教育科学》2005年第6期。

② 张九海、叶军：《在学术和政治之间——高校"学术行政化"倾向探因》，《山西师大学报（社会科学版）》2008年第1期。

③ 龚放：《大学去行政化的关键：确立大学行政管理的科学性》，《探索与争鸣》2010年第11期。

④ 宣勇：《外儒内道：大学去行政化的策略》，《教育研究》2010年第6期。

⑤ 别敦荣、唐世纲：《我国大学行政化的困境与出路》，《清华大学教育研究》2011年第1期。

⑥ 王建华：《中国大学转型与去行政化》，《清华大学教育研究》2012年第1期。

⑦ 郝瑜、周光礼：《中国大学去行政化改革的制度困境及其破解》，《现代大学教育》2012年第3期。

主权的落实营造良好的外部环境；建立利益相关者协商机制，推动大学当局转换认知方式；尊重大学组织特性，强化学术人员在大学治理中的作用；培育关键的样板组织，推动去行政化的制度扩散。

任增元的博士论文《制度理论视野中的大学行政化研究》[①]提出并分析了大学行政化的正式制度、非正式制度和实施机制三类构成要素，认为去行政化的制度形式与载体包括民主选拔校长制度、学术委员会制度、资源配置制度、社会参与与社会中介制度、教授治学制度等。

毫无疑问，这些研究帮助我们不断深化了对大学行政化的认识，特别是对大学去行政化提出了不少建设性的思路，对本研究提供了不少启示。这些研究成果也是本研究的起点。但是，这些研究没有深入大学行政化的内部，也无法"横切"出大学行政化的具体组成部分。本书拟从组织的视角出发，重点探寻大学行政化的组成要素，进而提出去行政化"去"什么，要达到什么样的应然效果，以何种可能的方式"去"行政化。

二、从组织理论视角研究大学概述

伯顿·克拉克主编的《高等教育新论——多学科的研究》在"组织的观点"部分，把大学作为学科的组织，从"工作结构"、"学术组织的信念和文化"、"权力，就是集中和分散合法权力的方式"方面解析大学，开创了用组织理论研究大学的先河。

在国内，较早引入组织理论研究大学的著作有：吴志功的《现代大学组织结构设计》[②]主要从应然的角度讨论大学的组织结构设计，没有对本土化大学的组织结构作出回应；季诚钧的《大学属性与结构的组织学分析》[③]主要借用组织结构设计理论致力于研究大学组织的属性与结构，分析了大学学术属性与学术组织构建、大学行政属性与行政组织构建、大学产业属性与产业组织构建的关联；宣勇的《大学组织结构研究》[④]基于学科的大学组织结构创设、不同层次的大学有不同的组织结构，分析了大学学生组织的变革。

阎凤桥的《大学组织与治理》[⑤]从理论、实证和比较三个方面深入地探讨了大学组织的本质特性，提出了大学治理的分析框架。理论研究主要是利

① 任增元：《制度理论视野中的大学行政化研究》，大连理工大学博士论文，2012 年。

② 吴志功：《现代大学组织结构设计》，北京师范大学出版社 1998 年版。

③ 季诚钧：《大学属性与结构的组织学分析》，人民教育出版社 2006 年版。

④ 宣勇：《大学组织结构研究》，高等教育出版社 2005 年版。

⑤ 阎凤桥：《大学组织与治理》，同心出版社 2006 年版。

用组织理论的研究成果和分析思路,对大学组织内部和外部各个因素及其相互关系进行分析。对制度环境与大学组织的分析,主要以我国大学作为实证研究的对象。

苗素莲的博士论文《中国大学组织特性历史演变研究》①,以组织理论为分析工具,从组织环境、组织目标、组织结构和组织文化四个方面,历史地考察了自清末京师大学堂产生以来中国大学组织特性的演变历程。

沈曦的博士论文《中国多校区大学的组织结构与管理》②从组织理论、组织结构理论的角度对中国多校区大学的组织结构与管理进行研究,并运用层次分析法和模糊综合评判法对中国多校区大学组织结构的有效性进行定量评判。

目前,国内用组织理论研究大学主要限于分析大学的组织结构,而没有把伯顿·克拉克的研究框架往前推进。

第五节 研究的框架与研究的方法

一、研究的理论框架

对大学行政化主要表现在哪些方面,需要选择哪些要素来剖析大学行政化的问题,本书试图选择组织结构、组织权力、组织政治、组织文化四个要素来剖析。理由如下:

1. 结构、权力、政治、文化是组织理论研究的重要内容

最富经典性的组织理论定义要数英国学者 D. S. 皮尤的定义。他在《组织理论精萃》一书中指出:组织理论可以界定为研究组织的结构、职能和运转及组织中群体行为和个人行为的知识体系。③ 这一定义列出了组织理论所要研究的内容,并指出组织理论是一个知识体系。组织政治就是研究组织群体行为和个人行为的理论。

2. 行政控制是通过组织结构、权力、资源、文化等要素实现的

前面提到,大学趋同政府,而政府具有政治性、强制性以及在此基础上衍生出的控制性,那么这种控制是如何进行的呢?政府对大学的控制及大

① 苗素莲:《中国大学组织特性历史演变研究》,华东师范大学博士论文,2004 年。

② 沈曦:《中国多校区大学的组织结构与管理》,华中科技大学博士论文,2004 年。

③ 参见[英]D. S. 皮尤:《组织理论精萃》,彭和平等译,中国人民大学出版社 1990 年版,第 3 页。

学管理者(即政府派出者)对大学的控制主要是通过结构控制、授权控制、资源控制、文化控制来实现的。结构控制是指大学中的每个成员都是在某个相对固定的组织单元中生活、工作、学习的,如班组、团支部、党支部、教研室、学系、学院等,同时大学的职能部门又与政府或教育主管部门相对应。授权控制是指大学是否具备某种权力或某项权力的大小均来自于上级的授予,既然是授予的,也是可以被剥夺的。资源的供给与分配是控制的重要手段,以非许可的手段追逐资源就会引发组织政治。不同于结构控制、授权控制,文化控制则是一种软约束力量。莫尔根认为,文化是一个"观念的控制过程",并告诫其中可能会有"操纵"的危险,"观念的操纵和控制作为一个主要的管理策略而得到提倡……这种操纵会伴随着抵触、怨恨和不信任……在这种情况下,体现的是文化的控制而不是人的个性的表达,隐喻也被证明在其影响中具有操纵性和集权性"[①]。

3. 伯顿·克拉克的经典组织分析范式

伯顿·克拉克用组织理论分析大学集中体现在《高等教育系统——学术组织的跨国研究》一书中,他选择工作、信念和权力三个组织要素进行研究。这里的"工作"其实就是我们所说的组织结构,"我们的讨论应从工作开始,因为如果我们将知识载体系统分解成基本要素,我们首先发现的就是劳动分工,就是许多人单独地或集体地在其中从事不同活动的组织结构"[②]。当然作者所指的"工作",即组织结构,不仅包括大学的组织结构,如学科、学部(faculty)、专业学院(school)和普通学院(college),还包括高等教育组织结构,如高等教育的层次、部门和等级。在本书中,组织结构主要指大学内部包括学科组织、行政管理组织在内的结构。

伯顿·克拉克在第三章开篇就说,"信念"即一种文化。"所有重要的社会实体都有它的象征的一面,这既是一种社会结构,又是一种文化。人们根据社会实体的某些共同的利益和信念,来确定其参与者是些什么人,他们正在做些什么和为什么这样做,也据此对他们的善恶作出判断。"[③]这里的"信念"主要是学术信念,包括学科文化、院校文化、专业文化和全国学术系统文化,以及大学成员的行为与意识。

---

① 转引自[英]托尼·布什:《当代西方教育管理模式》,强海燕译,南京师范大学出版社 1998 年版,第 213 页。

② [美]伯顿·克拉克:《高等教育系统——学术组织的跨国研究》,王承绪等译,杭州大学出版社 1994 年版,第 33 页。

③ [美]伯顿·克拉克:《高等教育系统——学术组织的跨国研究》,第 83 页。

至于权力，作者同样是站在高等教育系统这样的宏观角度分析的。他把权力分为六个层次，前三层属于大学内部，后三层属于大学外部，统称为“学术权力”。这里所指的学术权力内涵是多重的，既有扎根于学科的权力、院校权力，也有官僚权力和政治权力。不同国家在学术权力上存在不同的分配模式，即大陆型模式、美国模式、英国模式和日本模式。

伯顿·克拉克运用组织理论研究的对象不仅仅是大学，而是高等教育系统，这是与本书相区别的，本书更多的是把目光定位于大学。

4.组织结构、组织权力、组织政治、组织文化相辅相成

伯顿·克拉克曾对组织结构、组织权力和组织文化三者的密切相关性作过描述：“工作和信念的分裂力量是怎样为权力的整合形式所平衡的？……讨论工作和信念而不涉及权力的有关方面是不可能的。”[①]组织结构是组织权力存在与运行的前提，组织权力一定是建立在某种组织结构基础上的权力，失去组织结构的支持，权力必然是虚无的。“组织的结构并不是为了以最有效的方式完成工作的理性系统，而是用以使控制和利润达到最大限度的权力系统。”[②]而组织结构与组织权力又是组织文化产生的源泉，有什么样的组织结构与组织权力就有什么样的组织文化，比如在军队中，严密的组织结构和绝对的等级制权力，也必然产生服从文化。同时，组织文化也是组织结构与组织权力生存的土壤，不断强化相应的组织结构和组织权力。任何组织都会存在组织政治，而金字塔式的集权化组织结构又会激化组织政治的出现，组织成员的组织政治行为与组织政治认知又会影响组织文化的内核。

二、逻辑结构

本书按照“本体——结构——评价——历史走向”的逻辑线设计章节，即大学行政化是什么，体现在哪些方面，如何评价大学行政化，大学行政化的历史和未来走向。

第一章着重解决一个概念——大学行政化。这是本书研究的起点。本书认为，大学行政化指在我国由于外部行政力量推动，大学的性质向行政性转变，趋同政府，行政性成为大学的重要特征。而行政化具有政治性、强制性、控制性的特点。

---

① [美]伯顿·克拉克：《高等教育系统——学术组织的跨国研究》，第120页。

② [美]W.理查德·斯格特：《组织理论》，第153页。

第二章分析了大学行政化的表现之一——牢固联结的组织结构。对比大学与其他组织的结构，诸多学者认为大学具有松散联结的特点。本书认为，行政化的因素强化了大学组织的联结性，同时牢固联结的组织结构又加强了大学的行政化。

第三章分析了大学行政化的表现之二——准官僚模式的组织权力。一般来说，大学的权力主要是学术权力占主导地位。本书认为，在我国大学中，行政权力以准官僚的模式主导大学的运行与发展。

第四章分析了大学行政化的表现之三——功利取向的组织政治。大学的存在价值与意义在于育人，谋求资源是为了育人，资源是育人的手段。而在大学及其成员功利化、庸俗化的背景下，追逐资源甚至成为大学的目标，带来手段与目标的倒置。

第五章分析了大学行政化的表现之四——依附型的组织文化。大学文化与大学组织文化是两个不同的概念，大学文化具有独立、批判、创新、超越的精神品质，但在我国，大学文化没有占据大学组织文化的主体地位，依附型的组织文化表现明显。

第六章主要分析我国大学行政化的产生原因以及大学行政化的正面作用和负面效应。

第七章讨论了我国大学行政化的起源与未来走向。本书认为，大学行政化的产生表现在两个维度，而这两个维度有一个历史的先后顺序。关于去行政化问题，本书借用制度变迁理论，提出三种制度变迁方式，认为市场化制度变迁将成为大学去行政化的重要方式。

三、创新点

(1)试图从理论上对大学行政化作出界定。本书认为大学行政化指在某种力量的推动下，大学组织的学术性弱化，行政性增强，大学组织趋同行政组织的典型——政府。而行政性是指政治性、强制性、控制性。

(2)运用组织理论的分析方法，认为大学行政化的支撑点在于牢固联结的组织结构、准官僚模式的组织权力、功利取向的组织政治、依附型的组织文化。

(3)全面评价大学行政化，既指出大学行政化存在的现实合理性，也系统剖析大学行政化的弊端。

四、研究方法

互证法提醒我们，对同一个问题应该采用不同的视角、不同的方法进行研究，以确定它们是否相互证实，其目的是为了提高论证的可信度。用组织理论研究我国大学的行政化，并以组织结构、组织权力、组织政治、组织文化作为研究的切入角度，为我们进入大学内部找到了路径。行政化既描述了行政动态的进入，也在某种意义上标明行政进入后作为结果的一种程度，然而动态的进入与作为结果的程度既需要放在现实中去分析、提炼，也需要放在国际的视野中衡量、比较。

1. 组织分析法

现代大学发展成为巨型大学，结构更加庞大，工作运行也进一步复杂，因此要认识大学，有必要深入到大学组织的内部去。伯顿·克拉克在以组织的观点研究高等教育时，认为高等教育的组织观点是从内部对高等教育系统进行分析，注重从内到外弄清高等教育系统与外部环境的种种关系。高等教育的组织观点既要求观察者从下至上地研究高等教育系统，即从教师、学生和地方官员的立场去观察分析，也要求观察者从上至下地观察这一系统，即对中央政府官员、国家立法人员和那些向他们提供咨询、影响他们作出决定的人所遇到的问题和所具有的倾向性作出分析。

本书采用组织分析法，就是把大学作为一个组织来进行分析，进入大学内部分析大学存在的行政化倾向，并在此基础上，向上探源，寻找我国大学行政化形成的原因。具体来说，以组织结构理论分析我国大学在基本结构方面的行政化，即牢固联结；以组织权力理论分析我国大学在权力方面的行政化，即准官僚模式；以组织政治理论分析我国大学在组织政治方面的行政化，即功利取向；以组织文化理论分析我国大学在文化方面的行政化，即依附文化；以组织制度变迁理论来分析我国大学行政化的未来演进。

2. 比较分析法

当代大学有两个超越时空的共同点：一是大学具有共同的源头。不管各国大学的模式多么丰富多彩，沿着历史的脉络，回溯大学的演进史，各国的大学都能在中世纪大学那里寻根问底。从诞生之日起，大学就被先天性地赋予了知识的本性，也就是大学的第二个共同点。有了基本的共同点，比较分析法也就有了根基，有了合理的起点。大学行政化倾向这个命题本质上是“管理，是对知识的管理及对知识的载体大学的管理而引发的问题”，这个命题的讨论必然要进一步追问由此引发的三个基本问题：谁管理？用什

么手段管理(如何管理)?管理的效果如何?这三个问题之间显然符合由此及彼的、渐进式的逻辑线,而笔者在此引入对比分析法就是基于此逻辑线三个关键点的对比。

我们无法穷尽美国、英国、日本等国家高等教育发达的原因,或许我们理性的光芒还不足以剖解高等教育运行中暗藏的机理。但是,既然我们公认这些国家的高等教育是发达的,那么其“对知识的管理及对知识的载体——大学的管理”也是有效的,本书的对比分析就是建立在这样的假设基础之上的。

3.案例研究法

案例研究法是一种专注于分析单个事物在一定环境中所可能发生的各种变化及其动因的研究方法。它是经验研究的一种特殊形式。社会科学方法论学者罗伯特·K·尹认为,据此将个案研究法与其他研究方法进行比较,个案研究法更适合研究“为什么”(why)和“如何做”(how)这样类型的问题。本书主要章节致力于研究我国大学行政化表现在哪些方面,在大学的运行中行政化究竟是如何凸显的。为了更好地论证这个问题,采用了案例研究法。

案例研究法有三个类型:第一,探索性研究。这种类型的研究一般是试验性的,或作为后续研究的开端。第二,描述性研究。这种研究是阐述一个既有的理论或者扩大一个理论的解释范围。第三,解释性研究。这种研究以探索研究对象固有的因果联系为宗旨。[①] 本书的案例研究应属描述性研究,兼具解释性功能。为了使案例更具代表性、更具说服力,本书选择了 D、S、A 三所不同的高校作为研究案例。

百年老校 D 大学作为教育部直属的重点综合性大学,列入国家“211 工程”重点支持的大学,进入国家“985 工程”首批重点建设的高水平大学行列,设 23 个学院、65 个系。全校设本科专业 82 个,硕士学位授权点 213 个,博士学位授权一级学科 23 个,博士后流动站 23 个,并有一级学科国家重点学科 8 个,二级学科国家重点学科 13 个。中国科学院院士 29 人,中国工程院院士 4 人。该大学属于研究型高校,理工学科占主要比例。

百年老校 S 大学为一所省属重点高校,国家“211 工程”重点支持的大学,设有二级学院 23 个,拥有博士学位授权一级学科 7 个,硕士学位授权一级学科 21 个,本科专业 76 个,博士后流动站 10 个。该大学属于教学研究型

① 参见宁骚:《公共管理类学科的案例研究、案例教学与案例写作》,《新视野》2006 年第 1 期。

高校，文科占主要比例。

A 大学建校不到 30 年，是一所省属普通本科院校，设有 11 个二级学院、24 个本科专业，不久前获得硕士学位授予权立项建设单位资格，目前招收联合培养的硕士研究生。该大学属于教学型高校，学科比较单一。

第二章　大学行政化之组织结构：牢固联结

“松散联结”、“有组织的无政府状态”等描述大学组织结构特征的一系列类似的概念，又一次生动地再现了“西学东渐”的历程。这些概念由西方组织学者提出，随着对西方高等教育名著的译介、我国学者对外国高等教育理论研究的深入，这些理论术语被引入，但是引入的过程似乎也是被认同的过程，是证实的过程，而不是证伪的过程。目前，所能看到的关于大学组织结构特征的论述，几乎都不加质疑而全盘接受这些概念。

“松散联结”、“有组织的无政府状态”等概念是在对西方大学研究的基础上得出的结论，虽然我国真正意义上的大学源自西方，但是经过百年的本土化的改造，我国的大学已经表现出自己的特征。或许会有人提出，上述概念是建立在大学与营利组织、公共组织对比基础上的，显然这样的见解是有道理的。但是，我们研究的对象是大学，立足于东西方大学的组织结构特征对比，揭示我国大学的组织结构特征，显然具有十分重要的意义。

第一节　大学组织结构特征研究概述

一、组织结构概述

组织结构(organization structure)是组织理论研究的重要问题，不少组织理论家对此有过精彩的论述。达夫特认为，组织结构的定义包含以下要素：

(1)组织结构决定了组织中的正式报告关系，包括职权层级的数目和主管人员的管理幅度。

(2)组织结构确定了将个体组合成部门、部门再组合成整个组织的方式。

(3)组织结构包含了确保跨部门沟通、协作与力量整合的制度设计。

上述三要素涉及了组织的纵横方向。具体地说,前两个要素规定了组织的结构框架,也即纵向的层次,第三个要素则是关于组织成员之间的相互作用关系。①

卡斯特和罗森茨韦克认为组织结构可以定义为:正式关系职责的形式——组织图加职位说明或职位指南;向组织各个部门或个人分派任务和各种活动的方式;协调各个分离的活动和任务的方式;组织中权力、地位和等级关系;指导组织中人们活动和关系的正式政策、程序和控制方法。② 组织结构,指"根据不同的标准将人们分配到影响不同社会角色之间的社会岗位上"③。它的第一层含义是专业分工,即人们在组织中被分配不同的任务或工作。另一层含义是组织是分等级的,即对于每一个职位,均有规章在不同程度上对就职者的行为方式作出规定。

哈格从复杂性、正规化与集权程度高低之分三个维度,把组织结构的分析形式向前推进了一步。④ 复杂性指一个组织所具有的专业分工、职位名称、多个部门和不同层级所表现出的交叉复杂的关系。正规化指成文的规章程序体系。集权指组织内部权力的配置。

与哈格的观点相似,霍尔总结的组织结构的三个基本功能是从组织目标、制度、权力三方面给出的。首先,也是最重要的,结构有利于产生组织输出并达到组织目标。换言之,结构有利于组织产生效果。其次,结构有利于使个人差异对组织的影响最小化,至少能规制个人差异对组织的影响。结构强行规定个人适应组织的要求而不是组织适应个人的要求。再次,结构是运用权力的场所(结构首先决定或规定哪些职位具有权力),是作出决策的场所(结构在很大程度上决定了信息是否能用于决策),是进行组织活动

① 参见[美]理查德·L·达夫特:《组织理论与设计》,王凤彬等译,清华大学出版社2003年版,第102页。

② 参见[美]卡斯特、罗森茨韦克:《组织与管理——系统方法与权变方法》,李柱流、刘有锦、苏沃涛译,中国社会科学出版社1985年版,第232~233页。

③ Blau, P. M. *The Dynamics of Bureaucracy*. Chicago: University of Chicago Press, 1955, p. 12.

④ Hage, J. "An Axiomatic Theory of Organization." *Administrative Science Quarterly*, 10, 1965, pp. 289-320.

的场所（结构是组织活动的竞技场）。[①]

基于以上论述，对组织结构的特征可以得出两点认识：

（1）组织结构可视为组织部件的排列组合。这个定义可以分为两个方面：一是部件本身，二是部件的关系。对于任何一个组织，部件的地位与作用都不是均衡的，但是作为组织结构的研究对象，应当是全部的部件，而不能是部分的部件。

（2）制度与权力是建构部件内部关系及部件之间关系的重要手段，而组织目标是建立二者关系的重要基点。

综上所述，研讨组织结构的特征应当且必须从组织部件本身、组织目标、组织制度、组织权力等要素出发。由于组织权力是组织运行最集中的体现，在很大程度上，组织部件、组织目标、组织制度等最终落脚在权力上，所以本书在第三章中还会具体谈组织权力。

二、大学组织结构特征研究

在分析大学组织结构特征之前，首先看一下一般意义的教育组织的特征。20 世纪 70 年代初，韦克提出了“松散的结合系统”这一术语，用来描述教育组织的特征。韦克分别从组织目标、组织技术以及人员的流动性等角度分析和探讨了学校组织的“松散的结合系统”。第一，组织目标不明确。“教师的专业课程民主权能够使他们自由确定自己的工作目标。”第二，组织结构不确定。规模越大，复杂程度越高的组织，其权力结构越复杂、模糊。第三，组织运作不规则。越是高度专业化、规模较大、有多重目标的院系研究所，其组织内部运作越无序。第四，组织管理不确定。组织对外部信息的把握具有不确定性，组织管理中参与的流动性强，很难明确每个人的职责。第五，组织决策难计划。“当问题出现时，组织将注意力集中对付新问题，而未顾及对原有决策的实施。”[②]

科恩和马奇把教育组织称为“有组织的无政府模式”，强调学校的自组织性。

那种被用来描绘人人都能随心所欲的系统组织模式，叫作有组织

---

① 参见［美］理查德·H·霍尔：《组织：结构、过程及结果》，张友星等译，上海财经大学出版社 2003 年版，第 57 页。

② Weik, K. E. “Educational Organization as Loosely Coupled Systems.” *Administrative Science Quarterly*, 21, 1976, p. 3.

> 的无政府模式。在该模式中，教师决定是否施教，以及施教的时间和内容；学生决定是否学习，以及学习的时间和内容；立法人员和捐资人决定是否资助，以及资助的时间和项目。既不存在协作（自发地相互适应决策除外），也不存在控制。资源的分配与计划的实施过程是同步进行的，这里既没有明显的偏袒，也没有对某些主要目标的照顾。系统的决策都是系统自身作出的，而不受任何人的操纵和控制。①

在20世纪80～90年代，托尼·布什发展了韦克的理论，用“模糊模式”概念来描述教育组织的特征。模糊模式认为，易变性和无法预测性是组织的主要特点。由于组织的成员并不清楚组织的具体目标是什么，所以他们也不可能明确地实施组织目标。参与决策的人数是不固定的，决策集团的成员既可参与决策，也可放弃参与决策的机会。

模糊模式有九个主要特征②：

（1）组织的目标是不明确的。教师的专业自主权能够使他们自由地确定自己的工作目标，并在工作中使自己的行为与自己确认的目标相一致。因为教师一般都是单独完成教学任务的，所以在他们按照自己的兴趣、意愿和目标来进行工作时，几乎不会遇到什么困难。

（2）组织管理的手段和程序是不清楚的，管理的过程也是难以明确的。组织本身并不清楚自己的活动会产生什么样的结果，特别是在工作对象是人的组织中，尤其是这样。在教育机构中，如果连教学过程都不清楚，就不可能明确学生是如何获得知识和技能的。

（3）组织具有分解和松散联结的特征。根据价值观和目的不同，机构可以被分散为若干具有内聚力的群体或团体，团体之间的联系既不密切又无法预知。

韦克认为：

> 松散联结，是指联结的各方都是相互影响、相互作用的，但是，每个被联结的方面也保持它自身的特征，具有一些逻辑的和物质的独特性。它们之间的联系是有限的、不经常的，它们之间的相互影响是微弱的、不重要的，相互之间的反应也是缓慢的。松散联结具有暂时性和可分解性等

---

① Cohen, M. D. & March, J. G. *Leadership and Ambiguity: The American College President*. New York: Mc GrawHill, 1974. p. 146.

② 参见［英］托尼·布什：《当代西方教育管理模式》，第168～177页。

重要特征,这些特征是组织中的下属单位能够结合在一起的“黏和剂”。[①]

“松散联结”这一概念首先产生于教育机构的管理实践。它尤其适用于成员具有相当程度自主权的组织。“松散联合能使大学建立相应的子系统,分别应付不同的需求。所以,松散联合并非如人们所说的是组织的病根或管理失误的罪魁,而是维持开放系统生存的根本适应手段。”[②]

(4)组织的结构是不确定的。组织的不同部分的权力范围是不清楚的,委员会和其他正式团体的权力和责任互相重叠,并与管理者个人的权力和责任相重叠。在这种结构中,每个部分的有效权力是随着委员会成员参与的层次以及随着问题的不同而变化的。

诺贝尔和派姆对一所学院的决策过程和结果进行了评估,发现了在较大的组织中权力结构的模糊性:

> 较低层次的行政人员或委员会成员普遍认为,他们的职权只是提出建议或进行推荐。系级的决定要征求系内各委员会的意见。依次类推,系委会只能给学校管理委员会提交报告和建议,以供决策。然而,学校管理委员会虽然进行投票和作出最后决策,但其成员们、甚至职位高的成员们普遍有一种无权和流于形式的感觉。他们感到,决策实际上在别处已经作出,他们只能同意和批准下级委员会或分委员会提交的方案。研究者在探讨委员会制的有效决策的共同属性时,发现这个组织的决策机构中存在复杂的等级关系。[③]

(5)适合以人为工作对象的专业性组织。在教育组织中,教师和学生通常都希望对有关决策发表自己的意见,而不是在等级制中的上级领导的直接监督、指导下进行工作。

(6)参与者的流动性,即参与决策的成员时多时少,无法固定。比尔曾对在教育管理中反映出来的参与的流动性问题作出了详细的说明:

> 学校是由教师群体和学生群体组成的,他们对组织有着不同的要求。由于教师和学生的工作和学习特点,学校每年都有大量的学生入学或转学……教职员工也可能会出现一定的流动,如新人员聘用和原有人员辞职等……所以,学校的成员是具有流动性的。根据组织中活

---

① Weik, K. E. “Educational Organization as Loosely Coupled Systems.” *Administrative Science Quarterly*, 21, 1976, p. 3.

② [美]罗伯特·伯恩鲍姆:《大学运行模式——大学组织与领导的控制系统》,第 39 页。

③ [英]托尼·布什:《当代西方教育管理模式》,第 168~177 页。

动的不同性质，组织中的个体成员愿意并能够参与其组织活动的程度和范围常常在不断变化。在这方面，学校可能被看作是由流动的参与者组成的组织。因此，成员身份这一概念是模糊的，学校在开展活动时很难给参与者明确责任。①

(7)组织环境的信号释放。教育机构的生存与发展越来越依赖于外部的环境。面对家长和学生不断提出的要求和需要，学校和学院的自我管理显得软弱无力。开放的入学政策使得家长能够对学校施加更多的影响和压力。

(8)组织的决策通常是无计划的决策。

(9)模糊模式强调分权的优势。

相对于教育组织而言，克拉克从大学所特有的学术性、学科性角度对大学组织的特征有过相似的表述。

各部类的联系具有强烈的离心性，因为各单位内部可以以一种相对自足的方式发现知识、储存知识和传递知识。

这些学部的独立性程度是如此之高，以至几乎没有必要将这些机构组合在一起。它们可以分散在一个城市里，相隔几个街区或若干公里，这种广泛的地理分散的形式在美国大学中有时也能看到，医学院、商学院或农学院隔河相望，或相距数英里隔城相望。②

在国内，把组织结构理论引入大学组织研究中的代表性论著有吴志功的《现代大学组织结构设计》、宣勇的《大学组织结构研究》、季诚钧的《大学属性与结构的组织学分析》。这些研究表现出两个特点：

(1)侧重于大学组织结构的设计。《现代大学组织结构设计》在分析组织结构的基础上，侧重于研究大学组织结构的设计，如大学组织结构设计的基本概念与因变量分析、大学组织结构设计的自变量及变量间的关系、国外大学决策机构设计研究等。《大学组织结构研究》则以大学组织结构创设、大学组织结构的动态选择为主干内容。以上两者着眼于应然、未来，更多地研究西方高等教育发达国家大学的组织结构，对我国现实的大学组织结构研究还不够。

(2)侧重于大学学术组织的研究。《大学组织结构研究》在“创设”大学学术组织结构中，事实上以学术组织代替了大学组织结构，没有把大学组织

① [英]托尼·布什:《当代西方教育管理模式》，第168～177页。

② [美]伯顿·克拉克:《高等教育系统——学术组织的跨国研究》，第46、47页。

结构的全部“部件”纳入研究范畴。《大学属性与结构的组织学分析》把大学组织分成三个部分:学术组织、行政组织和产业组织。这固然是一个创新,但是,它没有关注三类组织之间的关系,不能不说是一个遗憾。

第二节　我国大学的组织结构特征:牢固联结

与西方学者对学校组织特别是大学组织结构的认识不同,我国大学组织结构更多地表现出牢固联结的特点,强调统一性、整体性和计划性。这与我国单一制的国家结构形式相同:“现代中国的各个行政区都不是原本意义上独立的政治地域单元,没有任何一部分是作为一个政治实体加入中国的,而是作为完整国家的一部分存在的。”[①]这也与大学作为单位制的一个元素有关:“一切微观社会组织都是单位,控制和调节整个社会运转的中枢系统由与党的组织系统密切结合的行政组织构成。”“在单位体制下,所有基层单位都表现为国家行政组织的延伸,社会的整合依靠自上而下的行政权力,单位成为行政机构的内部组织形式。国家的意志按照行政隶属关系下达到各个单位,再通过单位贯彻于全社会。”[②]

正是因为单位制背景下行政管理的凸显,有学者把大学组织结构分成两个组成部分,一是学科结构,二是管理结构。大学学科结构是指学校内部的系科设置和专业设置情况。它是大学的核心结构,对教学和研究工作的开展具有重要的影响作用。管理结构是指大学设置的各个行政管理部门、党团和工会机构及其相互关系。[③] 本书正是基于此观点进行分析的。

我国大学组织结构牢固联结的特征主要体现在以下几个方面:

一、组织目标统一,工作计划性强

《中华人民共和国高等教育法》(下简称《高等教育法》)第四条规定:“高等教育必须贯彻国家的教育方针,为社会主义现代化建设服务,与生产劳动相结合,使受教育者成为德、智、体等方面全面发展的社会主义事业的建设者和接班人。”第五条规定:“高等教育的任务是培养具有创新精神和实践能

---

① 王俊拴:《当代中国的国家结构形式及其未来走向》,《政治学研究》2009 年第 3 期。

② 路风:《单位:一种特殊的社会组织形式》,《中国社会科学》1989 年第 1 期。

③ 参见阎凤桥、康宁:《中国大学管理结构变化实证分析》,《高等教育研究》2004 年第 5 期。

力的高级专门人才，发展科学技术文化，促进社会主义现代化建设。”作为《高等教育法》“总则”部分内容，上述规定清晰地界定了我国所有大学的人才培养目标，即社会主义事业的建设者与接班人；清晰地界定了我国境内所有大学的任务，最终在于促进社会主义现代化建设。统一的大学组织目标排除了大学的学科性质、人才培养层次、科研水平的差异。统一的组织目标对大学的组织结构带来了什么样的影响呢？

1. 组织成员的党员身份

与大学的学术性相伴而生的成员身份是学术身份，从学士、硕士到博士，从讲师、副教授到教授。这是全世界共通的。但是，在我们的大学中，还具有常见的有时甚至是不可或缺的身份，即使命感、崇高感、责任感、荣誉感的象征——党员身份。以三所大学为例，截至 2012 年 12 月，D 大学有教工 5708 人，党员教工为 3083 人，占教工的比例为 54%；学生有 27972 人(其中博士生 2908 人，硕士生 8954 人)，学生党员为 14161 人，占学生总数的 50.6%。S 大学有教工 3273 人，党员教工为 2264 人，占教工的比例为 69%；学生有 15615 人(其中博士生 843 人，硕士生 6408 人)，学生党员为 8290 人，占学生总数的 53%。A 大学有教工 1298 人，党员教工为 741 人，占教工的比例为 57%；学生有 13011 人(其中硕士生 34 人)，学生党员为 1698 人，占学生总数的 14.9%。相当部分岗位的必备任职条件之一就是党员的身份，如党委机构的成员。严格的组织纪律是政党组织的要素，我们党更以高度组织化而著称，高度秩序化的成员必然带来高度秩序化的组织。

2. 设立党的组织机构

统一的、政治属性的组织目标对组织机构的影响表现在教工和学生两个群体上。对教工来说，又体现为三个层次：在校级，设党委，党委书记行政级别与校长相同，实施政治领导；在党的系统中，通常设有党委办公室、党委组织部、党委宣传部、党委统战部、团委，行政职能处室又设有机关党支部，教辅机构设有教辅党支部；在院系，党总支或党支部与院系对等设置，党总支或党支部负责人的行政级别与院长或系主任相同，共同行使院系权力。在党总支或党支部下设一支庞大的思想政治辅导员队伍，其主要功能是加强学生的思想政治教育。

对学生来说，党组织的机构同样以链条模式建立，形成环环相扣的组织体系：以班级或以年级为单位建立学生党支部，思想政治辅导员指导学生党支部建设，院系总支副书记指导思想政治辅导员工作。

3. 实行双重领导体制

通过采用双重层级制——一个是党的，一个是行政的——来执行政策和检查个人的政治正统性。对很多西方的分析者来说，双重的体制显得多余和没有效率，但是，在政治正统性至关重要的制度中，它是关键所在。[①]《高等教育法》第三十九条规定，国家举办的高等学校实行中国共产党高等学校基层委员会领导下的校长负责制。中国共产党高等学校基层委员会按照中国共产党章程和有关规定，统一领导学校工作，支持校长独立负责地行使职权，其领导职责主要是：执行中国共产党的路线、方针、政策，坚持社会主义办学方向，领导学校的思想政治工作和德育工作，讨论决定学校内部组织机构的设置和内部组织机构负责人的人选，讨论决定学校的改革、发展和基本管理制度等重大事项，保证以培养人才为中心的各项任务的完成。大学的内部领导体制，也是政府领导体制的再现。党委委员会是大学的最高权力机构与决策机构，以校长为首的校务委员会是大学的执行机构，具有行政性学术权力，执行最高权力机构决议。党委系统与行政系统又是相互渗透的，在许多高校中，校长兼任党委副书记；在校级领导中，常常有一位副校长兼任副书记，而这一职务多分管学生工作。

4. 有计划地开展系列党建活动

根据中央精神，自 1999 年以来，A 大学先后开展了三次重要的党建活动。根据该大学党委 1999 年第 2 号文，“三讲”（讲学习、讲政治、讲正气）活动从 1999 年 1 月开始到 6 月结束，分为三个阶段：思想发动，学习提高阶段；自我剖析，听取意见阶段；认真整改，巩固成果阶段。根据该大学党委 1999 年第 8 号文，成立“三讲”教育领导工作小组，党委书记兼校长担任组长，党委副书记任副组长，其余校级领导均为小组成员。据该校统计，在“三讲”教育第一阶段，参加动员人数为 373 人，学习天数 30 天，集中学习天数 14 天。在第二阶段，评议班子及个人剖析材料范围为 373 人，座谈会次数 11 次。

2005 年 8 月，按照中央部署，A 大学开展保持共产党员先进性活动。根据党委 2005 年第 38 号文，先进性教育活动分为学习动员、分析评议、整改提高三个阶段进行。2005 年 7 月中旬到 9 月 23 日为学习动员阶段，9 月 24 日到 10 月 28 日为分析评议阶段，10 月 29 日到 11 月 20 日为整改提高阶段。根据党委 2005 年第 25 号文，成立了保持共产党员先进性教育活动领导小

---

① 参见[美]B. 盖伊·彼得斯：《官僚政治》，聂露、李姿姿译，中国人民大学出版社 2006 年版，第 217 页。

组，党委书记担任组长，校长与党委副书记担任副组长，其余校级领导均任小组成员，领导小组下设工作办公室及组织组、综合材料组、宣传组三个具体办事机构，党委职能部门负责人担任小组负责人。该校上报上级组织部门的统计表显示，537名在职教工党员中有535人参加学习，459名学生党员全部参加学习。

根据中央和省委统一安排，A大学从2009年2月开始至2009年7月初开展学习贯彻科学发展观活动。根据该校党委2009年第1号文，学习实践活动分三个阶段进行，每个阶段包含两个环节，加上活动开始前的准备环节和活动结束时的总结测评环节，共八个环节。2009年2月下旬为准备环节，3月1日至4月10日为学习调研阶段，4月11日至5月15日为分析检查阶段，5月16日至6月19日为整改落实阶段，6月20日至7月10日为总结测评环节。根据党委2009年第4号文，A大学成立了深入学习实践科学发展观活动领导小组及工作机构，党委书记和校长任组长，两位党委副书记任副组长，其他校级领导任小组成员。领导小组下设办公室，党委各部门负责人及教学、学生、科研、人事等部门负责人，均为办公室成员。办公室又设组织组、秘书组、宣传组、调研组、检查指导组，若干职能处室处长担任成员。根据该校上报的材料，全校17个党总支和2个直属支部，所辖92个基层党支部全部参加了学习实践活动。

总结上述三个案例，我们大致可以得到如下结论：

首先，党建是一项持续、有序的工作，大学的党建工作也是如此。除了日常党建工作以外，十年中开展三次、每次长达半年的专题性党建工作，充分说明党建工作在大学活动中一直占据十分重要的地位。党建工作计划性强，步骤清晰，参与面广泛，校长、院长及各职能处室领导均被纳入党建组织体系。

其次，党建工作包容性强，教学、科研、人才培养等各类事务都被纳入其中。A大学党委2005年第53号文公布了《A大学领导班子保持共产党员先进性教育活动整改方案》，分为四个部分，基本涵盖了学校所有方面的工作：加强党的思想、组织、纪律和作风建设；不断提高教育教学质量；改善办学条件；努力为师生员工办实事。其中，第二部分包括明确学校“十一五”事业发展目标、任务与措施；加强学科专业建设，提高核心竞争力；大力推进“人才强校”战略，造就高水平学科带头人和学术梯队；扎实推进“迎评促建”工作，努力提高教学工作水平；发挥优势，突出重点，加强科技创新工作；加强国际交流与合作，推进国际化办学进程；全面加强学生素质教育，努力提高毕业生就业率。

基于以上两点考虑，我们有了第三个结论：有计划、有步骤、组织严密、包容性强的党建工作，不但建构了党的活动框架，同时也框定了大学所有的活动，使得大学整个活动具有可控性、可预期性。

5. 构建严密的党的自身建设和运行制度

康芒斯通过集体行动的控制过程分析了制度的形成。在他看来，制度是集体行为对个体行动的控制。党的制度是对这一观点最好的诠释，党内法规制度体系是一个包含党章、准则、条例、规则、规定、办法和细则等在内的一套完整的系统。

有学者在分析政治制度时，对其作了类别的细分。在此，我们借用这一分析框架，对A大学的党建制度进行分析。①

一是有关决策、执行以及调解冲突的规则。如《中共A大学委员会议事规则》、《中共A大学委员会关于贯彻〈中国共产党普通高等学校基层党组织工作条例〉实施细则》等，党委经由这些程序来使用所拥有的资源。这些规定为行动者提供了可选择的行动路径，限制了个人行动的随意性，从而使人们的行动具有可预期性。

二是有关组织、个人行为规则和规范的规定，如《教师党支部建设暂行规定》、《学生党支部建设暂行规定》、《关于加强在中青年骨干教师中发展党员工作的意见》、《关于进一步加强学生党员教育、管理工作意见》。这些规定明确了党员的条件和义务，为党的基层组织和隶属于不同的机构、组织、扮演不同角色的个人拟定了一套行为期待。

三是有关规则执行的激励和惩罚规定。这一类规定主要有《某省普通高等学校基层党组织建设工作考核实施意见》、《某省普通高等学校组织建设工作考核基本标准》、《先进基层党组织、优秀共产党员、优秀党务工作者评选、表彰》等。任何一种规则都包含这种赏罚机制。符合规则的行为得到奖励，而违反规则的行为受到惩罚，这是对党组织和党员个人行为的一种引导和限制。

党建制度体系存在的目的是使党的建设、党内生活和党的活动制度化、规范化和程序化。对于大学来说，党的各项制度为大学行为构筑了一个制度框架，而由学术制度、管理制度来填充其中，这样政治制度与学术制度、管理制度紧密结合，渗透到大学人工作与生活的方方面面。

---

① 参见童建挺：《政治制度：作用和局限》，《当代世界与社会主义》2009年第1期。

二、学术机构被纳入行政体系

我们讨论的机构之间的关系是一所大学内部所有的基本机构(即上文所谓部件)之间的关系,而不仅仅是学术机构(如学部、学院、学系等)之间的关系。

1. 内部纵向管理

根据机构在大学中所处的位置,可以把大学分为三个层级,部厅级为顶层,处级为中间层,科级为基层,自下对上负责,自上而下领导。顶层机构最少,基层机构最多,中间层机构次之,所以学者把这样的结构称之为“金字塔”结构。显然“金字塔”结构是一种垂直领导。

“内部垂直领导”是借助职能型结构(见图 2-1)得以实现的,在职能型结构中,组织从下至上按照相同的职能来将各种活动组合起来。教务处、科研处、人事处等部门构成职能型结构的一部分。对于学院来说,由于独立的科研机构兴起,以及学术中心由最初的学校层下移到学院层,又进一步下移到基层组织,因此系一级甚至课程组、教研室变成教师学术活动的主要载体,学院的行政管理功能不断强化,学术性被消减,学院也成为职能型结构的一部分。

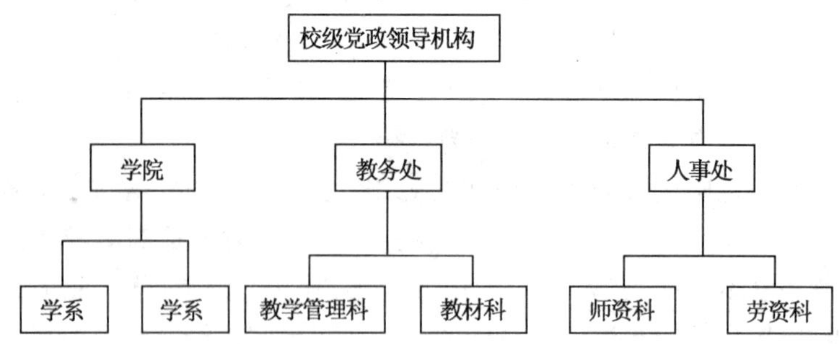

图 2-1 职能型组织结构

职能型结构是将所有与特定活动相关的人的知识和技能合并在一起,从而为组织提供纵深的信息。当组织需要通过纵向层级链进行控制和协调,以及当效率是成功的关键因素的时候,职能型结构是最佳的模式。换句话说,在横向协调需要量较少的情况下,这种结构可以是相当有效的。[①] 诸

① 参见[美]理查德・H・霍尔:《组织:结构、过程及结果》,第 113 页。

多学者对大学行政追逐“效率”价值与学术自由精神冲突提出了尖锐的批评，但是我们走到“效率”价值的身后，会发现是职能型结构在支撑效率追求。显然，大学的人才培养是多部门共同作用的结果，但在现实中我们常常这样批评，“学校利益部门化，部门利益最大化”，从组织结构的因素来寻找其原因，会发现职能型结构天然地带来部门的分离与割裂，导致利益主体的多元化。在实践工作中，教务处与学生处之间常常难以沟通与协作。

2.内部横向管理

对大学组织结构开展研究以来，对职能机构与学院的关系研究没有较大的突破。长期以来，我们在理论上认为，行政机构是在学院等学术组织发展到一定程度之后才产生的，是寄生、依附在学院之上的。人们还热衷于引用哈佛大学作为例证。如哈佛学院产生之初，由教师兼任管理人员，没有专职的行政人员，更没有专门的行政机构。但是，当我们把视野转向国内的时候，理论的解释力就值得怀疑了。自清末大学移植到中国，再经过20世纪50年代大学的社会主义改造，专职的行政人员、专门的行政机构就历史地存在，并发挥重要甚至是主导作用。

职能机构与院系虽同处学校的中间层次，但表现为管理与被管理的关系。以S大学学生工作处的工作职责为例。只需列出其中的一小部分，便可窥见一斑：“负责本科学生的思想政治教育和日常管理工作；负责本科学生教育管理规章制度文件的修订、完善工作；负责各级各类优秀学生的评审推荐及违纪学生的处理工作；负责各类奖学金的评定发放工作。”这样，对于一个学院的学生工作来说，要在学生处领导下开展工作，同时也接受所在学院的领导。

学院与行政职能处室同处一个水平层面，但是二者并不是平等协商关系，行政机构代表学校履行职能，如制定规章制度、分配资源、考核评估等，二者呈现出横向管理关系。

3.外部双重领导

外部双重领导是指大学受到政府来自两个不同方向的管理与控制。如果我们将现代大学的产生和发展与现代民族国家的建立结合起来，就会发现，举凡是走向现代化的国家，都普遍面临着国家教育权力扩张的问题。“为了确立国家的教育权力，有效地实现教育的国家责任，就必须加强教育管理的集中性、统一性和权威性，建立一个强有力的国家教育权力机构。”①

① [前苏]叶留金：《苏联高等学校》，张天恩译，教育科学出版社1983年版，第460页。

希尔斯描述了高等教育发达国家的这一现象和趋势：

> 大学也开始越来越依赖于政府的研究资助。大学的物理科学、生物科学、医疗科学和社会科学的生存都在很大程度上依赖于政府为它们的研究所提供的财政资助。在公立大学和私立大学里，这种情况都同样真实地存在着。无论在传统上属于公立大学的欧洲大学里，还是在英国和美国的大学里，这都是一种真实存在的情况。在美国历史上，州立大学要依靠其所在的州的资助，而私立大学的生存发展则是依靠它们的捐赠基金、慈善家或慈善基金的私人捐款、学生所缴纳的学费。在第二次世界大战之前，美国的州立大学和私立大学都很少受到联邦政府的政策的影响，但是现在，后者已经成为了它们的资金的主要来源。①

《高等教育法》第十三条规定，省、自治区、直辖市人民政府统筹协调本行政区域内的高等教育事业，管理主要为地方培养人才和国务院授权管理的高等学校。第十四条规定，国务院教育行政部门主管全国高等教育工作，管理由国务院确定的主要为全国培养人才的高等学校。因此，高校一方面要接受所辖政府领导，另一方面也要接受国务院教育行政部门——教育部领导。这对省属高校尤其明显，省级政府拥有大学党委书记和校长等主要领导的最终任免权（具体由省委组织部履行职权），拥有办学资源划拨分配权（具体由财政厅履行职权），拥有具体业务指导权，这部分权力由教育厅获得，而且教育部对省属高校的管理权一般情况下也是由教育厅履行，因此教育厅对大学内部的机构设置有着深刻的影响。总之，在外部双重领导的影响下，大学的机构设置多与政府机构呈对应关系，大学的组织部在省委组织部的红头文件指导下开展工作，大学的宣传部在省委宣传部的红头文件指导下开展工作。教育厅的人事处、学生处、规划处等机构分别指导所属各个大学对应处室的工作，这应当是大学设置大量行政机构的一个重要原因，否则外部双重领导将失去领导的组织保障，从而无法有效地贯彻执行大量的红头文件。这样，大学的组织机构与政府有趋同的现象。

目前，教育部直属高校有76所。这76所高校之所以成为部属高校，除了历史、地域、学科平衡等原因，更多的是因为76所高校所具有的学术水平。高水平大学带来了高级别的行政归属，教育部任命所属大学党委书记和校

---

① [美]爱德华·希尔斯：《教师的道与德》，徐弢、李思凡、姚丹译，北京大学出版社2010年版，第182页。

长。这些大学看似由教育部实施一元领导，但是在教育部的领导过程中，我们还是看到了双重领导的影子。教育部内部设立直属高校工作司，其职能为：指导直属高等学校制定发展战略规划，规范并监督直属高校的办学行为；承担直属高等学校的管理体制调整和改革工作；配合有关方面加强直属高等学校领导班子思想政治建设等有关工作。同时，教育部内各个司对直属高校也有管理权，如人事司，“承担机关和直属单位、直属高等学校、驻外使（领）馆教育处（组）等干部人事工作”。

通过内部垂直领导、内部水平管理、外部双重领导，形成了正式组织的等级结构。“在正式组织中，等级结构确定了基本的交往结构和职权结构，这就是‘指挥链’。在等级结构中，晋升具有实质性的奖励性质。在垂直线上的职位决定着担任该职位的人员所享受的职权、影响、特权、地位以及报酬。”①

三、权力高度集中

我国大学内部的法定权力是由政治权力、行政权力、学术权力、民主管理权力四种权力形式组成的。这四种权力来源均具有法定性。

相对于国外高校而言，政治权力是我国高校所特有的权力，具体来说就是党在高校所具有的权力。《高等教育法》第三十九条规定：“国家举办的高等学校实行中国共产党高等学校基层委员会领导下的校长负责制。中国共产党高等学校基层委员会按照中国共产党章程和有关规定，统一领导学校工作，支持校长独立负责地行使职权，其领导职责主要是：执行中国共产党的路线、方针、政策，坚持社会主义办学方向，领导学校的思想政治工作和德育工作，讨论决定学校内部组织机构的设置和内部组织机构负责人的人选，讨论决定学校的改革、发展和基本管理制度等重大事项，保证以培养人才为中心的各项任务的完成。”

行政权力是以校长为代表的行政管理权力。《高等教育法》第四十一条规定：“高等学校的校长全面负责本学校的教学、科学研究和其他行政管理工作，行使下列职权：拟订发展规划，制定具体规章制度和年度工作计划并组织实施；组织教学活动、科学研究和思想品德教育；拟订内部组织机构的设置方案，推荐副校长人选，任免内部组织机构的负责人；聘任与解聘教师以及内部其他工作人员，对学生进行学籍管理并实施奖励或者处分；拟订和

---

① 朱国云：《组织理论与历史流派》，南京大学出版社1997年版，第302页。

执行年度经费预算方案，保护和管理校产，维护学校的合法权益；章程规定的其他职权。”

《高等教育法》第四十二条规定是这样来界定学术权力的：“高等学校设立学术委员会，审议学科、专业的设置，教学、科学研究计划方案，评定教学、科学研究成果等有关学术事项。”

《高等教育法》对民主管理权力的规定体现在第四十三条：“高等学校通过以教师为主体的教职工代表大会等组织形式，依法保障教职工参与民主管理和监督，维护教职工合法权益。”工会是党委领导下的工会，工会主席只是学校的中层干部，因此，民主管理权很难有自足性和独立性。

典型的学术权力组织形态主要有学术委员会、学位评定委员会以及教授委员会等。一般意义上的委员会通常是由一定数目的委员组成，委员会主席由委员轮流担任，而且仅为名义上的领导，并无特殊的职权。换而言之，各委员均具有相同的职权。我国大学这些委员会的主席绝大多数由校长兼任，随着校长的上任而调整，随着校长的更换而更换。另外，委员会没有专门的常设机构，通常挂靠在作为行政权力支撑体的科研处、研究生处、教务处等职能处室，因此，学术权力往往成为行政权力的另一种表现形式，委员会成为行政权力管理学术事务的合法形式。

随着学术权力被行政权力兼并、民主管理权力被政治权力稀释，四种权力形式集中到行政权力与政治权力这两种权力上，而我们的大学政治权力与行政权力重叠化，这种重叠集中表现在大学的决策机构中——党委常委会、校长办公会成员身份的叠加。政治权力与行政权力的交叉重叠，最终导致了大学内部权力的高度集中。

四、弱正式组织较少

弱正式组织是相对于强正式组织而言的，是为了把学术团队、研究中心、实验中心等组织区别于学院、学系以及职能处室等强正式组织而建构的概念。把我国大学中的学院、学系及职能处室称之为“强正式组织”，主要基于两方面考虑：

一是制度化水平高。周学光认为，正式组织的鲜明特点之一是规章制度，特别是日常运行的程序的作用。① 根据伯杰和卢克曼(Berger & Luckman，1967)的观点，制度化是一种过程，“由于在互动中的个体建立了支持集

① 参见周学光：《组织社会学》，社会科学文献出版社 2003 年版，第 171 页。

体行动的共同框架和共同认识……行为被重复的过程以及被自我和他人赋予相似意义的过程被定义为制度化：这就是社会现实被建构的过程”。院系、职能处室本身就是制度化的产物，从行为标准到考核评估，从岗位设立到部门设置，其运行过程被制度逐一分解，逐条规范，甚至教师的上课环节也被制度化了。由于院系、职能处室制度化的价值取向在于实现大学管理目标，“遵从制度化规则的活动，会产生必要的仪式性开支，也会带来仪式性收益，但从绩效角度看，这种开支则是一种不能带来收益的纯成本”[①]。在某种程度上，院系与职能处室出现了目标与手段的倒置，把管理（本质上是手段）作为一种目标追求，损害了学术目标。

二是职位权力占主导。正式组织里的权力至少部分地由计划来决定。多数组织是按职位的等级化来设计的：一个职位被人为地定义为具有控制另一个职位的权力。权力附属于职位：每一个职位占有人都可以得到相应的权力，而不管他或她是否具有相应的个人素质。[②] 随着职位占有人的更替，权力可以在一个人和另一个人之间进行轻松转移。学院院长、学系主任、职能处室负责人是被上级任命的，他们的权力首先来源于职位，而不是学术素养。

与强正式组织相对，弱正式组织是学者们在学术活动中形成的以学术兴趣喜好为基础的松散的、较少正式规定的群体。具有代表性的组织形式有跨系或跨学科的学术团队、研究中心、研究所（室）等。这些组织改变了垂直式功能化管理模式，而实施扁平式分权化组织模式。弱正式组织在西方大学中非常普遍，如加州大学有跨学科的科研小组 3000 多个，麻省理工学院则建有 200 多个交叉实验室和研究中心。德国亚琛工业大学有 9 个学院，260 个院属机构和 400 名教授，几乎每位教授都有自己的研究机构。[③] 目前我国大学中弱正式组织较少，以部属院校为例：研究机构在 100 个以上的有北京大学、清华大学、吉林大学、浙江大学 4 所，50 个以上的有 9 所，10 个以下的有 25 所。

权变组织理论学派把组织结构形式分成两种（见表 2-1）：一种是稳定的机械式结构，一种是动态的有机式结构。对比这两种组织结构的特点，可以

---

① ［美］沃尔特·W·鲍威尔、保罗·J·迪马吉奥：《组织分析的新制度主义》，姚伟译，上海人民出版社 2008 年版，第 60 页。

② 参见［美］W. 理查德·斯格特：《组织理论》，第 291 页。

③ 参见教育部中外大学校长论坛领导小组编：《中外大学校长论坛文集》，高等教育出版社 2002 年版，第 329 页。

发现牢固联结的组织结构是一种稳定的机械式结构，而松散联结的组织结构则属于动态的有机式结构。

表 2-1　稳定的机械式结构与动态的有机式结构在组织上的特点

组织上的特点	稳定的机械式结构	动态的有机式结构
对环境的开放性	比较封闭。试图选择和尽量减少环境影响，并试图减少不稳定性	比较开放。设计得能够接受环境影响和对付不稳定性
活动的正规化	在结构的基础上具有更多的正规性	在结构的基础上具有较少的正规性
活动的差异化和专业化	明确的、相互孤立的职能和部门	通常或有时为重叠的活动
协调性	基本上通过等级结构，很明确地规定了管理程序	多样的手段和人们之间的交互作用
权力结构、权力来源的职责	集中的、等级的职位附加于具体的职位或角色	很多成员分担分散的、多样化的知识和专门特长
任务、作用和职能	在组织图、职位说明以及其他文件中有明确规定与说明	受到有关的情况和彼此的期望等很不严格的限定与说明
交互作用与影响的形态	上级→下级的等级关系	上级→下级水平与斜向的关系
程序与规则	很多、很具体，而且常常是成文的和正规的	很少、很一般，而且经常不成文、非正规
层次等级（就权力、地位和薪资等而言）	在不同等级层次中存在大的差异	在不同层次中差异较小
决策制定	集权的，且集中于高层	分权的，且分散于整个组织
结构形式的持久性	倾向于比较固定不变	持续地适应于新情况

资料来源：朱国云《组织理论与历史流派》，第 305 页。

第三节　形成我国大学组织结构特征的因素分析

组织结构的产生是多项因素共同作用的结果。从组织内外关系两个角度来看,对组织结构形成的解释有两种观点。第一种是组织运作"环境论"。"环境论"解释包括组织规模、战略、环境以及民族文化等因素。在这里,"环境"指某一组织当前的运作情况,包括组织控制之内的状况和组织控制之外的状况。第二种是"设计论"。"设计"指在组织内作出的有关该组织应具有何种结构的选择。前者带有被动性与他控性,而后者则强调主动性与自控性。因为我国大学的组织结构形成带有很强的被动性,因此本书采用"环境论"予以解释。

一、组织规模

金伯利指出,组织规模包括四个要素:第一是组织的自然容量。大学的容量体现在教室或宿舍能容纳的学生人数上。第二是组织配备的人员数量。对于某些大学而言,这种规模有时是该组织的目标。更大的规模意味着经费的增加。第三是组织的输入或输出。输入可能是这样一些因素:如被服务的学生的人数。一所学院或大学的毕业生比例是一种输出。第四是某一组织所具有的任何资源,其形式为财富或净资产。① 对于一所学院或大学而言,捐款数目是一项重要的考虑内容。不同的意义要素潜在地与不同的高等教育理念相关联。第一个规模要素侧重于办学条件;第二个规模要素是指学生的规模;第三个规模要素反映了竞争淘汰意识及精英主义的倾向;第四个规模要素则是对市场力量的推崇。第三、第四种规模要素概念适用于美国高等教育的背景。为便于研究,针对我国大学的实际,本书采用第二种规模要素的概念。认为"规模是结构的重要决定因素"的主要代表人物有布劳及其同事。②

规模与复杂性相关,一般来说,复杂性包括三个要素:水平分化、垂直分化、地域分散。

水平分化有两种表现形式:第一种形式是让训练有素的专家执行一揽

---

① Kimberly, J. R. "Organizational Size and the Structuralist Perspective: A Review, Critique, and Proposal." *Adminisrtative Science Quarterly*, 21, 1976, pp. 577-597.

② Blau, P. M. *The Organization of Academic Work*. New York: John Wiley, 1968, p. 12.

子任务。普里斯[1]把这种复杂性定义为“某一系统产生输出所需要的知识的程度。组织的复杂程度可以由其成员受教育的程度来测度。受教育程度越高,复杂程度也就越高”。这种形式的水平分化增加了组织的复杂性,因为高度专业化要求对专家们的行为进行协调。在很多情况下,都必须指定专门的协调人员,以保证不同的工作不会互相重叠,保证组织的总任务的完成。第二种形式是将任务分割得很细。一般通过组织内部工作岗位的数量来体现,如大办公室里,设置秘书岗位一、秘书岗位二、秘书岗位三等。这里,劳动被细分为专业化、常规化且重复性强的工作。对大学来说,这两种水平分化可以在院系和职能管理机构中看到。随着知识向纵深方向发展,演化出更多的研究方向,新的学科专业从既有的学科专业中裂变出来,学科专业出现愈加分化的态势,学科专业的独立性与自足性增加了学科管理与协调的难度,为了解决这个矛盾,我们可以看到随着新学科、新的学科方向或专业知识的出现而出现新的学院或学系。这就是第一种水平分化。下面再来看看第二种水平分化。随着学生规模的扩大,一门课程不再只有一位教师,可能增加到两三位或更多,在管理机构职能不变的情况下,学生、教师规模的扩大会带来管理事务的增加,管理事务的增加与分化就会要求更多的管理岗位,由于岗位工作的相似性不会导致单位组织的裂变,既有单位组织(可以是院系、处室等)的规模就会不断扩大,这是实现大学规模扩大的一种重要方式。

垂直分化是将管理层的增加作为组织等级的测量。皮尤等人认为“数一数首席执行官与生产产品的雇员之间的工作岗位数”便能测量组织的垂直维度。[2] 大学规模的扩大带来大学管理层的增加,学院的产生是典型的代表。“学校——学院——学系——教研室”四层次结构模式在我国目前的一些规模较大的大学比较常见。据有关统计,在部属院校的抽样调查中,四层次模式占46.8%的比例;在地方大学中,这一比例为54.4%。[3]

地域分散。活动与成员根据水平或垂直功能,通过任务的分割来实现地域分散。当人们认识到组织可以在不同的地方用同样的专业分工、同样的等级安排来履行相同的职能时,地域分散便成了复杂性概念中一个独立

① Price, J. L. *Organizational Effectiveness: An Inventory of Propositions*. Homewood, IL: Richard D. Irwin, 1968, p. 26.

② Pugh, D. S. et al. “Dimensions of Organizational Structure.” *Administrative Science Quarterly*, 13, 1968, pp. 65-105.

③ 参见胡成功:《高等基层学术组织现状与问题》,《高等教育研究》2003 年第 11 期。

的要素。多校园大学已经成了普遍现象,但这与美国州立大学的多校区不一样,我们的多校区大学多是直线制集权管理,只是地域的分散,而不是权力的分散,美国州立大学多实行有限分权管理。(所谓"直线",是指大学中存在着自上而下的垂直领导而形成的一条直线指挥链。其特征是每一个下级部门只接受一个上级部门的领导,下级的全部工作只对领导它的这个上级负责,而不对其他部门负责)以加州大学为例,总部与各分校之间的关系属于有限垂直分权(同行垂直分权)。评议会保留各分校校长任命权,保留给分校财政拨款的权力,而且各分校的战略确定也最后由评议会完成,但分校校长担负实施战略所需要的有关人事、财务、行政管理权力。

二、组织战略

1962年,美国哈佛大学的历史学家钱德勒(Alfred D. Chandler)提出"结构追随战略"的观点。1909～1959年期间,他对美国100多家大企业进行了跟踪调查,最后得出"一种新的战略需要一种新的或者至少是改造的结构,扩大的企业要有效地运转,结构如果不随战略调整,将会导致低效","如果组织不发展新的结构来满足由于组织向新的领域、新的职能、新的生产线扩展的需要,那么组织技术上、财政上、规模上的增长则无法实现"。[1] 达夫特在波特的竞争战略模型、迈尔斯和斯诺的战略分类模型基础上分析了战略与组织结构的关系(见表2-2)。[2]

---

① [美]艾尔弗雷德·D·钱德勒:《战略与结构:美国工商企业发展的若干篇章》,北京天则经济研究所译,云南人民出版社2002年版,第17页。

② 迈克尔·波特(Michael E. Porter)通过对大量企业的研究提出了描述三种竞争战略的分析框架:成本领先战略、差异化战略和集中化战略。在差异化战略中,组织试图使其产品或服务与同行业中其他组织的产品或服务相区别。成本领先战略,就是试图通过依靠比竞争对手更低的成本来增加市场份额。采用集中化战略的组织仅仅将目标集中在一个特定的区域市场或购买者群体。迈尔斯和斯诺的四种战略分类:探索型战略、防御型战略、分析型战略和反应型战略。探索型战略着眼于创新、冒险、寻求新的机会以及成长。防御型战略近乎与探索型战略相反。防御型战略的采用者更关注稳定甚至收缩,而不是冒风险和寻求新的机会。分析型战略的采用者试图维持一个稳定的企业,同时在周边领域创新。反应型战略只是以一种随机的方式对环境的威胁和机会做出被动的反应。

表 2-2　与战略相应的组织设计

波特的竞争战略	迈尔斯和斯诺的战略分类
差异化战略 学习导向；灵活、宽松的行为，强有力的横向协调 强大的研究开发能力 密切联系顾客的价值观和行动机制 鼓励员工发挥创造性、冒险和创新 **成本领先战略** 效率导向；较强的集权、严格的成本控制、频繁详细的控制报告 标准化操作程序 高效率的采购和分销系统 严密的监督；常规任务，很少向员工授权	**探索型战略** 学习导向；灵活、机动、分权的结构 强大的研究开发能力 **防御型战略** 效率导向；集权和严格的成本控制 强调生产效率和降低管理费用 严密的监督；很少向员工授权 **分析型战略** 效率和学习相平衡；在进行严格的成本控制的同时，保持灵活性和适应性 产品的高效率生产；同时强调创造性研究及冒风险的创新行为 **反应型战略** 没有明确的组织形式；根据现实情况的变化，组织设计特征会发生急剧的改变

资料来源：[美]理查德·L·达夫特《组织理论与设计》，第 74 页。

关于大学战略对组织结构的影响的理论研究较多，而把这一问题纳入实践体系中加以研究的较少。魏海苓在其博士论文《战略管理与大学发展——中国大学战略管理的有效性研究》中以密歇根、明尼苏达、普林斯顿和斯坦福四所大学为例，讨论了大学战略对组织结构的影响，从中我们可以看到美国大学组织结构的灵活性。那么，中国大学战略对组织结构的影响体现在哪里？力度有多大？我们以 A、S、D 三所大学为案例进行剖析。

三所大学的战略目标截然不同(见表 2-3)，但是三所大学的组织结构却极为相似。首先是机构设置相似(见表 2-4)；其次是三所大学组织机构之间的关系都采用职能式的组织，即借着明确而正式的部门划分、纵向为主的沟通，以及把决策权集中到高层而得以实现(见图 2-2、2-3)。当然，三所大学组织结构之间还是有差距的，这种差距主要体现在加强横向联系与整合的组织结构的差异上。例如，作为管理机构的横向联系组织，S 大学开始在某些学院试点成立教授会，在 D 大学的二级学院普遍设立了学术委员会等，而在 A 大学则缺乏这类委员会制的组织机构。组织结构的差异还体现为学术研

究机构的设立，如跨学科的实验中心、研究中心、任务小组等。例如，在A大学独立建制的省级以上科研机构有1个，在S大学独立建制的省级以上科研机构有22个，在D大学独立建制的省级以上科研机构有31个。可见，对于我国大学来说，大学战略对大学组织结构影响是有限的。

表2-3　　三所大学战略目标

	大学战略目标
A大学	到2020年建成有重要影响的特色名校
S大学	经过20年左右的团结奋斗，建设成为综合性有特色的教学科研型大学
D大学	以创建世界一流大学为战略目标，到2032年前后，若干学科达到世界一流水平，开始步入国内外知名高水平大学行列

资料来源：三所大学的教育部本科教学工作水平评估自评报告

表2-4　　A、S、D三所大学机构设置

	党群机构	行政机构	院系设置	独立建制的省级以上科研机构
A大学	党委办公室（校长办公室） 组织部（统战部） 宣传部 学工处 纪委办（审计处、监查室） 工会 团委 机关党总支 教辅党总支	校长办公室（党委办公室） 人事处 科研处 教务处 学生处 发展规划处 财务处 研究生处 教学评估办公室 国际合作交流处	11个二级学院	1个

续表

	党群机构	行政机构	院系设置	独立建制的省级以上科研机构
S大学	党委办公室 组织部 统战部 宣传部 学工部(人武部) 党委研究生部 纪委办 保卫部 工会 团委 机关党委	校长办公室 人事处 科学技术处 社会科学处 学生处 教务处 财务处 发展规划处 研究生部 国际合作处 审计处 保卫处 后勤管理处 基建处 产业管理处	23个二级学院	22个
D大学	党委办公室 组织部 统战部 宣传部 党委发展规划部 党委研究生工作部 党委学生工作部(学生处) 纪委办(监察处) 党委武装部(保卫处) 工会 团委 机关党委	校长办公室 人事处 科学技术处 社会科学处 学生处 教务处 财务处 发展规划处 研究生院 国际合作处 审计处 保卫处 后勤管理处	34个二级院系	31个

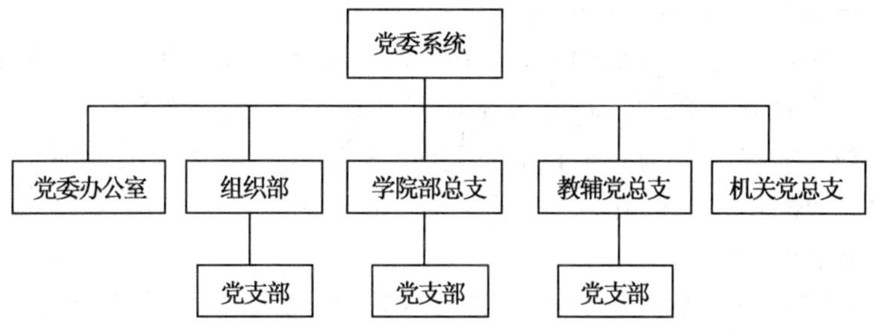

图 2-2　A、S、D 三所大学党委系统部门关系图

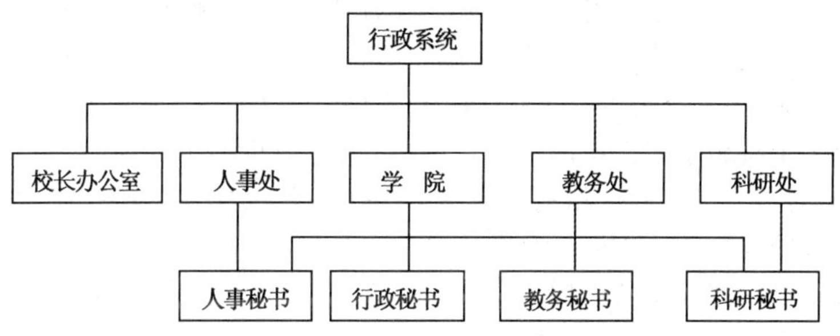

图 2-3　A、S、D 三所大学行政系统部门关系图

三、制度环境

在"大政府、小社会"的背景下，政府与社会趋于重叠，政府构成大学的主要制度环境。大学组织趋同于政府严密控制性的组织结构主要是通过两种机制实现的。

1. 强制机制

强制性趋同源于一个组织所依赖的其他组织向它施加的正式与非正式的压力，以及由其所运行的社会中存在的文化期待对其所施加的压力。这种压力可能被组织感知为要求其加入共谋的某一种强制力量、一种劝诱或一种邀请。高校党组织的设立是对国家法令的一种直接反应，主要是由强制性趋同造成的。中共中央组织部颁发的《中国共产党普通高等学校基层组织工作条例》规定，在高校校级设立党的基层委员会、党的基层纪律检查委员会，院系一级设党总支、党支部。

强制的力量来源于法定的权力。迈耶和罗恩(Meyer & Rowan，1977)

令人信服地指出，当理性化的政府和其他较大的理性组织，把他们的支配扩张到更多的社会生活领域中时，组织结构就会逐渐体现由政府在该政体内制度化与合法化的规则。正如大学的行政级别是政府赋予的，大学的党委书记和校长也是由政府任命的，党委书记和校长在被任命的同时即被授予了级别，大学无力排斥，作为一种“待遇”，也不愿排斥。

2.模仿机制

《高等教育法》第三十七条规定：“高等学校根据实际需要和精简、效能的原则，自主确定教学、科学研究、行政职能部门等内部组织机构的设置和人员配备。”可见，我国大学教学、科研、行政等非党务组织结构的设置且趋同并非来自强制力量。组织趋同并不一定都源于强制性权力，不确定性也是促进制度性趋同的另一个重要因素。当一个组织的技术没有得到人们很好的理解时，当一个组织的目标模糊不清和相互矛盾时，或者当一个组织的环境出现了符号象征方面的不确定性时，该组织可能以其他组织作为参照模型，来建立自己的制度结构。组织倾向于模仿那些在其所处领域中看上去更为成功或更具合法性的类似组织。

大学目标多重化且模糊不清，甚至相互冲突，面临诸多不确定性，大学自身就会出现模仿的现实需要。

一是模仿教育行政管理部门，设立行政职能处室。组织间的依赖程度越高，这两个组织之间的类似程度就越高。这里的机制是什么呢？道理很简单，当办学资源集中在教育行政管理部门的时候，不同的大学都必须与之打交道。因此，组织之间的联系、人员之间的交往、信息的交换就越来越多了，受教育行政主管部门的影响越来越大。这与办学资源依赖的渠道与资源分配方式有关系。

二是模仿行政运行，推行集权等级制。教育法律、法规、政策没有对大学采用何种内部运行机制作出规定，也就是说，大学运用何种运行机制面临制度的空白，这似乎给了大学自主选择的机会与权力，然而现实中大学的选择往往是唯一的、宿命的，因为大学被赋予行政级别就已经内定了大学集权等级式的运行机制。对大学来说，塔尖已经悬置，必然要下探式地搭建塔基。大学内部运行机制的选择，不如说是一种模仿，是对社会权威组织——政府运行方式的模仿。

综上所述，组织规模、组织战略只能影响组织部件的大小、设置，而不能影响部件之间的关系，导致组织部件之间牢固联结的因素主要是制度环境。

第三章 大学行政化之组织权力：准官僚模式

组织结构与组织权力是密不可分、相辅相成的。“当教学工作和管理结合得比较牢固时，它和环境之间的联系就会变得比较松散，学校也就变成了一个联系比较紧密的系统。环境的输入大都要通过校长，管理系统对学校课程的控制比较多，尽管学校的课程是由各系的教师设计的，但是，新课程的开设在很大程度上是校长、学术副校长、教务长、系主任等人相互作用的结果，而不是教师磋商的结果。”①

第一节 大学组织权力概论

一、权力概述

(一)权力要义

达尔认为，权力通常被定义为一个人(或部门)影响其他人(或部门)执行命令或者做他们本不会去做的某种事情的潜在能力。② 所谓权力，是指组织中的个人或部门影响他人达到预期结果的能力。权力具有影响组织其他人的潜在可能，不过运用权力的目标是要达到权力拥有者所希望达成的结果。

霍尔认为，权力存在于两人或更多人之间的关系中，它可以在纵向和横

---

① [美]罗伯特·伯恩鲍姆：《大学运行模式——大学组织与领导的控制系统》，别敦荣译，中国海洋大学出版社2003年版，第115页。

② Dahl, R. A. “The Concept of Power.”*Behavioral Science*, 2, 1957, pp. 201-215.

向上使用。权力的源泉通常来自一种交换关系，即某个职位或部门向其他部门提供某种稀缺的有价值的资源。在一个人依赖其他人时，拥有资源的人就有了更大的权力，这样，权力关系便出现了。而当权力存在于某一关系时，权力的拥有者就可以获得其他人对其要求的顺从。①

爱默森认为，权力是非独立的、受环境影响的且至少是潜在相互性的。因此，他的方法强调把权力看成一种社会关系的特质而非个人的特征。说某个人具有权力是毫无意义的，除非我们指明他或她对谁具有权力。在描述权力关系时，我们必须同时考虑到上级和下属。上级的权力以约束别人的能力和愿望为基础（他们决定是否执行对别人的奖罚），但是，我们必须认识到，构成奖励或惩罚的内容，最终由相关下属的目标或价值观来决定。②

权力是一种关系，如果说达尔是从权力拥有者的角度给权力下定义，那么霍尔和爱默森更多的是从权力影响的对象来谈权力的。本书认为，有效的权力是约束性与认同性的统一体，统一在权力拥有者与权力对象之间的关系中，这是权力最关键的要义。

（二）权力分类

博拉西与安德生（Blase & Anderson）从领导者与被领导者的权力关系中，举出权力有三层结构：压制的权力（power over）、参与的权力（power through）、分享的权力（power with）。

（1）压制的权力：威权式的领导往往将权力与统治和控制画等号，领导者经由资源控制、说服及阶层化地位来压制被领导者，以达到目标。权力被视为稀有资源，权力的争夺使得人与人之间卷入零和赛局。在校园中若权力以此模式运作，则教师之间或行政人员之间便有激烈的勾心斗角。

（2）参与的权力：在此种权力模式中，权力不必然是稀有资源，竞争也不必然是零和游戏，领导者为了达到目标，可以通过引发个人或团体对组织目标的归属感的途径来达成。在过程中，组织成员实际上参与了组织目标与政策的形成，领导者与被领导者彼此均能各取所需。在学校中若以此模式运作，则教师与行政人员之间的疏离感将会降低。

（3）分享的权力：在这种权力模式中，组织目标的达成是通过领导者与被领导者的合作，甚至领导—被领导的关系也可能基于议题而改变。这种

① 参见[美]理查德·H·霍尔：《组织：结构、过程及结果》，第123页。

② 参见[美]W. 理查德·斯格特：《组织理论》，第289页。

模式在现实中不易发现,偶见于非正式团体、学术部门或教育机构中的民主社区。

巴卡瑞克与劳勒(Bacharach & Lawler)将原来由伊齐奥尼(Amitai Etzioni)所发展出来的权力模式加以扩张并修正,而归结为四种权力形态:

(1)强制性权力:使用或威胁使用身体制裁、制造挫折等。

(2)报酬性权力:物质资源、奖赏、服务等。

(3)规范性权力:包括纯粹性规范与社会性规范。前者诸如特权、仪式、符号的操纵,后者诸如爱与接受的操控。

(4)知识性权力:资讯的控制。[①]

上述从不同视角对权力的分类,为本书提出新的分类提供了启示。如果在组织理论视角下对权力进行分类,组织的权力可以分为他控性权力与自控性权力。对于一个组织或组织中不同的领域来说,如果某组织或某领域的权力归属该组织或该领域,那么这种权力就是一种自控性权力;如果某组织或某领域的权力由组织外力量或其他领域力量所掌控,那么这种权力就是一种他控性权力。我国大学行政化最直接的表征就是他控性权力过强,自控性权力过弱。

(三)权力与职权

正式职权概念与权力有关,但其涵盖的范围要比权力窄。职权(authority)也是实现预期结果的一种力量,但它仅仅是由正规的层级链和报告关系规定的。职权的三个特性是:

(1)职权存在于组织职位中。人们拥有某种职权是因为他们处于这一职位上,不是因为他拥有的个人特质。

(2)职权根植于下属的接受。下属是因为他们认为居于该职位的人拥有运用职权的合法权力才依从这个领导人的。

(3)职权是顺着纵向层级链向下流动的。职权存在于正式的命令链中,因此高层的职位就比低层的职位拥有更大的职权。

组织的权力可以自上而下、自下而上以及在水平方向上行使。但正式的职权能按层级链自上而下地行使,这一点与所谓的纵向权力和法定权力类同。[②] 显然,职权的典型就是行政权力。

① 参见蔡璧煌:《教育政治学》,台北五南图书出版公司2008年版,第290页。

② 参见[美]理查德·L·达夫特:《组织理论与设计》,第514页。

（四）权力来源

达夫特对权力来源有过精辟的分析。他把权力的来源分成权力的纵向来源和权力的横向来源。[①]

1. 纵向权力来源

正式的职位。高层职位会自然产生出相当的权力、责任及特权。高层管理者通常会运用表征性符号和语言使其法定权力渗透到组织中。

资源。每一年度，组织都要通过预算的方式分配资源。这些资源是由高层管理者往下分配的。在大多数情况下，高层管理者控制着资源，因此他们能决定资源的分配。资源可以用作奖惩，这是权力的重要来源。资源分配也创造了一种依赖关系。下层的参与者依靠高层管理者提供完成任务所需要的资金和物质资源。高层管理者可以运用表现为加薪、聘用、晋升及提供物质设施等形式的资源来换取下属顺从他们而取得他们所希望的结果。

决策前提与信息的控制。控制决策前提，意味着高层管理者通过具体规定决策的参照系和指导原则来制约低层人员的决策行为。在某种意义上，高层管理者负责制定重大的决策，然后由低层参与者决定如何实现这一目标。

对信息的控制也成为权力的一种来源。当今组织中的管理者认识到：信息是一种主要的经营资源。通过对收集什么样的信息以及如何解释信息、如何分配信息等进行控制，他们能够影响决策的制定。高层管理者通常能比其他的员工获得更多的信息。这些信息可以按影响其他人决策结果的需要而加以发布。

网络中心性。即指处于组织的中心位置，从而有渠道掌握对企业的成败至关重要的信息和人员。高层经理通常可以这样增强其权力，在其周围配置一个由忠诚的属员构成的网络，并使用该网络了解整个组织发生的事件。这样，他们就能利用其中心地位来建立联盟并在组织中形成有实质影响的权力。

以上若干种权力的来源，也可以说是组织顶层或组织外部控制组织所使用的方法、手段，有时使用其中一种或几种，控制性最强的则是几种方法同时使用。

---

① 参见［美］理查德·L·达夫特：《组织理论与设计》，第516～521页。

2.横向权力来源

相依性。部门间的相依性是决定相对权力大小的一个关键因素。权力来自于拥有某种别人需要的东西。当部门A依赖于部门B时,部门B的权力就比部门A的权力大。相依关系的数目和强度是权力的重要影响因素。所有部门同时求助于人事部门,在这种情况下,人事部门的权力就很大。相反,一个部门如果对其他很多部门存有依赖,那么它的权力就很有限。在上一章中谈到的大学内部水平管理现象的出现原因就在于此。

二、大学组织权力概论

1.二元权力论

我国学者普遍认为高等学校内部存在着学术权力和行政权力对立的二元结构。第二届中外大学校长论坛提出:“学术权力与行政权力是两种具有不同含义和性质的权力,具有各自不同的运行方式以及价值取向。”①谢安邦认为,高校的行政权力一般分为三个等级,即学校、学部或学院、系或讲座,三者间构成一个自上而下的权力体系,维持着高校的日常运作。学术权力,更确切地讲,它属于一种权威。如果说行政权力是合法化的,那么学术权力代表着一种权威,则是合理化的,尽管它也存在着等级,但不以严格的制度为依托。高校学术权力是由学术活动本身的内在逻辑所决定的,权力主体是教授。② 后来眭依凡、秦惠民、张德祥、宋伟等也分别从各自角度讨论了高等学校中的行政权力和学术权力问题。钟秉林等认为,当前及今后大学内部运行机制和管理架构所要解决的重大问题之一,是协调大学内部行政权力和学术权力的关系。③ 许志红则认为,我国“高校的权力结构是二元结构形式,但在权力行使过程中行政权力泛化于学术权力之上”,表现为“决策中教授权威弱化,官本位意识强化,学者的学术自由受阻”。④

2.三元权力论

伯顿·克拉克曾提炼出影响大学微观权力的三个最重要的因素,即国

---

① 教育部中外大学校长论坛领导小组:《大学校长视野下的大学教育》第2辑,中国人民大学出版社2005年版,第32页。

② 参见谢安邦、阎光才:《高校的权力结构与权力结构的调整——对我国高校管理体制改革方向的探索》,《高等教育研究》1998年第2期。

③ 参见钟秉林、张斌贤、李子江:《大学如何协调学术权力和行政权力》,《中国教育报》2005年2月4日。

④ 许志红:《试析大学权力结构的重组》,《黑龙江高教研究》2005年第6期。

家、市场和学术，市场权力成为大学权力论的另外一个重要维度。[①] 英国诺丁汉大学校长科林·坎普贝尔在中外大学校长论坛中具体讨论了如何平衡高等学校内部的学术、行政和市场力量这一问题。[②] 彭江谈到，大学治理中"传统的权力是行政权力和学术权力，其他权力受到压制"，而现在，市场权力"分化出来"成为"独立的影响力量"。[③] 费坚、巫丽君认为，大学组织"实际上有三种不同性质的力量在相互作用着，即市场权力、学术权力和行政权力"[④]。刘士民则将学术权力、行政权力及学生权力组成三元权力结构。[⑤]

3. 多元权力论

持多元权力论者对权力划分的标准不一。林荣日认为，在中西方大学中，除了行政权力、学术权力（两种最基本的权力类型）和我国高校中 1949 年以来"始终处于主导性地位"的政党权力外，还有"来自中央和地方政府的行政权力，来自社会的市场权力等"。这里提到了在中国大学中始终处于"主导性"地位的"政党权力"，而所讨论的"市场权力"只是作为一种"外部权力"。[⑥] 陈玉琨、戚业国则将国外高校的权力构成分为学术权力、行政权力以及学生权力，将我国高校的权力构成分为政党权力、行政权力、学术权力、学生权力和外部权力。[⑦] 别敦荣认为，在中国大学的"管理权力结构"中存在"多元亚结构体系"，"除校长及其管理体制的行政权力外，共产党组织、共青团组织、工会组织等的影响力也行政化，成为与校长管理体制分享高等学校管理权力的重要团体组织"。[⑧]

结合高等教育发展趋势与我国大学的实际，本书把大学的权力分为学术权力、行政权力、市场权力、政治权力四种。这四种权力在下一节中还将阐述，在此先谈一下四种权力的基本特征。

学术权力的特征可以概括为权力主体的平等性、权力客体的知识性、实

---

① 参见[美]伯顿·克拉克：《高等教育系统——学术组织的跨国研究》，第 154～162、181、284 页。

② 参见教育部中外大学校长论坛领导小组：《中外大学校长论坛文集》，高等教育出版社 2002 年版，第 229～239 页。

③ 彭江：《论分散化的大学公共治理》，《复旦教育论坛》2004 年第 6 期。

④ 费坚、巫丽君：《我国大学行政权力的重新配置——基于"三权制衡"模式的思考》，《扬州大学学报（高教研究版）》2005 年第 1 期。

⑤ 参见刘士民：《传统与超越：高校权力结构的解构与重建》，《高教发展与评估》2006 年第 1 期。

⑥ 参见林荣日：《论高校内部权力》，《现代大学教育》2005 年第 2 期。

⑦ 参见陈玉琨、戚业国：《论我国高校内部管理的权力机制》，《高等教育研究》1999 年第 3 期。

⑧ 别敦荣：《我国高等学校管理权力结构及其改革》，《辽宁高等教育研究》1998 年第 5 期。

现方式的民主性和发展趋向的松散性;行政权力特征可概括为权力主体的等级性、权力客体的服务性、实现方式的强制性和发展趋向的法制化;市场权力的核心是竞争力,竞争力来自于成本、质量、品牌优势,市场权力强调平等、公平、公开;政治权力主要通过政党模式分配,政治权力趋向集权化,政治控制是政治权力的表现方式。

第二节　大学组织权力模式

权力是一个组织的根本所在,大学也不例外。大学的管理模式囊括了动态中的权力运行模式,是认识大学组织权力模式的突破口。对于学校及大学管理的模式已有许多理论家给出了各种理论解释与观点,这些理论在某些方面相互交叉、重叠。有些模式含义相似,但名称不同,也有一些相同的术语却有着不同的含义。

一、大学组织管理模式概述

伯顿·克拉克把高等教育系统整合的动力分成四种形式:官僚制协调、政治协调、专业性协调和市场协调。官僚制协调主要是通过增加行政管理的层次、扩大管辖权、扩大编制、行政专门化、制定规范化制度等途径进行;政治协调主要表现为政府、公众和利益集团把高等教育看成优先发展的问题,并越来越深地进入高等教育领域;专业性协调的根基是“知识即权力”的观念,教授们通过学科专长的扩充、中央学术团体的扩充,以及诸如联合会和协会等教师利益组织的扩大,而把在基层的权力变为在地方和在全国的权力;市场协调模式主要借助消费者市场、劳动力市场和院校市场等,通过价格机制保证交易公平,不断进行职业再分配,改变劳动力结构。[①]

托尼·布什把教育管理模式概括为六大类,包括强调正式结构、等级制、理性过程和官方权威的正规模式;强调专业权威、价值观一致、目标一致和在意见一致的基础上进行决策的学院模式;强调利益群体之间的冲突、决策依赖不同方面权力资源的政治模式;强调个人对事件的不同解释及主张组织不存在统一目标的主观模式;强调组织中价值观和信仰的重要性,也强调文化的象征符号和仪式的文化模式。[②]

---

① 参见[美]伯顿·克拉克:《高等教育系统——学术组织的跨国研究》,第162～185页。

② 参见[英]托尼·布什:《当代西方教育管理模式》,第40～215页。

伯恩鲍姆首先分析了学会组织模式、官僚组织模式、政党组织模式、无政府组织模式四种大学组织模式。学会组织模式强调在平等的社团中共同分享权力,拥有共同的价值观;官僚组织模式强调结构多层,重视工作说明书和规章制度;政党组织模式把高校看成若干系统的联盟,权力来自于成员或团体间的谈判;无政府组织模式的特征则是目标的或然性、技术的不明确性和参与人员的流动性。伯恩鲍姆在四个模式基础上,提出了控制组织模式,即四种模式的综合,其特征为组织成员通过自身行为准则指导其行为。①

以上三种典型的教育组织管理模式观,为认识大学组织管理模式特别是权力运行提供了较好的视角。

二、大学权力与权力模式

大学成员系统的多元化是历史发展的产物,也是现代大学正常运行的需要。如 1950 年,明尼苏达大学聘用 4000 名非学术人员充任书记、统计人员、餐饮人员及司机。公关业务早为大学院校所关注,尤其是新设大学,如康奈尔和芝加哥。新英格兰的小型文科学院,在经济不景气的前五十年,学生人数与非专业行政人员数的比例,从 1∶1.57 降至 1∶1.21,而师生比稳定地维持在 1∶1.11 之间。从另一角度来看,1883 年大学校况目录中,17%的职位并不属于教学单位。1933 年,该百分比增加一倍。学校规模的扩大,就会带来工作任务的专业化分工。② 伴随着不同的专业分工,出现了不同的权力主体。有学者认为,大学是由教学科研人员、行政管理人员、教辅和服务人员三类人员构成的,与此相对应,大学组织系统是由教学科研系统、行政管理系统、后勤服务系统三个相对独立又相互联系的系统组成的,并认为大学具有学术属性、行政属性和产业属性。③

由于大学对于国家的战略地位越来越重要,大学的政治属性凸显,逐渐从行政属性中剥离出来。本书认为大学的属性主要有学术属性、行政属性、产业属性与政治属性。适应大学不同属性的需要,大学组织权力运行分别有同僚模式、官僚模式、市场模式、政治模式与之匹配。

---

① 参见[美]罗伯特·伯恩鲍姆:《大学运行模式——大学组织与领导的控制系统》,第 81～219 页。

② 参见林玉体:《美国高等教育之发展》,台北高等教育文化事业有限公司 2002 年版,第 587 页。

③ 参见季诚钧:《大学属性与结构的组织学分析》,人民教育出版社 2006 年版,第 77～78 页。

(一)学术权力与同僚模式

在大学组织系统内,学科成为大学组织的基本元素。

> 从历史的角度讲,学科作为一种制度和结构是作为大学制度的一个组成部分而形成和发展起来的,直到今天,学科及其制度基本上以大学为存在的根据,而从大学结构的角度来考量,学科系统构成了大学的主干。很显然,从现代大学的发生史来看,学科首先是大学这个大厦的地基和框架,大学的其他结构、制度成分是围绕学科的制度化而形成的:首先是一个学科,然后才有一个专业,有一个系,有一个学院,而不是先有一个学院,然后再有一个学科。现代大学专业、系和学院的分化应是学科发展的结果,而不是相反。[①]

大学是学科和学术研究的载体,学科建设和学术研究是大学的重要任务。伯顿·克拉克认为:"学科明显是一种连接化学家与化学家、心理学家与心理学家、历史学家与历史学家的专门化组织方式……高等教育的工作都按学科(discipline)和院校(institution)组成两个基本的纵横交叉的模式……主宰学者工作生活的力量是学科而不是所在院校。"[②]

学术性带来学术权力,学术权力主要以学术委员会、教授委员会等学者的组织为载体进行运作。学术权力的主体是以教授为代表的教师群体。学术权力以同僚模式运行,相比于官僚模式,同僚模式强调学术界应管理自己的事务。学术系统大量的学术活动,包括科研课题(项目)的审批、学术成果的评价、学术能力的判定、学术职务的晋升、学科专业人才的培养、学科评价制度的确立与运行、教学内容的确定、学生学业评价考核等等,对这些学术活动的管理需要运用同僚模式来完成。对各种事务不同的意见,不应由上级主管来决定,而须由组织中的成员提出自己的见解,彼此沟通协调后达成共识为先。因此,整个组织的决策过程是由同僚共同参与而完成的,在此组织中的任何成员皆有表达自己意见的机会与权利。于是,效率只是组织运作的一个附带标准,更重要的是质的提升与否,而非量的多寡。同僚模式可归纳为下列几点特性:

(1)学术界管理自己的事务。

(2)专业能力的权威受到重视。

---

① 韩水法:《大学制度与学科发展》,《中国社会科学》2002 年第 3 期。

② [美]伯顿·克拉克:《高等教育系统——学术组织的跨国研究》,第 34～35 页。

(3)决策过程采用共同参与、负担及均权的方式。

(4)教授与行政人员彼此坦诚、互信。

(5)教授本身因适度的参与学校事务而产生自我的满足感。

(6)强调研究与改变及以问题为中心的决策方式。[①]

(二)行政权力与官僚模式

大学行政权力是大学自身发展的需要。随着大学规模的扩大,大学“行政单位及学术单位本身,都继续成立更多的小组,来处理训育、入学及体育等事宜。……教授乐得轻松地把他们的职责等交给新成立小组的人员处理,如学生事务长、入学主任及体育主任等。行政及司法业务一摆脱之后,教授就可全心来进行教学及研究了”[②]。

行政权力在大学组织中的表现,主要是处理学生、财务、人事等行政事务的权力。行政权力的主体是以校长为代表的行政人员,运行方式主要是官僚模式。马克斯·韦伯于1910年在德国首先发表官僚模式的组织管理模式理论,但其论点在1940年之后才在英语系国家被广泛地讨论。官僚模式具有以下基本特征:

(1)专门化。各个成员将接受组织分配的活动任务,并按分工原则专精于自己的岗位职责的工作。

(2)等级制。官僚制组织拥有一大批官员,这些官员的职位按等级制的原则依次排列,上下级之间的职权关系严格按等级划定。科层结构性质决定了一个组织层级的上级同时又是其相邻的较高层级的下级,因此可以把组织描绘成一个连续的层级链。

(3)规则化。组织的运行,包括成员间的活动与关系都受规则限制。

(4)非人格化。在官僚制组织中,官员不得滥用其职权,个人的情绪不得影响组织的理性决策;组织成员都按严格的法令和规章对待工作与业务交往,以确保组织目标的实施。

(5)技术化。官僚制组织中的成员凭自己的专业所长、技术能力获得工作机会,享受工资报酬。

官僚模式是建立在法律规章之上的。而法律规章代表一个组织的管理运作是以合理公平的规范制度为标准,而非上级主管个人命令。清楚的分

① 参见张建邦:《淡江大学组织文化与四个管理模式》,《淡江时报》2004年2月16日。

② 林玉体:《美国高等教育之发展》,第589页。

工、正式的结构、程序化的作业,并借着合理的决策,使得组织可以在清晰的目标之下,有制度且有效率地运作,这也正是官僚模式的优点。但官僚模式也有其不可避免的缺点。制度反应的滞后性与制度本身的不周延会导致组织的僵化,体制中的人常常利用制度弊端逃避责任。另外,僵化的科层体制使得整个官僚体系较易拒绝变革,除非无法抗拒变革的压力增强到一定要修改法令规章。"因此,无论是哪一所大学,皆可能采用韦伯的官僚模式,特别是行政单位。相对地,各系所教学单位是以教授个人专业为导向,可能使得官僚模式的管理无法有效度地了解教学及研究的质量。"①

(三)市场权力与市场模式

伯顿·克拉克把大学的市场分为竞争学生的消费者市场、竞争教授的劳动力市场、竞争声誉的院校市场。劳动力市场、院校市场与消费者市场呈正相关,劳动力市场与院校市场的提升必然会有力地提升消费者市场的竞争力。因此,市场的权力主要表现为学生的权力。

对学生市场空前激烈的竞争,导致20世纪70年代以来美国高校与学生之间关系的重大变化,高等教育界产生了被美国学者普遍称作"学生消费者至上"的观念。这种观点是以把学生与学校的关系作为买方与卖方为前提的,是一种注重和保障学生权益(如获得知识权、对学校与专业的选择权、提出诉讼权、安全保障权等)的"市场管理哲学"。② 在此背景下,市场模式开始在大学中出现。市场模式具有以下特点:

(1)注重提升竞争力和影响力。

(2)关注顾客的满意度。

(3)采用营销技术,扩大招生的对象和范围。

(4)给予学生更多的机会参与管理。

(5)平等自由的市场理念,给予学生菜单式、个性化教育服务的机会,如选课制、学分制等。

可见,市场模式以考虑成本(cost)、效率(efficiency)、产出(productivity)与效能(effectiveness)四个要素为主。当市场模式扩展到整个大学组织中的时候,大学就会被产业化。产业化容易使市场经济规律凌驾于高等教育规律之上;容易以营利作为办学目标;容易重视短期效益。③

---

① 张建邦:《台湾六所大学官僚同僚政治管理模式之研究》,台北惊声出版社1982年版,第5页。

② 参见黄福涛:《外国高等教育史》,上海教育出版社2003年版,第343页。

③ 参见史秋衡:《高等教育产业的特殊性研究》,厦门大学博士论文,2001年。

(四)政治权力与政治模式

大学政治权力是政府与大学互动的产物。一方面,大学的重要意义决定了国家、政府参与的必然性。“高等教育越卷入社会的事务中,就越有必要用政治观点来看待它。就像战争意义太重大,不能完全交给将军们决定一样,高等教育也相当重要,不能完全留给教授们决定。”[①]另一方面,大学庞大的经费开支越来越需要国家资助。“国家政府在给高等教育财政支持的同时,也为国家政策以及政府影响高等教育系统的运行与发展留下了空间,埋下了伏笔。”[②]因此,政府必然建立管理、协调大学事务的专门机构,大学也常常设立实施控制的政府延伸机构,以保证政治正确性,争取政治资源,如我国大学中的组织部、宣传部等。

政治权力在大学中的存在必然引起自身与大学的学术权力、行政权力、市场权力之间的冲突。所谓的“政治性”,指决策与行动由不同的利益群体或团体之间进行互相讨价还价的活动。政治模式是由组织中的成员经由妥协、协商之后,其中可能牵涉某种利益的交换,而形成决策的最终方案。政治权力常常体现在大学的决策层,如西方的董事会领导体制与我国党委领导下的校长负责制。当官僚模式、同僚模式、市场模式的各自目标不同时,以政治协商的方式来完成政策是不可避免的。政治模式的特性可归纳为下列几点:

(1)强而有力的政治因素促使问题的出现。

(2)争论某人或某一团体负责制定政策。

(3)政治争执多因关键性(critical)的决策引起,而非例行性(routine)的决策。

(4)冲突是必然的,而妥协、交涉乃是获致决策的必经途径。

(5)外在的利益团体深深影响决策过程。

(6)官僚体系所规定的正式权威受到严重的挑战。

(7)纵使决策已定,依然争论不休。[③]

---

① [美]约翰·S·布鲁贝克:《高校教育哲学》,第 32 页。

② 胡建华等:《高等教育学新论》,第 96 页。

③ 参见张建邦:《台湾六所大学官僚同僚政治管理模式之研究》,第 8～9 页。

第三节　我国大学组织权力的准官僚模式

在现代大学中,同僚模式、官僚模式、市场模式、政治模式必然是同时存在的,但往往又不是并行的。在我国大学中,政治权力与行政权力是交叉与重叠的,同时政治权力借助于或者说运用行政权力实现其意图,因此官僚模式盛行。如果"一种控制系统对另一种控制系统起着十分明显的支配作用,两种控制系统之间的冲突并不很激烈"①。所以,同僚模式、市场模式与政治模式、官僚模式之间并没有表现出激烈的冲突,我们的大学似乎一切都在掌控范围以内,风平浪静。

但是,我们的官僚模式并不是韦伯所谓的理性官僚模式。

> 在传统组织文化的深刻影响下,我国大学虽然也建立了一套金字塔形等级结构的行政权力系统,但并不能真正像规范的韦伯式行政组织那样运行。权力的顶部集聚、长官意志的随意性、部门职权利益化、基层组织参与率低、工作程序化程度低等因素,直接或间接地导致了行政权力运行的不规范和低效率。②

本书把这样的模式称为"准官僚模式"。

一、大学行政级别化带来大学等级化

大学行政级别化表现在两个方面。首先,从大学组织来看,如果按照行政级别对大学进行分类,我国大学目前可以分为副部级高校、厅级高校。副厅级高校,副部级高校均为教育部直属高校,厅级高校多是省属本科高校,副厅级高校则是省属高职高专,副部级高校虽然近年才出现,但膨胀速度较快。③ 政府官员入主大学成为大学成员官员化的极端表现,而这种现象并不鲜见,其中的原因并不难理解,大学的领导体制为政府官员进入大学担任领导提供了制度通道,而高校的行政级别则满足了政府官员对级别的追求。

---

① [美]罗伯特·伯恩鲍姆:《大学运行模式——大学组织与领导的控制系统》,第 113 页。

② 徐小洲、张剑:《我国大学行政权力分配中的问题与改革策略》,《高等教育研究》2004 年第 3 期。

③ "上世纪 90 年代,高校的行政级别只有两类,一类是正厅级,主要是本科院校,一类是副厅级,主要是高职高专。本世纪初开始,出现了'副部级高校',当时的第一批副部级高校是 9 所,总共涉及到 18 个部级官员,到现在已经有 43 所副部级高校,同时产生了 86 位高校中的副省级干部。"(《机构臃肿效率低下,熊丙奇剑指高校行政化弊端》,《中国青年报》2008 年 3 月 3 日)

其次，从大学成员来看，大学管理者普遍行政级别化，从校长到普通行政人员，以行政级别化实现了等级化（见图 3-1）。

> 正式组织里的权力至少部分地由计划来决定。多数组织是按职位的等级化来设计的：一个职位被人为地定义为具有控制另一个职位的权力。权力附属于职位：每一个职位占有人都可以得到相应的权力，而不管他或她是否具有相应的个人素质。随着职位占有人的更替，权力可以在一个人和另一个人之间进行轻松转移。①

近来高校的职员制改革依旧延续了这种制度安排："高等学校现行的部级副职、厅级正职、厅级副职、处级正职、处级副职、科级正职、科级副职、科员、办事员依次分别对应管理岗位二至十级职员。"②行政级别化的对象不仅是行政管理人员，而且包括教学系统、教辅系统、后勤系统的成员。二级学院的院长均为处级，图书馆、学报编辑部等教辅单位也是处级单位，甚至一定资历的思想政治辅导员也按照行政级别享受待遇，后勤系统乃至高校产业公司的领导均有行政级别。大学行政级别化最明显的后果，就是大学成员身份官员化，"处长"、"主任"、"科长"成为诸多大学人的标签，成为大学管理者的标志。

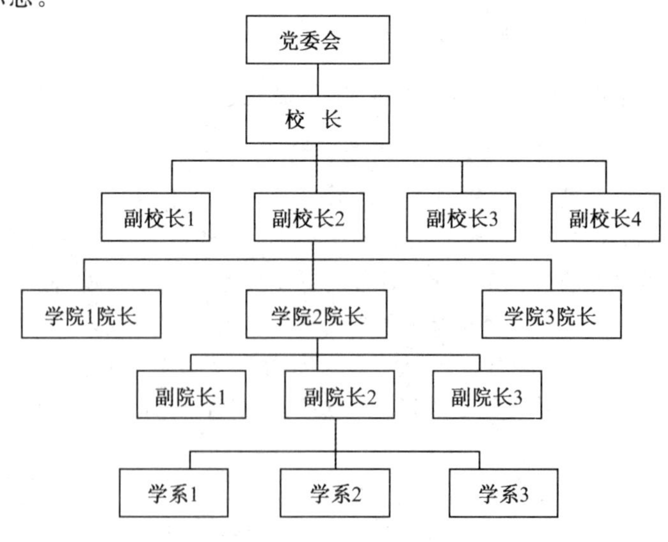

图 3-1　A 大学权力层次图

① [美]W. 理查德·斯格特：《组织理论》，第 291 页。

② 人事部、教育部：《关于高等学校岗位设置管理的指导意见》（国人部发[2007]59 号）。

2009年9月10日前夕，教育部评出第五届国家高等学校教学名师。经统计发现，100位获奖者中，担任党委书记、校长、院长、系主任等行政职务的，占到九成，还有人身兼几种职务。不带任何“官职”的一线教师仅有10人左右。[①]

在调研中，发现××省根据《关于高等学校岗位设置管理的指导意见》，出台了《××省高等学校岗位设置管理实施意见》。该文件规定：“双肩挑”人员指具有教师系列（教学、科研）高级专业技术职务，因工作需要现在管理岗位工作，并且仍继续承担部分教学科研工作的人员。“双肩挑”人数一般应控制在管理人员总数的15%以内。截至2009年12月底，A、S、D三所大学完成了岗位设置工作，结果表明“双肩挑”均为处级（副处级）以上级别的人员。此次人事改革的目的之一是工资、津贴向教师倾斜，但“双肩挑”却成为干部实现自身利益最大化的又一制度安排。

二、行政权力主导大学权力

大学学术组织科层化，就是以学术发展、知识发展为己任的大学学术组织运用了行政管理的科层式管理理念和方式来管理学术活动和学术事务，使学术管理呈现出等级性、强制性等本属于行政管理的特征，大学学术组织权力变成行政化了的学术权力。学术组织构建是按照行政机构的方式进行的，即遵循自上而下的行政组织构建原则。在行政组织中存在明显的等级性特征，上下级之间是命令和服从的关系。[②]

1. 国家权力对大学的把控

美国政府干涉大学自治、学术自由的经典案例是“平权法案”。

> 对大学教师的学术兴趣的优先考虑并不是联邦政府的一贯政策。为了确保黑人不会遭到歧视，它还要坚持推行一条叫做“平权法案”的政策。为了推行这条政策，联邦政府的行政部门还对大学的教师聘任程序实施了长达20年的干预，以便要求大学按照平等就业机会委员会(Equal Employment Opportunity Commission)的要求去聘任“少数族裔”，即黑人、妇女、西班牙裔美国人等等。政府通过各种不同的方式不断向大学施加压力，要求大学聘任这些曾经遭受过歧视的人们。大学的研究和学术都依赖于政府为它们提供的拨款和合同，因而，在政府发

① 参见陈家兴：《9成名师带官衔　教学名师应回归教学本位》，http://edu.people.com.cn/GB/10040182.html.2013－4－15.

② 参见查永军：《我国大学学术组织科层化及应对》，《中国高教研究》2009年第3期。

出的停止拨款和中止合同的威胁下，它们都不得不把政府的平权法案当做自己的政策来予以执行。

这项政策违背了学术自由所服务的一个理想。简单地说，当大学决定优先聘任这些曾经遭到歧视的“少数族裔”的时候，它常常会忽略关于求职者的学术成就和学术发展潜力的标准。这意味着大学在做出聘任决定的时候，对于求职者在追求和传播与大学里所传授、研究和学术的问题相关的真理方面的决心和能力仅仅会给予次要的考虑。

联邦政府坚持奉行的是“一个烂苹果坏一桶好苹果”的原则，也就是说，只要有一个系未能达到它的“平权行动计划”的要求，或者没有切实完成它所规定的“指标”（即它根据种族和性别的标准所制定的聘任计划）、“限额”或“名额限制”，就可能让整所大学受到牵连。我们这里不妨回忆一下伯克利加利福尼亚大学在去年的一次遭遇。当时，联邦政府之所以停止为它的海洋学研究提供资助，是因为它的艺术史系拒绝让联邦政府的官员调阅该系的档案，以便查明其中是否有该系违反“平权行动”的证据。①

相对于美国实施“平权法案”所采用的资源调节方法，我们国家对大学的把控手段更加多元化。一是使用直接的控制与管理手段，包括干部任命、资源分配、统一的国家学位制度、统一的专业目录和专业教学基本要求，为各级各类学校制定工作规范与标准，直接或间接地组织学校各式各样、种类繁多的评估等。二是间接途径，即建立政府与学者之间的联盟。一种普遍形式是建立各种官方性质或有官方背景的各类专门学术委员会和专家库，如国务院学位委员会、各学科教学指导委员会等。②

2.行政权力与政治权力共谋

在我国大学中有一套党的系统，许多学者在描述我国大学权力时，创设了一个新的概念——政党权力（政治权力）。而政党权力与行政权力是融为一体的（这也是我国政治领导体制的再现），不管是党委书记还是校长最终都是由政府任命的。一般来说，校长担任党委委员或党委常委，同时担任党委副书记，参与、领导党组织的活动。党委会（或党委常委会）、校长办公会作为大学的决策机构，虽然在决策内容上有所区别，但是两个决策机构的人

---

① [美]爱德华·希尔斯：《教师的道与德》，第128、146页。

② 参见赵炬明：《精英主义与单位制度——对中国大学组织与管理的案例研究》，《北京大学教育评论》2006年第1期。

员组成几乎没有差别,除民主党派以外,副校长同时也是党委委员或党委常委。因此,行政权力与政治权力的共通共融不仅通过人员交叉得以实现,也有权力共谋的制度平台——党委领导下的校长负责制。另外,要有效达到政党权力的政治意图,也必须借助于行政管理功能。

在大学的中层,与校级一样,行政权力与政治权力混为一体。大学的院长、系主任、党总支书记(统称为“中层干部”)都是由学校的党委会或党委常委会任命的;院长和党总支书记共同管理一个学院,职能处室、教辅系统处长与所在的机关或教辅党总支书记共同管理所辖部门。这样,纵向来看,政府任命党委书记和校长,党委会或党委常委会(书记、校长等组成)任命处级中层干部和科级干部,通过层层授权形成了权力的链条,权力的发源地在政府,而不是大学自身;横向来看,行政权力与政党权力的交叉重叠实现了权力的共享。由此可见,控制任命权是国家控制大学的重要手段之一。

3.行政权力入主学术领域

有学者对若干所大学学术性质的委员会设置情况进行了分析与总结:各种委员会的设置缺乏明确的章程;有少部分院校的一些重要审议咨询机构实行任期制,大多数院校的重要审议咨询机构无任期;从各种委员会的构成来看,具有教授、副教授职称的占相当大的比例,但是,许多人是以处长和系主任身份参加,无行政职务的教授、副教授所占的比例很少;从活动的情况来看,大多数委员会是不定期活动,包括一些重要的审议咨询委员会,有的高等学校学术委员会全年内没有开过会。[①] 为什么委员会没有成为健全的、彰显学术特性的、发挥应有功能的重要机构呢?有一个原因值得重视。委员会制是组织内的一种横向联系,横向联系使信息能够更直接地在相互依赖的部门或工作组之间流动,而不是通过等级结构的上下渠道。允许组织这样的发展就是破坏等级结构:部门领导不再完全控制,因此,也不再完全负责下属的行为。这就是组织(甚至面临相当的不确定性和相互依赖性的组织)长期以来抵制发展正式横向联系的原因。[②]

各类学术委员会的畸形与变异,证明学术权力没有能在学术领域占据应有的位置,但学术领域不可能是权力真空,那么又是由谁来主导的呢?在周长城涉嫌剽窃事件中,武汉大学学术委员会主任李德仁曾说:“这种事情

---

① 参见张德祥:《高等学校的学术权力与行政权力》,南京师范大学出版社 2002 年版,第 149 页。

② 参见[美]W·理查德·斯格特:《组织理论》,第 220 页。

我们一般先转交给校党委组织部调查,因为干部一般归他们管。如果我提出建议,也可以开会,但组织部不调查,开会也没用。”[①]这句话生动地描述了当前国内高校学术委员会的空洞化、形式化功能与权力。

熊丙奇说,“大学里面所有的决策基本都通过党委常委会以及校长办公会解决”,虽然高校里也有教师会、学术委员会等,但是这些“学术机构”的人员构成,往往由行政领导兼任或指派,他们的活动也是应党委常委会、书记办公会、校长办公会“要求”而进行的,不过是行政活动的延续和修饰。[②] 将众多的学术性事务交给行政系统进行决策,这实际上是把执行机构变成了“决策机构”,而将真正的“决策机构”——教师会、学术委员会架空,从而导致大学学术权力运行程序倒置。

一方面,本应以教授为代表的教师组成的学术权力机构却被处级以上干部占据主体地位。从 A、D、S 三所大学总体来看(见表 3-1),学术性的委员会成为处级以上干部的“俱乐部”。

表 3-1　2009 年三所大学处级及其以上干部担任学术组织成员情况统计表

	学术委员会		职称评定委员会		学位委员会	
	处级及其以上人数/总数	处级及其以上干部占比(%)	处级及其以上人数/总数	处级及其以上干部占比(%)	处级及其以上干部人数/总数	处级及其以上干部占比(%)
A 大学	27/29	93%	29/35	83%	25/25	100%
S 大学	15/23	65%	24/29	82.8%	13/29	44.8%
D 大学	14/39	35.9%	34/46	73.9%	18/20	90%

说明:S 大学学术委员会分为文科组和理科组,在此统计的是文科组,职称评定委员会统计的对象是教师高级职务聘任委员会;D 大学职称评定委员会统计的是教师系列专业技术职务评审委员会。

另一方面,无职务的教师很少有机会参与学校事务决策(见表 3-2)。由表 3-2 统计可以看出,担任行政职务的教师不仅参与行政性为主事务的程度要高于未担任行政职务的教师,即使是学术性事务,担任行政职务的教师也比担任学术性职务的教师和无任何职务的教师参与程度高。

---

① 魏英杰:《患有软骨病的“学术居委会”》,《中国青年报》2005 年 12 月 26 日。

② 参见樊未晨、谢洋:《机构臃肿效率低下,熊丙奇剑指高校行政化弊端》,《中国青年报》2008 年 3 月 3 日。

表 3-2　　　　**教授参与学校重要事项决策的情况统计表**

	教授 103 人①		担任行政职务 13 人		既担任学术性职务又担任行政职务 23 人		担任学术性职务 38 人		无任何职务 29 人	
学术性为主事务										
专业设置与调查	50	48.54%	9	69.23%	17	73.91%	16	42.11%	8	27.59%
教改方案的制定与修改	51	49.51%	8	61.54%	17	73.91%	18	47.37%	8	27.59%
教学计划的制定与修改	66	64.08%	8	61.54%	18	78.26%	19	50.00%	21	72.41%
校、系学科建设的规划	65	63.11%	12	92.31%	20	86.96%	18	47.37%	15	51.72%
科学研究的计划与政策制定	41	39.81%	7	53.85%	15	65.21%	11	28.95%	8	27.59%
教师的考核、职称晋升	65	63.11%	11	84.62%	21	88.47%	19	50.00%	14	48.28%
行政性事务										
招生计划的制定与修改	18	17.48%	5	38.46%	5	21.74%	3	7.89%	5	17.24%
教师的调入、调出的确定	33	32.04%	8	61.54%	15	65.21%	7	18.42%	3	10.34%
学校年度工作计划的确定	15	14.56%	4	30.77%	3	13.04%	3	7.89%	5	17.24%
系年度工作计划的确定	41	39.81%	8	61.54%	16	69.57%	9	23.68%	8	27.59%
校级干部的任免	10	9.71%	3	23.08%	3	13.04%	3	7.89%	1	3.45%
系处级干部的任免	24	23.30%	5	38.46%	6	26.09%	8	21.05%	5	17.24%
科学研究的计划与政策制定	29	28.16%	5	38.46%	11	47.83%	11	28.95%	2	6.90%

资料来源:张德祥《高等学校的学术权力与行政权力》,第 151 页。

① 参见樊未晨、谢洋:《机构臃肿效率低下,熊丙奇剑指高校行政化弊端》,《中国青年报》2008 年 3 月 3 日。

而美国高等教育系统及其大学内部行政权力比较发达：

> 美国高等教育改革的一个主要方面，是使其在所有先进国家最混乱的高等教育系统变得更有行政秩序。25年来，美国高等教育领域的权力一直稳定地朝着加强院校行政领导的方向发展，一直朝着精心设计的大力加强上层结构的方向发展，这个结构包括联合大学的行政管理，各州最高委员会，各州政府的计划和控制，地区协作和联邦政府更为经常更为系统地干预高等教育。①

而在(美国)大学内部，"美国这种核心单位在学系之上通常设有一至数个院长办公室，这些办公室配有专职行政管理人员，并与校长和教务长的学校主要行政办公室保持纵向联系。这种基础学部的综合性促使美国大学和学院形成了官僚制的特征"②。但是在美国大学中，没有出现明显的行政权力入主学术领域的现象，其重要原因就在于教授在大学中发挥重要作用。

在美国大学中，系务会一般处理教学事务，而系执行委员会(Departmental Executive Committee)则为解决一些敏感问题而设。系执行委员会由系里已取得终身制资格(tenure)的正副教授所组成，对系的财政使用分配有控制与调配权。最重要的是，系里招聘教授以及教师晋升和取得终身制资格，都必须首先得到系执行委员会的同意。

正副教授除了有权参加系执行委员会外，还有机会被选为学科执行委员会(Division Executive Faculty Committee)的成员。学校按照人文科学、社会科学、生命科学等成立几个不同的学科执行委员会，其最重要的任务是审查各系所推荐的申请终身制教授的人选。每个执行委员会制定标准，审查申请者的著作、论文等资料后进行投票表决。如果表决通过，则呈报给院长。除了因经费因素外，院长和校长很少有否决学科委员会决定的机会。

每个学院(College or School)设院长一人，另设副院长若干人协助院长工作。院长有时由院内教授担任，有时在全美公开招聘，但副院长均由正副教授担任。院长主要是负责全院工作，协调各系在学术、财政等方面的问题，向校长和负责学术的副校长报告工作。

教授在全校范围内参与决策事务是通过校教授参议会(University Faculty Senate)实现的，教授参议会成员按院或学科分配名额产生。参议会是

① [加]约翰·范德格拉夫等编:《学术权力——七国高等教育管理体制比较》，王承绪译，浙江教育出版社2001年版，第204～205页。

② [美]伯顿·克拉克:《高等教育系统——学术组织的跨国研究》，第48页。

教授在校内最大的权力机构,一年召开2～8次会议,平时日常工作由分会负责。这些分会一般是常设的,也有临时性的,一般一所大学有10～12个分会,如招聘委员会(University Search Committee)、荣誉学位颁发委员会、教师福利委员会等等。①

4.学生权力是行政权力与政治权力的延伸

2009年9月下旬,某省教育考试院公布了24所民办高职普通类招生补录的计划,补录计划总计有8000多人。这些高校在之前的正常招生中都按照下达的招生指标招录了学生,而补录计划指标的出现是因为新生报到率低(据说平均低于80%)。应当说,新生报到率低是学生用脚投票的结果,是生源市场调节的结果,也是院校市场竞争的结果,但是行政的强大力量——大规模补录极大地消解了市场的力量,招生的标准被降低,直至能招到学生。这样,通过正常录取、征求平等志愿、补录三次招生,在生源市场中,校方再次占据了主动,学生始终没有成为教育服务商品的消费上帝。

在入学的端口——招生的环节就决定了学生权力的被动地位。学生在大学中的每一个活动环节都呈现出计划性、组织性,均在政治权力与行政权力领导下运行(见图3-2)。

在谈到学生自治的需要的时候,1919年,陶行知先生说:"今日的学生,就是将来的公民。将来所需要的公民,即今日所应当养成的学生。专制国所需的公民,是要他们有被治的习惯;共和国所需的公民,是要他们有共同自治的能力。"②时间过去了近一个世纪,先生的话仍然振聋发聩。

一个组织必须以某种方式控制它的所有成员。然而,要对专业人员进行控制是非常困难的。如果组织设法通过等级制来建立合法性控制,那么专业人员就会对此反感并产生抵触情绪;如果通过一个专业人员对其他专业人员实行控制,那么对这个组织来说,不仅会失去控制,而且也不能确定专业人员是否会像组织所希望的那样工作。对于这种两难困境,通常的解决办法是让专业人员自己管理自己,并让一个专业人员负责召集。一方面,这样做能使专业人员在没有直接监督的环境下工作;另一方面,能为组织提供一系列的责任保障,使事事有人负责。③ 然而我国大学中不但没有形成学术自治,他控性权力表现明显,而且权力过于集中,集中于大学组织顶部的

① 参见赵曙明:《美国高等教育管理研究》,湖北教育出版社1992年版,第90页。

② 转引自杨东平主编:《大学精神》,文汇出版社2003年版,第186页。

③ 参见[美]理查德·H·霍尔:《组织:结构、过程及结果》,第130页。

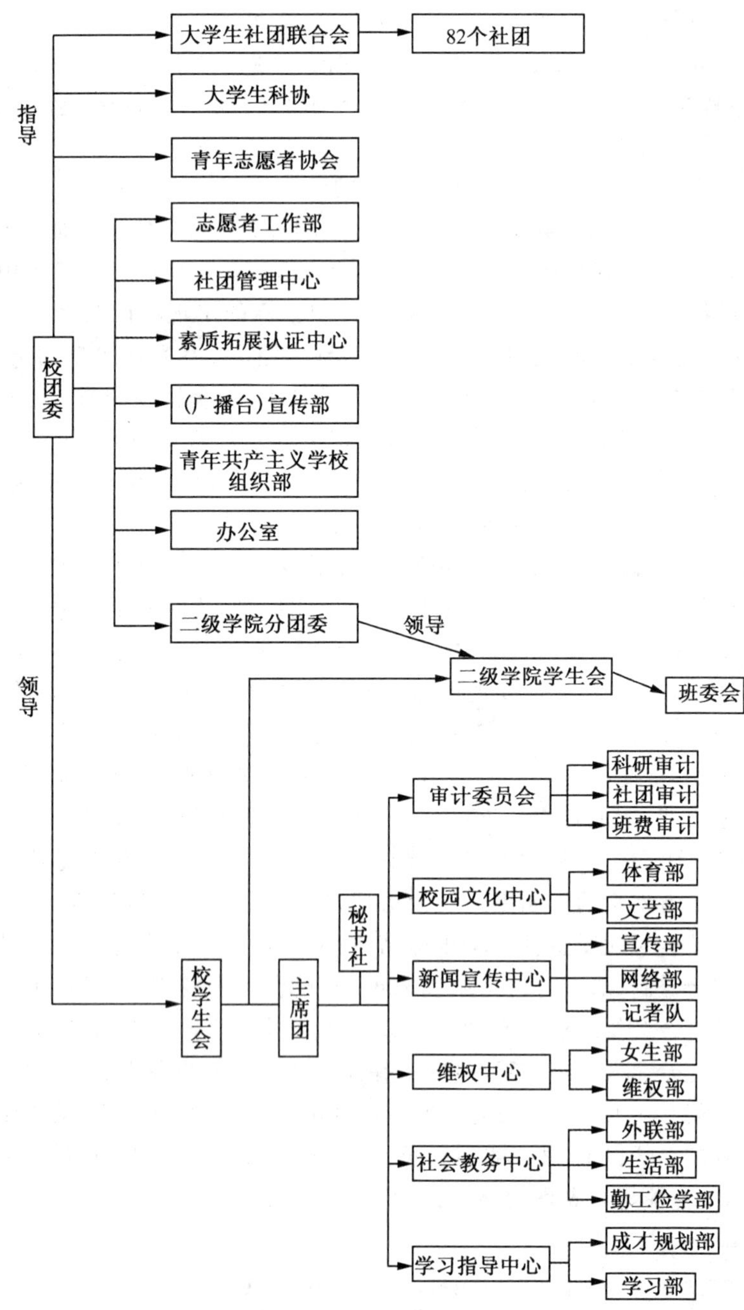

图 3-2　A 大学学生权力运行图

行政权力,这种行政权力根源于国家权力,是通过被授权代理国家教育权力的方式而形成的权力。“过于集中的权力成了高等教育系统运转过程中的最大危险。对权力的任何形式的垄断只能体现部分团体的利益和观点,而其他团体的利益却遭到了排斥。”[①]

三、管理专业化水平较低

有学者认为,判断专业化有五个标准:具有专门的知识和技能;设有科学的培养体系和培训机制;服务社会并形成规范的职业伦理;拥有专业组织并享有专业自治;获得社会认可和国家保护。[②] 按照这些标准,并把标准放到大学环境中考量,我们可以发现我国大学管理的专业化水平较低。

首先,大学管理者的专业化水平较低。组织社会学的一个重要研究发现,即组织中的科层制程度与其专业化人员的比例成反比。这是因为在专业化人员集中的部门,专业化过程形成的行为准则、社会规范的作用也尤为强大,不需要科层制度对人们的行为加以约束。[③] 本书选择有无教育、管理及相关学科背景,有无管理经历,专职与否,是否接受过管理培训四个指标作为对 A、S、D 三所大学处级及其以上人员专业化的评价指标。经统计,所有指标都比较低(见表 3-3)。而在美国大学,新的作为一种职业的高等教育行政管理人员,在大学的中层发挥作用。例如,研究生院院长多半是一位受过学科训练的教授,而副院长越来越多地是由持有高等教育博士学位的人担当,而且完完全全是行政管理岗位上的一种职业。负责学术事务的副校长通常是一位教授(他对全体教师和课程负责),但负责行政事务的副校长越来越多地是专职的行政管理人员。[④]

---

① [美]伯顿·克拉克:《高等教育系统——学术组织的跨国研究》,第 186 页。

② 参见李莉:《我国高校辅导员专业化发展研究》,南京师范大学教育科学学院博士论文,2009 年。

③ 参见周学光:《组织社会学》,第 294 页。

④ 参见[美]菲利普·G·阿特巴赫:《比较高等教育:知识、大学与发展》,人民教育出版社教育室译,人民教育出版社 2001 年版,第 88 页。

表 3-3　　处级及其以上人员专业化水平统计表

	有教育、管理及相关学科背景人员占总数比例	任现职前有管理经历人员占总数比例	专职人员占总数比例	近五年平均每人每年接受管理培训的次数
A 大学	7%	23%	19%	0.5
S 大学	9%	20%	17%	0.7
D 大学	8%	18%	20.5%	0.6

美国教育委员会公布了对全国 2105 所大学校长进行调查的结果。约 80%的校长具有博士学位。由于美国高等院校变得越来越复杂，越来越难以管理，因此校长也就越来越多地从教育、管理以及其他行为学科的人中产生出来。美国大学校长中，43%专修教育并获得教育学研究生学位，16.2%专业为人文学科，12.3%专业为社会科学，只有 5.1%专业为自然科学；此外，宗教、神学专业占 7.9%，法学、医学专业占 4.5%……①

其次，院校管理专业化发展水平较低。美国院校研究机构为大学行政管理提供专门的咨询服务。在美国的大学中，院校管理已经纳入专业教育计划，高等教育管理专业的研究生层次的培训计划不断增加，包括培训学院或大学的院长和校长们。另外，还有教育管理专业协会，美国有全美教育行政教授协会（The National Council of Professors of Educational Administration，简称 NCPEA）和教育行政大学协会（The University Council for Educational Administration，简称 UCEA），这些协会都有自己的专业期刊。

院校研究机构一般由下列专业的专家组成：数据统计与分析、学院规划、财政管理、成本计算、空间与设备利用、教育评估等。他们的工作主要有：(1)有关数据的搜集与整理。(2)为学校资源的分配和使用提供分析论证。(3)对学校的工作进行评估，包括：教育的产出评价，结合学校的目标、资源分配和成本来研究产出的结果，并把这些研究结果以适当的方式告知董事会、拨款或资助学校的单位，同时向教师、管理人员公布；教学质量、课程、教师、专业、学院的评价；各种校内服务，如图书馆、计算机、学生资讯服务及学院向社区提供的服务的评价等。(4)规划。决策人员在制定学校有关方面发展规划的各个阶段都能从学院研究的信息网络分析中获得服务，

① 参见赵曙明：《美国高等教育管理研究》，第 50 页。

在一些院校,学校规划即由院校研究机构来承担。①

自1921年哈佛大学设置第一个教育博士专业学位点(简称Ed.D.)以来,以培养教育、教学和教育管理领域的高层次、职业化的专门人才为目标的教育博士专业学位经历了八十余年的发展历史,而我国2009年才开始在全国15所高校试点。

我国的院校研究还处于起步探索阶段,我国大学中的高等教育研究所(室)基本类似于美国的院校研究机构,"一些高校成立高等教育研究的机构的最初目的其实主要不是为了开展高等教育研究,而是由于人事上的安排、机构设置上的考虑等一些研究之外的原因"②,还没有真正发挥院校研究的功能。

四、制度化水平较低

我国大学制度化水平较低表现在两个方面:

一是与高等教育发达国家相比,根本性、全局性的大学制度缺失。我国大学中的制度不可谓不多,每一所大学每年以发文的形式出台的制度多达上百项,有教学制度、科研制度、学生管理制度等等,甚至包括食堂管理、校内交通管理制度,包罗万象,具体而精致。然而在这些具体的制度之上却缺乏根本性的制度——大学章程。根据《高等教育法》,高等学校的章程应当规定以下事项:学校名称、校址,办学宗旨,办学规模,学科门类的设置,教育形式,内部管理体制,经费来源、财产和财务制度,举办者与学校之间的权利、义务,章程修改程序,其他必须由章程规定的事项。从所搜集到的材料来看,至2012年底,全国只有10所左右的大学制定出台了大学章程。

员工手册是大学内部的人事制度管理规范,同时涵盖大学的各个方面。它是有效的管理工具和员工的行动指南。大学员工手册一般包含大学理念、组织机构、部门职责、员工行为准则、工作守则等内容。目前国内大学中只有汕头大学等极少数大学制定了员工手册。在美国、日本等高等教育发达国家,大学章程和员工手册是大学必备的制度。大学章程和员工手册以制度的形式分别规定了大学的行为与大学人的行为,使得大学行为与大学人的行为不会因为人事的更迭而改变,有效减少了大学的随意性。

二是大学运行中随意性较大,人格化倾向比较明显。在官僚制中,"非人格性保证了在人员选择中不存在个人偏爱,因为他们是按照实绩进行任

① 参见马凤岐:《发达国家高等学校管理的专业化趋势及其启示》,《高教探索》2000年第2期。

② 胡建华等:《高等教育新论》,江苏教育出版社2006年版,第21页。

命的，也保证了行政管理行为中不存在个人偏爱，因为它避免了人际关系的不可预期性”[①]。尽管新中国成立以来，尤其是改革开放以来，制定了许多政府机构方面的规章制度，但它们在习惯上、现实生活中却没有得到遵守。表面上的行政法规约束不了现实中的官场逻辑，人们往往遵从领导个人的权威，人格权威大于机构的法律权威，领导者个人的言行、意志不受规章制度的限制。彼得斯称这一现象为“棱镜社会”，他说，更为典型的是规则的棱镜特征，它提供了一个政策而实际上执行的是另一个政策。政策可以正式颁布，但不能有效地执行。正式的规则和实际行政相对照——官员可以在执行规则或漠视规则之间自由选择。我们已经看到，法律的过分一致和不能执行典型地表现为棱镜的性质。表面上制定了规则，而实际上允许官员各种个人化的决策……表面的规则并没有指导实际的选择。有争议的是，在建立了健全的官僚体制，但是缺乏文化基础支持的社会里，这种“双语行政”十分盛行。……尽管官僚制的形式得以保留，但失去了非人格化和权威特征。[②]

在大学中，也有相似的问题。以规划为例，尽管高等学校也都有所谓规划和计划，但这种计划目标往往要么只是政府及教育主管部门的宏观计划的分解，要么是一种无责任连带的理想，目标的柔性和弹性很大，目标的决策者对这一目标是否有可能实现或是否真正实现并无实际责任。

---

① [英]戴维·毕瑟姆：《官僚制》，韩志明、张毅译，吉林人民出版社 2005 年版，第 8 页。

② 参见[美]B. 盖伊·彼得斯：《官僚政治》，聂露等译，中国人民大学出版社 2006 年版，第 42 页。

第四章　大学行政化之组织政治：功利取向

这一章从组织政治的角度分析大学行政化，重在关注大学组织中的人，关注在行政化的环境下，大学成员的行为、意识，并转入大学组织成员背后挖掘其潜在的动机，即功利取向的本质。组织政治有哪些外在的表现？什么是组织政治？

> 那些不能了解政治行为的人，忽视了组织是一个政治体系这个事实。组织内的所有机构和正式团体可能被描述为相互支持的、协调的、相互信任的、齐心协力的和通力合作的。如果一个人不从政治的角度看问题，他就会相信所有员工的行为都会始终与组织的利益保持一致。反过来，如果从政治的角度看问题，组织中的许多非理性行为就很好理解。比如，它可以解释为什么要隐瞒信息、限制生产、试图构建自己的小圈子、宣传自己的成功、隐瞒自己的失败、篡改操作数据从而使自己看上去做得更好。[①]

梅斯和艾伦（Mayes & Allen，1977）提出的组织政治的概念能够很好地解释这种现象，他们将其定义为：为达到非许可目标，或者是通过非许可手段获得许可的目标而实施的行为。[②]

2006年“两会”期间，政协委员、中国工程院院士黄尚廉对现行科技评价制度重炮抨击，引起了与会代表委员的强烈共鸣。黄尚廉认为，像目前我国这样大规模的、频繁的科技评价制度，事实上是计划经济体制下的产物，是

① [美]史蒂芬·P·罗宾斯：《组织行为学精要》，郑晓明译，机械工业出版社2000年版，第242页。

② 参见吴铮、孙健敏：《绩效评估中的政治因素》，《经济与管理研究》2006年第2期。

压在研究院所、高等院校等基层领导和科技人员头上的大山。他在发言中，形象地描绘了种种“为评价而评价”的芸芸众生图：研究院所、高等院校等基层领导和科技人员年复一年地被迫耗费大量精力去应对上级压下来的、数不清的评价（评奖、评估、评比），千方百计地去“包装”他们的成果，因为评价的结果攸关单位的声誉甚至生死存亡；为了获奖，有的单位派人四处打探，攻关，拉关系，走后门，请吃喝，送财物，以至于行贿受贿，违规违法；为了把评价结果做好，不少单位层层加码，把评价指标分解下达到基层，而基层又进一步分解下达到每一个人；有些研究人员为了完成上级下达的指标，无法静下心来从事研究工作，渐渐心生浮躁，甚至弄虚作假。

由于没有或难以进行长期系统的、深入的创造性研究，或在短时间内不能够完成高水平的研究，有的就仓促撰文，粗制滥造，甚至伪造实验结果，“垃圾”论文大量产生，抄袭他人论文的“丑闻”频频发生；有的仓促搞鉴定验收，申报成果奖励，并为此去编造财务证明、用户证明，编造测试报告，编造“查新”报告，请“铁哥们”专家鉴定验收的事件层出不穷。

此外，由于各种各样的评估与评比频繁进行，今天你评我，明天我评你，敢直言的专家越来越少，虚假的评价结果越来越多。有人形容现在的一些科技成果鉴定会是“红包一发，嘴角一擦，一个世界先进水平的成果（或完美的评价结论）就如此诞生了”。更有甚者，近年来有的人成了获奖专业户，每年都有成果鉴定验收，每年都能获大奖。这些人擅长“易容术”，他们只要把原来的成果改改名称，稍加修饰与包装，在五脏六腑上动点小手术或者全然不动，就堂而皇之地请来院士、专家，进行鉴定验收。今年聘请的专家与去年的专家换了不少，不换的除了“铁哥们”外，还有那些名气特别大、但是对该项成果却一窍不通的人，他们“认真”地进行鉴定，糊里糊涂地在预先拟好的鉴定意见书上签字画押。而这一纸鉴定书，又成为这些人下次报奖的主要依据。①

从这些抨击中，可以窥见我国大学乃至大学系统中存在着组织政治，本章即重在分析由行政化带来或激化的组织政治。

第一节　组织政治概述

1961年，彭斯（Burns）在《微观政治：组织变化机制》一文中，明确提出

① 参见孙英兰：《政协委员重炮抨击科技评价不科学》，《瞭望新闻周刊》2005年第11期。

“微观政治”(Micropolitics)这一术语，也就是组织政治。后来，西尔特、马奇和汤普森(Cyert、March & Thompson)分别在他们的著作中阐述了组织政治在组织中的作用。在20世纪70年代末期前，学术界对组织政治的研究很少。到了80年代末，尤其是90年代以来，越来越多的研究开始涉足这一领域，并且有大量的实证研究成果公开发表。总体来说，组织政治的研究大致可分为两个阶段。

第一阶段，从20世纪60年代初到80年代初，为理论探讨阶段。有学者认为，1961年彭斯提出“微观政治”这一术语是组织政治研究的起点。后来，梅斯和艾伦(1977)、图斯曼(Tushman，1977)等人分别撰文，阐述组织是组织政治的竞技场，组织政治是组织生活现实反映的思想，并提出组织政治的概念框架。法雷尔(Farrell，1982)认为，这一时期是组织政治研究的正式起点。但是，这一时期的研究成果是零碎的、非系统的，主要探讨了组织政治的概念，也有学者试图建立组织政治的理论体系，但由于组织政治研究存在定义难、实证难和测量难的问题，因此研究进展缓慢。

第二阶段，从20世纪80年代初期至今，为实证研究阶段。这一阶段的研究可分为两个主要方向。其一为对组织政治行为的性质、类型及其结果的探讨，主要代表人物有基普尼斯(Kipnis，1980)、法雷尔和彼得森(Farrell & Petersen，1982)、泰德斯奇和莫尔伯格(Tedeschiand & Melburg1984，1958)、费里斯(Ferris，1989)等人，对此问题的研究成果主要集中在20世纪80年代。其二为对组织政治认知(perceptions of organizational politics，简称POPs)的研究，包括对组织政治认知结构及其前因变量和结果变量的探讨，主要代表人物是费里斯(Ferris，1989)等。他提出组织政治认知模型，后来很多学者的实证研究都是对这一模型的验证和发展。在这期间，一项重要成就是卡玛(Kacmar)和费里斯等学者对组织政治认知结构维度的探讨。

一、组织政治的内涵

关于组织政治的研究，首先是其概念的界定。中外学者从不同的视角对其概念进行了阐述，其中代表性的观点如表4-1所示：

表 4-1　　组织政治的概念

学者	时间	主要观点
彭斯	1961	政治是利用物理的和人力的资源，获得对其他人的更多控制，从而更加舒适、安全
马奇(March)	1962	组织是政治联合体，决策制定和目标设定是讨价还价的过程
威尔德韦斯(Wildavsky)	1968	政治是在政策制定中体现谁的偏好(意志)问题上的冲突
哈维和米尔斯(Harvey & Mills)	1970	任何一种适应性变革都会对组织单位之间稀缺资源的分配产生影响，从而产生冲突，这种冲突要通过政治过程解决，包括建立联盟、讨价还价等
沃特曼·林森梅特(Wortman-Linsenmeier)	1977	个人为迎合上意所表现的策略
普费弗(Pfeffer)	1981	在组织内部，当存在选择的不确定性和不一致时，获取、发展、使用权力和其他资源以达到所期望的结果所采取的行动
明兹伯格(Mintzberg)	1983	个人或组织非正式且含有狭隘、分歧、不和的行为；以技巧观之，则为非法且不被正式管理当局认可接受的专门技术，这样的行为将造成个人或团体间的敌对斗争
费里斯和巴瑟(Buss)	1989	组织政治是一种社会影响力的过程，在此过程中，行为是经过策略的设计以极大化短期或长期的个人利益，此种利益有时与他人利益一致，有时是牺牲他人的利益而得来的
佩蒂格鲁(Pettigrew)	1993	在利益团体中使用权力以影响组织决策制定的行为
费里斯	1994	在工作环境中不被组织正式认可，会产生不确定性、冲突、不和谐以及压力的行为
陈黄煌	1996	是一种社会性的影响过程，组织成员对于个人、群体、组织致力于追求自我利益最大化的投机行为
卡玛和巴诺(Kacmar& Barno)	1999	个体为提升私人利益而不顾及组织和他人利益的影响性行为
马超、凌文辁、方俐洛	2006	在潜在动机支配下，为获得和保护个人及相关团体的利益，而对他人或团体施加的影响

资料来源：作者根据相关文献整理。

综观以上观点，组织政治反映的是个体或群体为了自己的利益与资源而采取的行动，而经常与组织的整体目标相反。组织政治是一个持续发生的过程，既包括组织层面的决策过程和群体层面的权力建立过程，也包括个体层面的政治行为。组织政治是一个广泛的概念，可以是行为意义上的，可以是认知意义上的，也可以是技能意义上的。在伦理道德上，典型的组织政治表现在三个方面：采用政治策略纯粹为了实现个人（群体）目标，而忽视实现组织目标；不尊重其他相关个人（群体）的利益；不呵护公平、公正的原则。

二、组织政治的要素

当前，学界主要把组织政治分成三个部分进行研究，即组织政治行为、组织政治认知（知觉）、组织政治技能。

1. 组织政治行为

组织政治行为是个体为提升自己的私人利益而不顾及组织和他人利益的影响性行为。关于组织政治行为主要有以下三种观点：第一种认为它是一种自然程序，用于解决组织内部不同利益群体的分歧。它其实是讨价还价和磋商的一个过程。第二种观点认为它是一种自利性行为，行动主体信奉马基雅维利主义（马基雅维利是意大利政治家和历史学家，以主张为达目的可以不择手段而著称于世，“马基雅维利主义”也因之成为权术和谋略的代名词），强调将个人或团体利益置于组织利益之上。第三种观点较为中立，认为组织政治既有正面影响，如个人职业生涯的改善、更有效达成组织目标等；又有负面影响，如“失败者”被降级或是失去工作、资源浪费以及一种没有效率的组织文化。

2. 组织政治认知

组织政治认知是指组织成员对组织政治行为的感知程度，是组织员工对工作环境中自利行为发生程度的主观评估。组织政治认知是个体对组织内其他人行为意图的归因。学界认为，组织政治认知主要表现为五类：(1)一般政治行为(general political behavior)的政治认知，指对组织成员以服务自我的方式获得有价值产出的政治行为的认知；(2)保持沉默，静待好处行为(go along to get ahead)的政治认知，指对组织成员避免参加活动，以获得有价值产出的政治行为的认知；(3)薪酬和晋升政策行为(pay and promotion policies)的政治认知：指对于组织在薪酬和晋升实际运作上与制度不一致的政治认知；(4)上级行为(supervisor behavior)的政治认知，指对领导运用权力进行资源分配的领导行为过程中利己行为的政治认知；(5)同事和小团体认知行为(coworker and clique behavior)的政治认知，指对同事之间或派系之间以获得最大自我利益为目的的利益交换行为的政治认知。[①]

3.组织政治技能

普费弗1981年提出了“政治技能”(political skill)的概念，并认为个体要想在组织中获得成功必须具有政治技能，使用一些政治策略或行为，以说服、影响和控制他人。正是政治技能的差异导致了政治行为的结果不同。政治技能与政治行为存在本质区别。首先，能力与行为属于不同范畴，能力为行为服务，行为产生相应之后果，也能反过来锻炼能力。其次，政治行为与政治技能的褒贬意涵有所不同，政治行为的直接动机和结果以“自利”为核心，个人政治行为的一般表现有控制信息源、截留对自己不利的信息、树立良好个人形象、强调互利互惠寻求支持、谴责和打压他人、与更有权势的人联盟等；而政治技能作为个体社会技能(Social skill)的一种，不仅仅服务于政治行为，而且具有其他积极与正面的功效，如相关研究发现政治技能有助于降低员工的角色冲突、工作压力，提高工作绩效以及促进员工的职业发展等。

组织政治行为、组织政治认知、组织政治技能三者既相互区别，又相互联系。组织政治认知和政治技能的分析单位都是个人，而组织政治行为既可以是个体层面上的，也可以是群体层次上的。个体采取组织政治行为的原因包括很多，其中一个常被忽视的原因就是个体对他人政治行为的感知，即组织政治认知。组织政治认知和组织政治行为之间的关系是相互影响、相互促进的。个体感知到他人采取的政治行为(组织政治认知)提高了个体采取组织政治行为的可能性，而反过来又提高了组织内其他人的组织政治认知，从而进一步提高了他人采取组织政治行为的可能性，整个组织的政治氛围也会进一步加剧。对个体而言，组织政治技能的提高可以提高组织政治行为成功的可能性。[②]

---

① 参见孙汉银：《论组织行为学中的组织政治知觉》，《北京师范大学学报(社会科学版)》2004年第1期。

② 参见王利平、金淑霞：《组织政治研究回顾与展望》，《经济管理》2009年第5期。

第二节 我国大学组织政治行为

一、组织政治行为分析

（一）组织政治行为类型

1. 威莱和皮里威（Valle & Perrewe）对组织政治行为的分类

威莱和皮里威（2000）认为，组织政治行为可以简单地分为两类，即被动的组织政治行为、主动的组织政治行为。被动的组织政治行为是个体感到某种威胁从而诱发出来的行为，而主动的政治行为则是在个体感到有必要抓住对自己有利的机遇的时候所采取的行为方式。主动的政治行为可降低组织政治认知对工作满意度、工作压力和离职意愿的负面作用，而被动的政治行为可加强这种负向影响作用。①

2. 梅斯和艾伦对组织政治行为的分类

梅斯和艾伦从影响目标和影响手段两个维度对组织政治行为进行了分类（见表 4-2）②。

表 4-2　梅斯和艾伦的组织政治行为类型

影响手段	影响目标	
	组织认可	组织不认可
组织认可	非组织政治工作行为Ⅰ	导致组织机能障碍的组织政治行为Ⅱ
组织不认可	潜在的导致组织机能障碍的组织政治行为Ⅲ	导致组织机能障碍的组织政治行为Ⅳ

第一象限，运用组织认可的手段达到组织认可的目标，是组织具体指定的工作行为，在这个组织行为系统中是唯一的非政治行为。第二象限，被官僚主义的理论家称之为“滥用正式权力的组织政治行为”。在这个象限里的行为从组织的观点来看是机能失调的。因为组织资源用于实现非组织目

① Valle, M. & Perrewe P. L. “Do Politics Perceptions Relate to Political Behaviors? Tests of an Implicit Assumption and Expanded Model.” *Human Relations*, 53(3), 2000, p. 175.

② Mayes, B. & Allen, R. “Toward a Definition of Organizational Politics.” *Academy of Management review*, 4, 1977, p. 86.

标。有学者认为官僚主义的组织形式是减少这类行为的一种尝试。第三象限里定义的是尝试完成合法的组织目标的组织政治行为。为完成组织认可的目标，领导权力或边际报酬的运用也包括在这个象限里。第三象限里的行为如果不出现不希望的边际效应，对组织是有用的。实际上，一些学者把第三象限里对组织有用的行为称为“领导”。第四象限里的行为，和第二象限里的行为一样，从组织的观点来看是引起组织机能障碍的行为。这种行为运用的手段以及产生的结果偏离了组织的准则。组织如果发现了这样的政治行为是不会容忍的。由于这种行为可能使其被组织解雇，所以致力于这种行为的个体是极为隐秘的，这也就导致了很难对这个象限里的行为进行取样研究。

3.法雷尔和彼得森的组织政治行为分类

法雷尔和彼得森以内部——外部、纵向——横向、组织能容忍——组织不能容忍三个维度将组织政治行为分类(见图 4-1)。它们反映组织成员为影响组织内利益分布调动可得到的资源而进行的策略选择。[①]

	纵 向	横 向		
内部	直接申诉 向管理者诉苦 超级报告 I	形成联盟 互惠交易 报复 II	蓄意破坏 象征性抗议 叛变 V	威 胁 VI
外部	法律诉讼 III	与组织外相似的人交流 外部的职业活动 IV	告 密 VII	欺骗组织 VIII

图 4-1 法雷尔和彼得森的组织政治行为分类

组织政治行为的内部——外部维度涉及的是致力于组织政治行为的人是在外部还是在内部寻求资源的问题。组织外部政治行为，告密、法律诉讼、向媒体泄露消息、与组织外的人结成联盟等，即组织成员通过到组织外部并使“外人”卷入其中来扩大自己可得到的资源。组织内部政治行为即运用组织内部资源，通过像互惠行为、交易协定、报复、各种妨碍行动、象征性的抗议和与组织内的其他人形成联盟等，在高压的组织内，以叛变等形式获得优势。当组织员工相信只有调动组织外部资源才能取得成功的时候，他

① Farrell, D. & Petersen, J. C. “Patterns of Political Behavior on Organizations.” *Academy of Management Review*, 7(3), 1982, p97.

们便由组织内的组织政治活动转向外部。求助于外部权威或利益团体依赖于各种条件：人们在运用内部资源失败后，可能运用外部资源。例如，当他们害怕运用内部资源的时候，当他们不相信内部资源的有效性或者他们不知道怎样运用内部资源的时候，可能会采取组织外部政治行为。

组织内的普通员工或者权力较小的低层管理人员更多地运用外部组织政治行为，在解决矛盾时如果没有外部资源的介入，他们很可能处于不利地位。

组织政治行为的纵向——横向维度承认上级对下级的影响过程和相同地位员工的相互影响过程是不同的。比如，向上级诉苦、越级报告、拍马屁等行为被看作纵向的组织政治行为。现有文献对横向的组织政治行为关注得较少，这种政治行为包括互相帮助、提供帮助、组成联盟和与组织外的同行交换意见。

最后一个维度，组织能容忍——不能容忍。在组织内，甚至在一个国家内，正常的日常政治和违反游戏规则的极端政治行为是不同的。尽管是非官方的和非权威的，但组织员工应把组织政治看作组织生活的现实。在组织中发展起来的游戏规则，通常排除了太危险或者对组织构成威胁的行动。被广泛接受的组织能容忍的政治行为包括互惠交易、不违反基本原则形成联盟、在上层寻找保护伞。组织不许可的政治行为包括告密、法律诉讼、向媒体泄露消息和申请审查，破坏性的联盟、威胁和蓄意破坏。组织上层人员和强烈忠于组织的员工很可能致力于组织能容忍的组织政治行为，被组织疏远的和感到自己不会失去什么的员工通常致力于组织不能容忍的组织政治行为。

组织许可类别里的四种组织政治行为包含了组织政治行为的大部分。第一象限里的行为，是正常的内部组织政治行为，在薪酬差别较大、组织层次较多和员工参与决策较少的组织中，这种行为是经常出现的。在这种情况下，妨碍决策进行的活动是一种普遍的策略，低层次的员工通过怠惰和过分的坚持规则来抗拒组织的政策和决策。横向的组织政治行为，比如第二象限里所描述的，如果组织内职位相似的员工较多，监督又较松散，这样的组织政治行为发生频率会较高。

外部——纵向的组织政治行为，比如法律诉讼，通常发生在矛盾的合法性已建立起来的领域。人们越来越认识到通过运用制度化的方法调节劳动争端的必要性，与工作相关的这些调节机构的增长就是这一必要性的标志。通过正式的和非正式的与这些外部机构的接触，员工经常获得信息和其他的权力资源。这些接触,尽管是组织不想要的,但组织高层也能接受这种组织政治行为。

组织不能容忍的组织政治行为会导致员工被解雇或者受到极端制裁。叛变是纵向的、内部的、组织不能容忍的组织政治行为的极端表现(象限五)。与此相关、但经常被忽视的是组织员工的象征性行为抗议,异端的装束可能是组织叛乱的缩影。相反,已经受到新闻期刊关注的一种不被许可的组织政治行为是告密(第七象限)。这种行为也被称为"内部自揭丑闻",表现为组织员工到公共场所并向媒体透露组织的违法行为,比如忽视公众利益或者对公众利益不负责任。当组织的执行官到了竞争者那边或开始自己经营,表现出对组织的不忠时,也就宣告了组织的失败。然而,员工为了防止组织的制裁,他们可能有双重身份和对组织表现出靠不住的忠诚。

(二)组织政治行为的影响因素

影响组织政治行为因素的分析主要从三个方面着手,即个人特性、组织特性、情境特征。

1. 个人特性与组织政治行为相关的研究

乌兰登堡和毛雷尔(Vrendenburgh & Maurer,1984)认为一个人的价值观、人格特质、个人需求及态度会影响到其是否会从事组织政治行为。其中,个人价值观包括唯我论、唯物主义者及对社会认知的看法等。人格特质包括嗜冒险者、功利主义者、投机者、内外控性格、权威主义、权术主义及愤世嫉俗等特性,是促使个人从事组织政治行为的重要影响因素。个人需求则包括对权力、自主性、安全感、地位等的需求,需求愈高者愈可能从事组织政治行为。个人态度则包括对工作的满意度、对组织的认同,组织承诺愈低者愈会从事组织政治行为。[①]

2. 组织特性与组织政治行为相关的研究

克威勒和克里克(Kveitner & Kinicki,1977)认为政治行为主要是由组织不确定性引发的。他们认为组织内的五种不确定性为:目标不明确、绩效评估不明确、决策过程不明确、个人或团体间的激烈竞争、任何形式的改变。一旦改变发生时,既得利益者为了维护他们原有的权力,就产生了政治行为。乌兰登堡和毛雷尔的研究也证明了这一点,他们认为在政治敏感度的

① Vrendenburgh, D. J. & Maurer, J. G. "A Process Framework of Organizational Politics." *Human Relations*, 37(8), 1984, pp. 47-66.

促使下,个人如发现组织结构及人事将要改变,部门之间需要调整时,想要掌控稀有资源时,则会想到运用权力引发政治行为。其操作机制包括:使用不同的政治策略、为达到其政治目的所作的决策等。结果则可能是预期想要达到的结果或是非意料之中的。[1]

乌兰登堡和毛雷尔认为团体动机(motives)与团体规范(norms)是影响是否从事组织政治行为的另一重要因素。罗宾斯(Robbins,1992)认为组织对员工低度信赖、绩效评估制度不明确、政策制定松散化、高度绩效压力、不重过程只重结果等是促使组织政治行为产生的重要组织因素。[2]

对员工的回馈、晋升机会愈少,与高层间的互动愈少,正式化程度愈低的组织,其政治行为就愈多,而组织中工作的不安定感,员工对晋升机会、上级、同事、奖赏、组织的不满,不鼓励创新等组织特性,皆是促使组织政治行为产生的重要因素。同时组织内若是降低对人的控制,其成员会乘机运作政治行为而产生许多负面影响。

3.情境因素与组织政治行为相关研究

乌兰登堡和毛雷尔(1984)认为情景条件中目标与工作的相互依赖性、资源的稀有性、模糊不清的目标与角度、组织气候与历史状况、组织的机会结构等,均是影响组织政治行为的重要前置因素。组织内成员依据以上不同条件而决定是否运作组织政治行为。[3]

马奇(l984)提到,当员工沿着组织阶梯向上流动时,目标将愈加模糊和矛盾。[4] 奈米斯和斯托(Nemeth & staw,1989)进一步指出,当一个人向上流动时,他的工作性质和结果越来越模糊不清,评估标准也就越发不清晰。由于评估标准缺乏清晰性,组织倾向于更多地以行为者的个性特征、行为和潜力作为绩效评估标准,然而,所有这些特征都可能被人为地精心操纵。[5]

---

① Vrendenburgh, D. J. & Maurer,J . G. “A Process Framework of Organizational Politics.” *Human Relations*, 37 , 1984, pp. 47-66.

② Vrendenburgh, D. J. & Maurer, J. G. “A Process Framework of Organizational Politics.” *Human Relations*, 37, 1984, pp. 47-66.

③ Vrendenburgh, D. J. & Maurer, J. G. “A Process Framework of Organizational Politics.” *Human Relations*,37, 1984, pp. 47-66.

④ March, J. G. “Notes on Ambiguity and Executive Compensation.” *Journal of Management Studies*,1984 (August).

⑤ Nemeth, C. J. & Staw, B. M. “TheTradeoffs of social Control and Innovationin Groups and Organizations.”*Advances in Experimental Social Psychology* (vol. 12), Edited by L. Berkowtiz. NewYork: Academic Press,1989.

坎特(Kanter,1977)的研究结果已表明,当不确定性提高时,人际关系因素也就越多地影响绩效评估结果。[①] 罗里和隆美(Drory & Romm,1990)的研究证明,不确定情境下的组织决策易受政治行为影响。当决策需要的信息不足或模糊不清时,决策者依赖的是自己对信息的解释。[②]

参与者间相互依赖的程度、资源稀有性等是影响是否要从事组织政治行为的重要因素,因为组织是阶层式的,因此组织内的权力存在着不对称性,但此权力并非永恒不变,它会因为彼此依赖关系的改变而有所变化,因此人们会运用组织政治行为来改变这种权力情况。拥有稀有资源是为了达到想要的结果,因此愈能控制稀有资源者就愈受组织的重视,而员工就会运用其既有的技术与能力来运作组织政治,以达到控制稀有资源的目的。

(三)组织政治行为的结果

1. 获得与工作相关的奖励

有研究证明,员工通过实施组织政治行为,增强和上级的情感沟通,或者讨好上司,使其喜爱他们,从而获得较高的绩效评估结果。[③] 古尔德和潘莱(Gould & Penley,1984)发现,拥护上司的见解及其他提高上司威信的组织政治行为与涨工资有密切联系。[④] 巴托和梅丁(Bartol & Mertin,1990)也曾经报道,组织政治行为是薪酬决策中的重要影响因素。[⑤]

此外,组织政治行为对管理者的声誉也有重要影响。声誉是管理者的无形资产,对其职业生涯发展有非常重要的影响。实施组织政治行为的目的是个人利益最大化。在这一过程中,管理者如不能很好地掩饰自己的真实意图,那么,在其他人看来,他是个自私自利的人,道貌岸然,为了自己的利益不择手段,必然导致他在组织中的声誉下降。相反,一个老谋深算的人,利用一切机会,通过各种组织政治手段来提高自己在组织中的声誉,在

① Kanter, R. M. *Men and Women of the Corporation*. New York: Basic Books, 1977.

② Drory, A. & Romm, T. "The definition of organizational Politics: A review." *Human Relations*, 43, 1990, p. 85.

③ Ferris, G. R. et al. "Subordinate Influence and the Performance Evaluation Process: Test of a Model." *Organizational Behavior and Human Decision Processes*, 58, 1994, p. 78.

④ Gould, S. & Penley, L. E. "Career Strategies and Salary Progression: A Study of Their Relationship in a Municipal Bureaucracy." *Organizational Behavior and Human Performance*, 34, 1984, p. 88.

⑤ Bartol, K. M. & Martin, D. C. "When politics pays: Factors Influencing Managerial Compensation Decisions." *Personnel Psychology*, 43, 1990, p. 105.

别人看来，他是一个乐于助人，为了组织利益而努力奋斗的人，这样就可以提高他在组织中的地位。坎特和布林克奥夫(Kanter & Brinkerhoff,1981)曾经说过，在组织系统内，声誉是政治概念。[①]

2.下属的反应——玩世不恭

偶然的观察和一些调查结果都表明，组织员工的焦虑水平与管理者的行为显著相关。有报道报道了发生在组织中的一种令人不安的现象：美国工人越来越玩世不恭。据他们的报道，一个州的被调查者中，43%的回应者具有这种特点，他们认为自私、偏袒和剥削是工作场所的特征，导致这些员工对组织没有基本的信任和献身精神。而这种反应源于员工对管理者组织政治行为的认知。因此，管理者的组织政治行为既是玩世不恭的原因又是其结果。由此我们可以说，玩世不恭是员工对工作环境中越来越多的消极组织政治行为的反应。[②]

3.进一步塑造工作环境中的组织政治氛围

当我们考察管理者的组织政治行为时，必须考虑组织政治行为的环境。从逻辑的角度不难推断，组织政治环境既是组织政治行为的原因，又是其结果，由此可以得出结论：组织政治家是组织政治环境的塑造者，同时又为组织政治环境所塑造。

简要地介绍组织政治行为的类型、影响因素、后果之后，下面从一般到个别，进入大学这个组织中分析行政化背景下大学所特有的组织政治行为。

二、我国大学中的组织政治行为

关于我国大学中的组织政治行为的研究不多见。具有代表性的研究成果是张玮的博士论文。该文分析了我国高等院校重点学科组织政治行为的表现形式及其特性(见表 4-3)，并把 20 种组织政治行为表现形式分为四类。[③]

---

① Kanter, R. M. & Brinkerhoff, D. "Organizational Performance: Recent Developments in Measurements." *Annual Review of sociology*, 7, 1981, p. 127.

② Kanter, D. L. & Mirvis, R. H. *The Cynical Americans: Living and Working in an Age of Discontent and Disillusion*. San Francisco: Jossey—Bass, 1989, p. 77-85.

③ 参见张玮：《知识密集型组织若干组织政治行为及其政治知觉模型的构建与实证研究》，第三军医大学博士论文，2005 年。

表 4-3　高等院校重点学科组织政治行为的表现形式及其行为特性

序号	行为表现	行为特性
1	文人相轻，同行封闭，学科封闭	当威胁到有关人员的权益时，相关部门会为了资源而展开争斗，维护自己的小团体利益
2	留一手策略	为了保有既定的地位、权益，故意掌控关键知识，不传授给他人
3	建立优良形象	平常发展自己的技术、才能、价值观，以博得众人的好感
4	知难而退	在科学研究中，由于无法达到成功的目的而心灰意冷
5	因人废事	因为对个人的不满，而否定他人的能力与才干
6	多一事不如少一事	由于业务工作十分繁忙而无法面面俱到，能省则省，以免麻烦缠身
7	维持和平现象	为了不得罪人，而当老好人
8	欺瞒	利用上级不了解实际情况，能隐瞒则隐瞒，能不做则不做
9	寻找安全	不管事情是否合理，一切的出发点以保护自己为第一
10	拿着鸡毛当令箭	该做的事不做，利用领导的命令或以规范为挡箭牌，下达有利于自己的命令，让他人臣服
11	借故拖延	找任何正当的借口，拖延合作
12	先下手为强	目标未清楚前先抢夺主导权，以便将来可任意转移方向
13	轻松混日子	为了避免工作与责任，而反对或拖延改变事项的进行，其借口则是：需要投入太多资源，不划算，对组织冲击太大，对组织无太大利益等
14	唯我独尊	组织在发展中，相关的参与者都要以我的意见为主，毫不妥协
15	专家说了算	在学科建设中，利用专家权威，让他人屈服
16	以不变应万变	在科技不断进步中，依旧坚持固有不变的方法与观点，不做改变，避免负责
17	推卸责任	把吃力不讨好、该做不做的工作推给别人，将失败的责任推给别人
18	隐瞒重要信息	不提供并有意隐瞒重要信息

续表

序号	行为表现	行为特性
19	只要好处,不要责任	在组织工作中,先放出资源不足的风声,一旦拿到好处后,就推卸掉随之而来的责任
20	拖人下水	当组织发展遇到困难及阻力时,马上找垫背者,推卸责任

当组织政治行为运作者处于本学科中的优势地位,而且有机会运作政治行为时,其运作的政治行为称之为“进攻型政治行为”。当组织政治行为运作者处于本学科的优势地位,但又受到学科环境的威胁或制约时,其会运作防守型政治行为。当组织政治行为运作者处于劣势地位,但又有运作政治行为的机会时,其会运作增强自己力量的增强型政治行为。当组织政治行为的运作者处于劣势地位,又受到学科环境的威胁时,就会运作退缩型政治行为。

进攻型政治行为包括先下手为强、拖人下水、唯我独尊、专家说了算、因人废事五种。防守型政治行为包括文人相轻,同行封闭,学科封闭;寻找安全;借故拖延;隐瞒重要信息;欺瞒;只要好处,不要责任;留一手策略;拿着鸡毛当令箭;维持和平假象;推卸责任十种。增强型政治行为包括建立优良形象一种。退缩型政治行为包括以不变应万变、知难而退、轻松混日子、多一事不如少一事四种。

大学组织政治行为既囊括了重点学科的组织政治行为,又不拘于此。大学组织政治行为的主体既可能是大学这个组织本身,也可能是大学中的成员,而重点学科的组织政治行为主体主要是学科成员。学科只是大学的要素之一,要分析大学的组织政治行为必须从更开阔、更高的视角进行研究。因此,本书对我国大学中的组织政治行为的分析从大学层面、大学全体成员层面着手,阐述“名实分离”的特征。

“名实分离”的现象在中国具有源远流长的历史。中国的传统社会,长期以来就是一个“名实分离”的社会,这与中国文化、中国人的文化心理息息相关。在这些深层文化心理气质中,包括:执着人世与现世,重视历史经验与人际情感,轻视彼岸世界,反感抽象思辨的实用理性;追求在人与人的关系中实现自身价值,根据情境定位人生目标与行为策略的价值倾向与行动倾向(关系本位与情境中心);追求内向超越而不是外向超越,通过改变自身而适应世界的行为倾向;在经与权、常与变中执用两中、不拘不泥的中庸思

维；视社会和人际等级为合理并作为具有差序性的人格观内化于心。这样的文化心理使得人们很难按照明确的、抽象的、非人格化的规则来行事，因为这种冷冰冰的行事律令不符合我们的心理品味，而必须罩上一层温情脉脉的面纱——于是虚伪就成了必需的；死守规则的人也得不到欢迎，“具体问题具体分析”方可左右逢源，于是权变行为就成为了常规；而若某个规则已明显落后于事实，重视历史、重视名号的我们也很难断然放弃，而要以“注经解说”的方式对之进行合法化，于是“名实分离”成为必然。①

1. 重科研，轻教学

教学作为高等教育机构中最为重要的基本教育活动之一，始终贯穿高等教育的发展史。无论是16世纪大学产生之初其单一的教学职能，19世纪德国大学所增加的科研职能，还是19世纪末20世纪初美国大学所赋予的社会服务职能，教学一如既往的是大学的首要职能。

然而在现实中、在实践中，教学并没有体现其主导地位。不管是在研究型大学，还是在教学型大学，普遍存在重科研、轻教学的现象。重科研、轻教学的突出表现是：高校把主要精力放在抓科研、争课题、搞经费、上名次方面，放松教学管理和改革；评价学校和教师时，过于强调科研成果、科研水平，“平时教学重要，评职称时科研重要”，忽视教师的教学水平；教师应付教学，埋头科研，科研的目的不是为了创造知识、改进教学，而是为了晋升职称、获得声誉。②

在现实生活中，重科研、轻教学也有过生动而形象的体现。云南大学的年轻副教授尹晓冰，开价值50多万元的宝马车去上课，是三家上市公司的独立董事。尹晓冰与同行交流时“善意提醒”：大学教师全心投入教学是一种毁灭。他还说，目前中国的大学，把大学教师分在“金字塔”的各个部分，处于底端的是仅会讲课的教师，中间的是又会讲课又会拿课题的，顶端的是“学霸”和担任行政职务者。③

有人把这种现象归结为市场的鼓动。

> 随着高等教育更紧密地融入市场，教学科研人员和院校逐渐丧失了自主权。由于资助基础研究的惯例被取消以及研发基金更多地投入

---

① 参见汪新建、吕小康：《作为惯习的潜规则》，《南开学报（哲学社会科学版）》2009年第4期。

② 参见韩骅：《关于高等学校教学与科研关系的思考》，《教育研究》1994年第5期。

③ 参见许锡良：《中国大学教师乱象分析》，http://www.hnubbs.com/thread-554939-1-1.html. 2011-05-24.

> 商业研究,教授逐渐丧失了由好奇心驱动的研究的自由。教学与科研人员和院校因政策方针、资源组合的改变而被推向和拉向学术资本主义。[①]

虽然他们仍然把基础研究看成是科学的基石,但是却开始更多地参与市场活动。他们认为:"成绩不再被限定为首先通过出版而获得;相反它至少是部分地由市场及市场性活动的成功来衡量。"[②]这样,传统的不关心自身利益而专注于真理探索的群体,也逐渐地蜕变成为以"科学家—企业家"为形象的"经济人"。他们通过更多地开展更具经济效益的、与工业界联系更为紧密的科研,与社会进行知识交易。在这种交易与寻利的过程中,"一个教授的生活已经成为'参与商业和活动的竞争,主管合同和项目,指导团队和助手,指挥一批技术人员,到处出差旅行,参加政府部门的委员会,以及从事其他分散精力的事务以使整个狂乱的生意不致于垮台'"[③]。在应用性较强的理工科、商科等大学,受市场的驱动,许多学者把更多的精力投入市场为导向的研究,这种现象确实存在。

但是,为什么实用性较低、与市场无关、人文社会等学科占主导的大学也存在重科研、轻教学的现象?事实上,这与大学的评价方法、政策导向以及由此带来的资源分配方法密切相关。在对全国范围的5138名高校青年教师的抽样调查中,在问到"教学质量不会影响我的晋升"时,45.6%的受访者表示这一说法"很符合",22.2%的人表示"比较符合",两者之和超过了60%。这表明在很多青年教师看来,教学质量与职称晋升没有必然的联系,教学质量的好坏不直接影响职称晋升速度的快慢。在"不出版即死亡"(publish or perish)与"非升即走"的政策惯性作用下,又加上教学实力与潜力不易评价,教师职务晋升或谋取终身教职的最大筹码主要还在于科研成果,而不在于教学水平。另外,高校对科研和教学的奖励相差悬殊也是其中一个原因。在采访中有青年教师说:"我们学校对一篇SCI论文奖励上万元,而一个学期代课100课时以上,所得课酬也只有2000元到3000元。"所有这些因素共同作用,导致目前高校中普遍存在"重科研,轻教学"的状况。[④]

对于轻教学、重科研,有人会说理当如此。其理由是,教学、科研相统

---

① [美]希拉·斯劳特、拉里·莱斯利:《学术资本主义:政治、政策和创业型大学》,梁晓、黎丽译,北京大学出版社2008年版,第200页。

② [美]希拉·斯劳特、拉巢·莱斯里:《学术资本主义:政治、政策和创业型大学》,第200页。

③ [美]克拉克·科尔:《大学之用》,高括等译,北京大学出版社2008年版,第25页。

④ 参见廉思、工蜂:《大学青年教师生存实录》,中信出版社2012年版,第267页。

一，搞好科研能促进教学。但是，教学、科研如何相统一呢？科研转化为教学的机制、体制还不存在，其转化或多或少带有想当然的假设，或者说取决于个体的意识、悟性与觉悟。

2. 重项目申报，轻项目建设

国务院学位办原副主任谢桂华在谈到我国学位教育时说，长期以来，在我们的许多工作中，相当一部分的领导，他们关心的是争博士点、硕士点，这几乎形成一个传统。所以，要转变这种重数量、轻质量的观念，转变重外延发展而忽视内涵发展的观念，以及重申报、轻建设的观念，明确今后的工作重心是保证质量，把保证提高质量放在更加突出的位置上。①

华南师范大学教授扈中平在四川师大学位评审会上说，希望四川师大避免“重申报，不重建设”的弊病，在资源配置上给予高度重视，通过物质奖励和政策导向等手段加强师资建设。②

为什么会重项目申报而轻项目建设？这个问题实际上是两个问题，首先是为什么重视项目申报，其次是为什么轻视项目建设。

先来看第一个问题。对于行政主管部门来说，主管部门通过项目设立与评审把握了资源分配权。从学位点、学科、研究基地到专业、课程、教材、实验室，再到各种各样名目的教师头衔等，涉及大学办学的每一个领域，无所不包，无所不含。而每一个领域又分为若干个层次，从国家级、省部级到市级等。这些项目就像驯兽师手中的肉，让每一所大学无一不为五斗米折腰。以“985 工程”为例，“985 工程”的推行进一步强化了教育部的职能和权力，给予教育部相当大的资源分配权。同时，由于“985 工程”以及一系列的相关政策和计划规模庞大，涉及方方面面，教育部将这些职能分解到下面各司局执行，于是各司局获得了更多的项目、经费主导权，具备了更多的直接管理职能。③

而对于大学来说，学校申报项目争取有形的资源、无形的声誉，而有形的资源和无形的声誉都可以转化为学校的业绩，进而等同于领导的政绩。学校积极组织申报项目当然无可厚非，但是在申报过程中也带来了众人皆知的秘密，即项目申报中的组织政治行为。

---

① 参见谢桂华：《20 世纪的中国高等教育·学位制度与研究生教育卷》，教育科学出版社 2003 年版。

② 参见李益众：《要避免“重申报不重建设”的弊病》，《教育导报》2011 年 4 月 26 日。

③ 参见宋维强：《大学竞争的政治学分析：以“985 工程”为例》，《高等教育研究》2004 年第 6 期。

由于缺乏配套的制度保障，“劣币驱逐良币”的恶例层出不穷。相关的利益者结成小团体，既当运动员，又当裁判员，体面“持刀”，肆意瓜分，国家的需求蜕变为个人的需求。当所谓的“专家意见”只是反映了很小一部分官员及其赏识的科学家之间的“相互理解”时，可以想见，“理解”的背后，乃是利益均沾的默契。为了极少部分人的利益均沾，一些人热衷于研究和践行“跑部钱进”。所谓“跑部钱进”，“直译”是指多跑教育部、科技部等，通过拉关系得以“钱进”。“跑部钱进”的最大祸害是：一旦科学家、教授、学者公然认可这样的潜规则——做好的研究不如与官员和他们赏识的专家拉关系重要，那么趋利避害的结果便是，更多人热衷“跑部钱进”，而学术的“跑步前进”必然被耽误。[①]

既然项目对于一个大学如此重要，为什么对于成功申报的项目不会真正开展建设呢？因为大学要的是资源，而不是项目理应取得的成果。这显然和国家各类项目设立的初衷是相违背的。国家会让立项的项目轻易通过结项吗？而问题正在这里。

华中科技大学教科院教授别敦荣称，课题“重申报，轻研究”是我国学界普遍存在的弊病，但碍于面子，课题评审很少有不合格的。[②] 这似乎就是答案了，但是当我们转向这个答案的背后时，还可以发现两个现象：一是我们处于一个“人情”社会，评审专家与评审对象都是一个圈子里的人，即使不认识，通过熟人就可以变成“熟人”。大家心里清楚，下次我的项目还会到你手中，与人方便，与己方便。二是项目配套的资源出资方是行政主管部门，评审专家作为代理方与作为委托方的主管部门既无切身的利益关系，又无制约关系。没有一方需要为“轻建设”买单，这就像是一场没有责任方的游戏。

3.重视升级，盲目定位

从所能查寻到的资料来看，2003年有75所学校升格，2004年有98所学校升格，2006年有58所学校升格，2007年有37所学校升格，2008年有18所学校升格，2009年有19所学校升格，2010年有43所学校升格。7年间共有348所学校升格，其升格的层次或是从中专学校升格为专科学校，或是从专科学校升格为学院，或是从学院升格为大学。而这种升格现象还在继续。

学校为什么会热衷于升格呢？有诸多学者给予了解释，而其中当属熊

① 参见刘巽达：《学者“跑部钱进”妨碍学术“跑步前进”》，《光明日报》2010年10月11日。

② 参见朱建华：《“重申报轻研究”成学界“常见病”》，《长江日报》2010年11月16日。

丙奇的分析尤为透彻。①

具体而言，大学的等级化表现为三个方面。首先，行政级别的等级化，让好学校拥有更大的话语权。我国高校的副部级、正厅级、副厅级、没有级（民办学校领导无行政级别），使学校的地位很不平等。其次，资源配置的等级化，让好学校获得更多的办学资源。我国高校中的“985 工程”学校、“211 工程”学校，不但因为列入相应建设的工程而获得专项投资，而且，在学生的毕业就业中，也有对应这一办学层次的打分体系。例如，一些地方引进人才时就明确规定只考虑“985”高校毕业生。再次，招生录取制度的等级化，让好学校根本不用为自己能否招到好学生担忧。任何一个“一本”高校，招收到的大多数学生肯定比“二本”高校好，这基本上是铁的定律。在等级化氛围中，对好学校而言，学校的地位不是靠竞争获得，而是靠政府投资、制度保护获得。好学校过着好日子，对于一般学校来说，就是“难熬”的日子，他们即便再努力，也无法获得更好的生源，无法在高等教育领域有话语权。这种挫折感，会导致一般学校更乐意按照制度的“引导”去追求目标。比如：位于“二本”招生的学校，争取有部分专业进行“一本”招生；位列“三本”招生的学校，想办法纳入“二本”招生体系；而近年来高职高专一心想升本，就是希望能改变自己在高等教育体系中垫底的处境。我国高等教育要健康发展，必须打破这种等级制度，让高校平等竞争，包括生源上的平等竞争、学校办学资源的平等竞争、学校办学地位的平等等。

按办学规律来说，定位没有高低之分，但是对于我们的学校来说，升格带动了定位，意味着定位的调整与改变。从低到高，从中专升格到专科，从专科升格到本科，再到申请硕士学位授予权、博士学位授予权，也就是每一次升格都意味着登上一个新的等级。既然处于等级链条中的一环，可以预想在不远的未来还会有新的一轮乃至几轮的升格竞赛，因为所有的学校都在仰望部级、研究型的大学。

宋维强在分析“985 工程”大学时说，进入“985 工程”大学的定位并不是固定的，而是始终处于演变之中的。如浙江大学、中国科技大学等高校提出的口号就从建设“世界知名大学”变为“世界一流大学”，南开大学也从建设“国内外知名高水平大学”变为建设“国际知名高水平大学”。这种口号变化的驱动力更多地来自于学校自身，因为政府的定位在某种程度上决定了学校可以获取的资源以及未来的发展状况，在这样的背景下，所有的大学为自

① 参见熊丙奇：《警惕大学等级化趋势加剧》，《北京青年报》2008 年 6 月 10 日。

己的利益考虑都理所当然地渴望得到更高的定位。当然，政府定位本身就是一个递进的逻辑，发展到了一个阶段，自然就会进入更高的下一阶段。然而，这些高校都有几十年甚至上百年的历史，短短几年间学校水平不可能发生质的变化，这当中自然体现了高校与教育部的博弈结果。[①] 尽管此处说的是“985 工程”大学，但这种分析也适用于不少升格的学校。

4. 轻视明规则，奉行潜规则

不管是政府与大学之间，还是大学内部，都已经建立了相当多的制度规则，覆盖众多领域。在网络化、信息化的时代，这些制度规则公开透明。那么，在实际运行中，人们是遵守这些明规则，还是奉行潜规则呢？

潜规则是存在于各种正式制度之外、明文规定背后的被广泛认可的行为章程，在各自的领域内得到大多数人的默许和遵守，而成为相关法律法规之外的另一套行为准则和规范。[②] 本质上看，潜规则是在“权”的场景中获取当下或未来的“利”，即潜规则的启动者和完成者通过对“权”的寻租和使用，实现潜规则主体的利益最大化。[③]

2012 年，湖南高校职称评审中的潜规则浮出水面。网友“马山寨主”发微博称，该年湖南高校教师职称评审工作 3 日在母山基地开始。“前天下午评委名单刚定，全省参评教师即获悉名单，前晚开始一年一度的疯狂送钱活动。今年体育专业评委刘某某教授为方便老师们送钱，在新天宾馆开了套间并广而告之，一时门庭若市。”该网友上传了手机短信，列出体育专业刘、蒋、谢等四位评委的单位和姓名。还说：“请准备 3 万到 4 万元，于今晚到新天宾馆 2408 房间找刘某某教授，晚了就送不进了。”多位湖南高校教师反映，职称评审送钱已成为公开的潜规则。这条令人瞠目结舌的信息随后从湖南省教育厅得到证实，对于微博上曝光的湖南高校职称评委“开房收钱”一事，湖南省教育厅目前已终止涉事的一名教授 2011 年度高校教师系列职称评审专家资格。[④]

紧接着，新华网以《花钱发论文　评奖送大礼：“潜规则”实为“钱规则”》为题刊出了另一条新闻。该新闻既指出了职称晋升、论文发表、课题申报、

① 参见宋维强：《大学竞争的政治学分析：以“985 工程”为例》，《高等教育研究》2004 年第6 期。

② 参见吴思：《潜规则：中国历史中的真实游戏》，云南人民出版社 2001 年版，第 201～202 页。

③ 参见林炜双、高腾、孙李银、景怀斌：《作为组织政治行为的潜规则：影响因素与作用机制》，《公共行政评论》2010 年第 4 期。

④ 参见雷军：《湖南高校职称评委被指开房收钱　教师称系潜规则》，《京华时报》2012 年 5 月 5 日。

项目评奖等方面存在的潜规则，而且评析了高校中各类潜规则存在的制度原因。该新闻如下（有删减）：

> “湖南高校教师职称评审存在腐败”新闻引起一些高校教师的共鸣。“评职称送大礼在许多高校非常普遍。”上海、北京、海南等地的多位高校教师向记者反映，是否评得上职称，“打点”评委几乎有着决定性的影响。
>
> “一些职称评审专家之所以敢于明目张胆地开房接受贿赂，就是因为对此已心照不宣。一些高校的职称评审，已完全异化为‘权学交易’和‘权钱交易’。”一位北京高校的教师说。“约定俗成的价码大家心里都明白。”
>
> 据记者了解，在各种职称和奖励、科研项目评审评估过程中，类似“明码标价，开房收钱”的现象较为普遍。尤其是在“职称评审”的指挥棒下，花钱发论文、评奖送大礼、项目拼人脉早已成为坊间的公开秘密。
>
> **“潜规则”何以公开盛行？**
>
> “职称评审专家之所以敢明目张胆地开房接受贿赂，就是因为这类事已经心照不宣，成为基本行情。”21世纪教育研究院副院长熊丙奇说，能打听到评委名单，能收到索贿短信，能把钱在关键的时候送进去，这表明，高校职称评审的腐败形成了利益链条。
>
> 那么，高校职称评审“潜规则”何以公开盛行？网民和专家指出，管理体制行政化和学术评审机制不规范是主要原因。
>
> 在学术评审机制方面，熊丙奇说，职称评审成了决定教师待遇高低的门槛，权力过于集中；职称评审能上不能下，“职称到手，事业到头”，教授越评越多，教师队伍结构严重失调，教学惰性也由此形成；同时，评审虽然有硬标准，但人脉的作用往往更重要。
>
> “湖南全省的职称评审尚且如此，更别提一些高校关起门来进行的内部评审了。”熊丙奇说，如果这几方面问题不彻底解决，要完全杜绝由评审职称引发的一些高校学术腐败比较难。
>
> **还高校“学术安宁”**
>
> 国家出台教师职称评审制度的初衷是激发教师的工作热情和积极性，但由于评审过程不够公开、公正、透明，这一制度在实际执行中难免变形走样。不少专家学者建议，现行职称制度必须破除职称评审中的“行政

化”色彩,摒弃“教授终身制”,坚持能力与实绩的标准多元化评价人才。[①]

当然,高校中存在的潜规则有其生存的土壤,即中国文化的背景。中国传统的“官本位”、“父母官”思维使人在面对领导时讲敬畏、讲礼让、讲尊崇,领导也习惯性或者半推半就地将自己摆在了组织核心的位置,用个人权威处理组织事务。“官本位”文化从思想上确定了领导绝对权力的地位;民间庸俗化“中庸文化”一定程度上造成了组织沉默,而这种沉默则客观上为潜规则的实施创造了组织空间,刺激了潜规则的蔓延;集群文化重视人际关系,客观上促使人们展开关系资源的竞争;中国的“饭桌文化”、礼教文化影响潜规则的表现方式以及人们对潜规则众多表现方式的选择。[②]

个人对潜规则分别作出认同、中立、反对的心理和行为反馈。其中,认同和中立的便是潜规则。对潜规则的认同和默许形成了新的驱动力量,潜规则在不断互动中扩大化。或许行政化的管理体制对于潜规则在高等教育领域中的蔓延只是起到了催化剂的作用,但是这种高等教育领域中的潜规则一再打破人们对高等教育的道德期待,大学作为社会良知的城堡也一次次被摧毁,大学作为道德的高地与大学的形象一起被毁坏殆尽,同时也让整个社会的道德底线不断降低,这种恶性示范进而强化了人们的潜规则意识和行为,乃至社会氛围。

5.重视资源获取,轻视人才培养

大学存在与发展的首要目的是培养人才,那么大学在争取到资源后是否把这些资源用于人才培养呢?“中国一些重点高校在获得较为丰富的资源后,首先想到的是改善门面、修建大楼、资本投资,而不是用于改善教师、教职工的收入水平以及学生的生活和学习水平,这与高等教育办学‘以人为本,以师为本,以生为本’的内在规律是背道而驰的。”同样是1美元,美国私立四年制大学将其中的0.56美分投入于人才培养,而中国教育部属大学的人才培养平均只有0.47美元的投入。“教研设备购置”支出项上,中国“中央高校”(教育部和中央部委的高校)显著高于美国耶鲁大学:2000年、2007年这两项的差距分别为6.06倍和6.78倍。“学生服务”支出项目上,2000年美国耶鲁大学占到了20.74%,是中国“中央高校”的1.81倍。2007年,这

① 傅勇涛、俞菀、李江涛:《花钱发论文　评奖送大礼:“潜规则”实为“钱规则”》,http://roll.sohu.com/20120509/n342790128.shtml.2012—05—09.

② 参见林炜双、高腾、孙李银、景怀斌:《作为组织政治行为的潜规则:影响因素与作用机制》,《公共行政评论》2010年第4期。

一差距显著拉大到了 2.24 倍。①

高等教育发达国家美国，他们高校的学生事务专业化全面凸显了"以学生为中心，促进学生全面发展"的理念。

高等教育标准促进委员会(The Council for the Advancement of Standards in Higher Education，CAS)是制定美国高校学生事务标准、推动学生事务专业化的机构。CAS 于 2003 年出版的专业标准明确了 16 类学生学习成果(见表 4-4)，即智力发展、有效的交流、提升自尊、自评、价值澄清、职业选择、领导力发展、健康行为、人际交往、独立性、合作、社会责任、令人满意的生活方式、欣赏多样化、灵性意识、个人和教育目标。

表 4-4　　学生学习与发展成果分类

成果	分类维度	成果示例
知识获取、建构、整合、应用	多学科理解知识	具有人类文化与物理知识；具有某个或多个专门领域知识
	知识联结	使用多种信息解决问题；知道如何获取信息
	构建知识	个性化学习；读懂既有资料，并读出新意、新认识，解决新问题
	把知识运用到日常生活	寻求新的信息解决问题；运用知识决定专业和职业选择；联结课内、课外学习；在评价兴趣、价值、技能、能力基础上描述职业选择；通过正式教育、工作经历、社区服务、志愿经历获得的知识、技能、成绩在简历和个人档案中有清晰的描述
复杂的认知	批判思维	识别关键问题；分析、解释、判断信息；评估假设，考虑其他的解决问题的办法
	反思思维	把先前信息、概念和经验运用到新的环境；重新思考先前的假设
	有效推理	运用复杂的信息形成决定或观念；包容新观念与新视角
	创造性	提高洞察力；构建新的解决问题办法

① 参见张炜：《高校人才培养的质量成本研究》，华中科技大学博士论文，2010 年。

续表

成果	分类维度	成果示例
内在发展	自评、自我理解、自尊	评估、描述、承认个人的技巧、能力等；自己能对诸如职业选择之类的问题作出决定；描述个人行为的基本原则；寻求别人的评价；批判过去经历，并吸取经验；自我反思，提高洞察力；无须事事征求别人意见；平衡自己与别人的需求
	本体发展	整合本体的多个方面；与环境、文化、个人价值相互依赖；识别本体的重要方面
	道德与诚实承诺	把道德逻辑纳入行动；描述有关人格的价值与原则；按照人格价值与信仰行动；表现诚实，值得信任；承担责任
	灵性意识	形成、描述个人的信仰；理解灵性在个人、团体价值与行为中的角色；批判、比较各种各样的信仰体系；探索目的、意义等关键问题
人际交往能力	良好关系	与别人建立健康、互益的关系；尊重别人；有效处理冲突；恰当的自信行为
	相互依赖	寻求别人必要的帮助，并帮助别人；与同伴共同努力实现团体或组织的目标；受别人贡献与投入的激励；接受必要的监督与指导
	合作	与别人合作；包容不同的人或观点；重视别人的参与；聆听并思考别人的观点
	有效领导	具有引导、帮助团体或组织达到目标的技能；识别、理解组织的动力；作为领导或团体成员应有的民主原则；通过交流愿景、任务、目标，可以鼓励别人的承诺与行动

续表

成果	分类维度	成果示例
人道主义和公民参与	理解与欣赏文化与人的差异	理解自己的本体与文化;与自己不同的人交往;描述多元社会的优点与影响;鉴别平等与包容的阻碍物,并倡导消除阻碍;尊重人,维护别人的尊严
	全球视角	理解、分析全球社会之间的关联性;具有有效管理人、经济、环境资源的能力
	社会责任	认识社会系统及其对人的影响;恰当挑战他人或团体的不公平、不公正、不民主;参与服务或志愿活动,达到互惠;描述个人决策的价值与原则;尊重个体与社区的价值
	公民责任感	决策中关注别人的幸福;批判性思考,敢于说“不”;理解、参与相关治理体系;教育并援助别人的公民参与
实践能力	追逐目标	设置、追逐个人目标;描述个人与教育目标的基本原则;制定计划以达到长期目标;识别并克服阻碍目标达成的困难
	有效沟通	通过流畅的书面、口头表达向别人有效传递信息;经过思考的书面与口头表达;通过书面、口头艺术的表达影响别人;有效表达抽象的理念;恰当使用语法;做专题陈述;善于聆听,并作出恰当反映
	技术能力	具有技术学习能力和技巧;有道德地尊重知识产权和隐私;有效且道德地使用技术进行交流、解决问题、完成任务;跟上技术革新的步伐
	管理个人事务	行为自立;有效管理时间;培养理财能力
	管理职业发展	有计划找工作或进一步深造;能编写工作目标明确,相关知识、能力和技巧有说服力的简历;重视能力可迁移的重要性
	职业化	接受必要的监督与指导;重视别人的贡献;承担责任;创新精神;评价、批判、改善工作与工作环境的质量
	保持健康	促进利于健康、减少风险的行为与环境;处理健康与事业的关系;促进社区健康的行为
	有意义的生活	在涉及教育、工作、休闲三者关系上作出有目的性的决定;按照自己的伦理道德、灵性、本体认知行动

为了实现上述学习成果,CAS把大学生事务分为若干个项目和服务,如住宿项目、实习项目、学术咨询项目、健康项目等,这些项目和服务就是所谓的功能领域。2009年版CAS专业标准把大学生事务拓展到40个功能领域。

每个功能领域都明确了质量建设的标准。2008年修订的一般标准增加了“技术”部分,从而使一般标准增加到14个组成部分。一是任务。高校的项目和服务必须把学生学习与发展的成果纳入其任务,提升学生整体的教育经验。二是项目。由课堂与课外两部分组成的正式教育,必须促进有目的的、整体的学生学习与发展的成果,为学生准备令人满意、富有成效的生活方式、工作、公民参与。项目和服务必须描述如何支持学生达到学习成果与目标,并要提供项目和服务影响学习成果和目标的证据。三是领导。领导是所有组织成功的关键要素。领导就是要根据学生学习与发展成果,设定目标,创设有利于学生学习与发展的校园环境。四是人才资源。恰当的人员才能有效实施各个项目和服务,实现六大成果。项目和服务必须建立员工选拔、培训、评价、鉴管程序,提供恰当的专业发展机会,提高所有员工的能力和技能。员工必须具有与工作岗位匹配的学位、工作经历。五是伦理道德。涉及项目和服务的所有人员必须坚持道德行为的最高原则,即“CAS大学生事务人员道德伦理原则”。六是法律责任。员工必须了解相关的法律和法规,员工也必须告知项目和服务使用者相关法律与法规。七是平等和机会。项目和服务必须是公平地提供给学生,平衡各种各样学生参与的机会。八是多样化。项目和服务构建、培育的环境必须欢迎多样化背景的人。九是组织与管理。为促进学生学习与发展成果,项目和服务必须有目的地组织管理,要明确政策、流程、业绩期待、组织结构。十是校内关系和外部关系。为了有利于满足学生的需要,帮助学生达成学习与发展成果,项目和服务必须建立、维持和促进与相关个人、大学部门和外部机构的良好关系。十一是财务资源。项目和服务必须有相应的经费支持。同时,项目和服务也要承担财务责任,提高成本效益。十二是技术。项目和服务的实施离不开技术支持。帮助学生学习和发展的技术方法必须最有效地促进教育实践。十三是设施与设备。项目和服务必须保证拥有足够的、恰当的设施和设备来实现任务和目标。设施和设备必须定期评估,符合联邦、州以及当地政府有关健康、保险和安全等要求。十四是评估。项目和服务必须定期开展评估,以检验项目的学生学习与发展成果是否达到或在多大程度上达成。评估必须包括定性与定量研究。评估的结果必须用于修订、完善项目和服务，鉴别员工的工作表现，检验学校目标达成度。

2003 年版的 CAS 专业标准还首次增加了大学生事务专业人员卓越特征（见表 4-5）。该特征包括三个方面的内容，即一般的知识与技能、互动能力（与学生互动、与同事和学校互动）、自控。这些内容既明确了对学生事务人员的期待，也为学生事务人员指明了努力的方向。这个卓越特征建立在一个理论假设之上，即学生事务人员终身的学习和专业发展。

表 4-5　　CAS 大学生事务人员卓越特征

一般的知识与技能	一般知识	1. 理解、支持学校的责任，即提升所有学生的大学经历；2. 从事专业实践应掌握的相关理论、文献知识；3. 了解学生事务专业化的价值、历史背景和当前的关键问题；4. 围绕学校的目标任务，形成、描述、执行合理的教育理念；5. 理解、尊重人的相似性与差异性；6. 了解相关法律知识
	一般技能	7. 管理、影响能促进学生成功的校园环境；8. 努力构建安全的校园和教育环境；9. 通过口头、书面或其他方式，有效使用语言；10. 吸引不同的（学生）听众；11. 直接或间接通过事例有效指导；12. 批判性思考复杂问题；13. 合作；14. 值得信任，有自信；15. 负责任地管理资源；16. 评价，并根据评价结果鉴别需要改进的方面；17. 出于教育和学校的目标，有效使用技术；18. 根据统计数据作出决定；19. 有效的领导能力
互动能力	与学生互动	20. 为学生个体和团体提供有效咨询、建议，并监管、领导；21. 了解学院对学生发展的影响；22. 了解大学生的特征；23. 了解参与各种项目的学生；24. 与不同的学生有效互动；25. 公平对待所有学生，并努力改变不能公平对待学生的环境；26. 重视学生个体之间、团体之间的差异性，帮助学生理解人与人之间的相互依赖性；27. 积极、持续深入分析学生的文化传统；28. 用成功和失败的经验鼓励学生学习
	与同事和学校互动	29. 有效监督其他人；30. 负责任且有效地管理财产和人力资源；31. 公正评判自己与别人的业绩；32. 为工作伙伴和团队作贡献；33. 忠于并支持所工作的学校；34. 正直、责任心、诚实，注意自己的形象；35. 建立并维护正直、有责任感的校园人际关系；36. 建立并维护同事、同行（地方的、全国的，乃至跨国的）之间的工作网；37. 促进校园生活，支持校园社区活动

续表

自控		38.在所有工作中追求卓越;39.有目的地反思,以提高实践水平,获得新认识;40.承担工作职责,理解职责的本质;41.把专业化作为自我发展的一个重要组成部分;42.努力维护健康的生活方式;43.良好的工作形象;44.通过阅读文献、培养技能、参加会议、提高信息化技术水平,参加专业发展活动,与时俱进,促进专业化;45.管理个人生活,保证专业化水平的全面提高;46.参加相关的行业协会,并作出贡献;47.对个人和组织的错误负责;48.遵守专业化道德标准;49.遵守法律和学校的政策,努力改变与个人和专业化发展相违背的措施;50.当个人、专业化、学校三者目标与价值不匹配时,要认真思考是否续约

轻视人才培养,没有把学生当作大学的根本,就是没有为学生提供高质量的教育服务,也没有意识到为学生提供高质量教育服务的重要性,而深层次的原因是没有必要性。即使没有高质量的教育服务,大学仍能够正常运转,高等教育系统没有建立生源市场的机制,迄今为止,还没有听说哪所公立大学因为在生源竞争中失败而倒闭。因为对于一所大学的生源来说,重要的是招生指标。

6.大学教师的行政管理角色倾向

大学教师集教育者、研究者和知识分子三种社会角色于一身。不同的社会角色要求大学教师担当不同的社会责任与使命。作为教育者的教师,其责任与使命的核心是"教育爱";作为研究者的教师,其责任与使命的核心是追求真理、追求学术;作为知识分子的大学教师,其责任与使命的核心是通过社会文化批判而促进社会文化进步。①

然而,我们的大学教师却常常表现出行政管理角色倾向。以下的两则新闻可以佐证。一是:

> 2012年是北大的"多事之年",这印证了一句话,天降大任于该校,也必然为它带来折磨与考验。这一年,它经历了有损其高大形象的"梦桃源事件"和"校长助理事件"。正在努力创建世界一流大学的北大,向来以领袖群伦的姿态自居,它设立的校长助理人数之多恐怕也能冠盖全国高校。今年7月,这所副部级大学被爆出拥有11位校长助理,有好

① 参见张应强:《大学教师的社会角色及责任与使命》,《清华大学教育研究》2009年第1期。

事的网友专门查询中华人民共和国中央人民政府的门户网站，发现部委中拥有部长助理数量最多的是商务部和财政部，均只有4人，教育部的部长助理是2人。此外，网友还发现，一直与北大暗中较劲的清华大学虽然没有设置校长助理一职，但其校领导总数也有23人之多。

尽管北京大学随后发表声明称，北大校长助理的设置不同于其他国家行政机关的“部长助理”职位，并不占有专门的行政资源和岗位级别，也非所谓的“校级领导”。但这种回应显然无法抚慰民众对于高校过度行政化的担忧。显而易见的是，校长助理一职能给戴帽者或明或暗的优势与利益。[①]

另一则新闻是：

扎堆报考公务员的大学生，近来俨然已成为大众舆论集中炮轰的对象。被寄以改良社会期待的“天之骄子”们，一毕业就直奔稳定生活和良好保障的“公务员”而去。最近的一项调查表明，不光学子们，就连高校老师，也在绞尽脑汁试图谋取一官半职，以给自己越来越疲于奔命的职业上一份稳妥可靠的“保险”。

高校教师生存现状：奔钱、奔官

北京工业大学、中国社科院社会学所联合课题组近期开展的一项研究，走访了上百名在京高校的负责人、教师并回收数千份问卷。在研究报告中，他们把高校教师的状态描述为“三奔一荒”：奔钱、奔官、奔项目，荒学术。

“奔钱”已属常见行为。不少教师既在外兼职又对外承担课题；有的教师业余开公司，到电视台配音，兼职当律师，拍摄影视剧，而各处讲课则是最普遍也最常规的兼职方式。

“奔官”则是一个新动向。教师们向行政位置转行，争相担任行政职务。报告描述说，因为行政部门掌握了学校的机会和资源，纯从事教学的教授们缺乏影响力，对能否申请到资源缺乏确定性，一些教授争当处长，甚至当科长。接受座谈的教师们也纷纷表示：“当官有用，创新和教学好没用”；“当教授又当处长，机会就多”；“当官在学术上有损失，但总比被别人支配要强”。

兼任行政职务和专业技术职务，原本是高校里的行政人员名利双

---

① 李斌：《2012教育生态记录：做官与挣钱继续让大学纠结》，《中国青年报》2012年12月25日。

收的一种典型方式。研究称,高校行政部门负责人常常挤占教师的职称名额。一位受访的老教师说:“我在学校兢兢业业干了 20 多年,成果按说不少,但是到现在没有评上教授。新来的党委书记没有专业,没有教过课,却理所当然地变成了教授。”

报告认为,实际中看来,这一做法能帮助行政人员掌握双份的好处,例如掌握校内科研经费,自己给自己设置和批准课题,自己给自己验收成果。至于“小金库”、经费分拨中的权钱交易等等,更是不一而足。

而当教师们也纷纷放下面子去争做官,大学就继“学术泡沫”之后膨胀出了新的“行政泡沫”。一些高校出现了教授去竞聘处长甚至副处长的情况,教师中对此有“校长一走廊,处长一礼堂,科长一操场”的形容。

制度寻租泛滥使教师“眼红”

从北京地区 11 所市属高校、7 所部属院校回收的 1647 份问卷调查结果显示,高等学校内行政人员的工资水平明显高于教学人员。同样具有教授职称,担任或兼任行政职务者 2010 年的年工资收入平均为 13.6 万元,比不担任行政职务者多 2.4 万元。同样具有副教授职称,担任或兼任行政职务者平均为 10.1 万元,比不担任行政职务者多 2.5 万元。

而课题收入方面,担任行政职务者的课题收入是不担任者的 2.2 倍。这一收入随职阶提高也在不断上行,兼任处级职务教师的年收入也接近兼任科级职务者的 2 倍。

但另一方面,高校教师的收入却略低于同级公务员水准。调查称,2010 年北京市正教授的收入处于 2009 年中央国家机关正厅局级和副厅局级之间,副教授的收入处于正处级和副处级之间,但基本与副处级相同,讲师的收入既低于正科级也低于副科级,助教的收入则明显低于办事员。

教师们耳闻目睹上述情形,自然不甘心放弃从行政职务中分一杯羹的机会。更何况,兼任行政职务后,工作量往往反而减轻。

报告中引述的某高校两位女教师在座谈中表示,自己从副教授转为了学院的办公室主任,原来当老师教机械制图的时候,每次教学都必须布置大量的作业,每份作业千差万别,每个错误之处都要标出。由于课多、班多、学生多,判作业每次都到深夜,不但疲惫不堪,还担心出事故，不是睡不着觉就是做噩梦，梦见迟到了、出错了。而到了行政岗位后，一下子松快许多。

仍旧为钱、官和项目奔忙的教师们，则不得不以学术质量为代价。教师们自己也承认，大家都不讲学术了，“真是为国家的科研担心”。报告中，一位“海归”指出，回国后看到了不少学术造假，但却是情非得已：“我回来后，一个月几千块钱根本就不够，生活是非常艰难的。所以大家都要去搞项目，写论文，不管真假，然后再评职称。”他认为，是制度“逼着你造假”。①

大学教师的行政管理倾向与其社会角色及所处的制度环境密切相关。所谓“社会角色”，是指：“与人的社会地位、身份相一致的一整套权利、义务和行为模式。它是对处在特定地位上人们行为的期待，也是社会群体或组织的基础。”从这个意义上讲，社会角色意同社会身份。所谓“社会地位”，是指：“人们在社会关系网中所处的位置。通常是根据财富、声望、受教育或权力的高低和多寡作出的社会排列。”②无论是社会角色、身份还是社会地位，在一个由无数个分散且封闭的单位组织组成的社会中，常常与单位身份或单位地位联系在一起，即他的社会角色、身份和社会地位主要是通过他所在的单位的身份与地位和他自己在单位内的角色、身份和地位体现出来的。这一是因为在中国的单位社会中，单位都是有“级别”的，“单位的级别从一个角度反映了单位间的社会分层状况。在一般情况下，单位的级别愈高，权力就愈大，在社会上行为的政治和社会地位就愈高，其占有的各种资源、利益和机会就愈多”③。而且，这种“高级别”的单位身份更能使其组织及其成员在社会上的行为具有合法性，也使人更加具有信任感（包括政治上的和经济上的）。二是由于人们常常是在各种不同类型的单位内部或单位组织之间行为并互动，而一个人的社会角色和社会地位常常是通过单位内的身份角色和地位折射出来的，其在单位中的角色位置和地位高低，在一定程度上标明其对单位或社会资源的占有情况和权力拥有的大小。④

---

① 刘茸：《高校教师争相奔钱奔官》，http://society.people.com.cn/n/2012/1123/c1008－19673461.html.2012－11－23.

② 《中国大百科全书·社会学》，中国大百科全书出版社1991年版，第311页。

③ 李汉林：《中国单位社会：议论、思考与研究》，上海人民出版社2004年版，第23页。

④ 参见胡金平：《学术与政治之间的角色困顿——大学教师的社会学研究》，南京师范大学出版社2005年版，第75页。

第三节 我国大学组织政治认知

一、组织政治认知分析

(一)组织政治认知的概念

列文(Lewen,1936)认为,个体对现实作出反应的基础是对现实的认知,而不是现实本身。认知有可能是对现实的正确反映,也可能是对现实的歪曲反映,而人们对现实的认知(即使是对现实的错误认知)是指导其行动的基础。[①] 相同的行为,有的观察者可能认为是组织政治行为,有的观察者可能认为是非组织政治行为,这完全依赖于观察者个人和参考群体的特征。维格达(Vigoda,2000)认为组织政治认知研究的中心不像组织政治行为的研究那样,企图了解实际的组织政治行为的实质,而是借助于对事实的主观感受来探讨组织政治,所以更容易定义、解释及运用测量。[②]

最早在实践中考察组织政治认知的学者是根兹和默里(Gandz & Murray,1980),主要研究组织员工对自己谋求利益和自我提升行为的认知与反应。他们发现,当组织缺少成文的标准和准则,即主观性较大时,组织政治认知较高,而客观标准较明确时,会减少员工对组织事件具有政治性的认知。被调查者普遍认为,组织高层政治行为发生的较多,而低层较少。最后,得出结论:在组织中地位较低、工作满意度低、晋升机会少是组织政治认知的显著预测因子,组织政治认知对员工的工作满意度有较强的负面影响。[③]

费里斯、哈勒尔·库克和杜尔本(Ferris, Harrell-Cook & Dulebohn, 2000)综合了各家观点,认为组织政治认知是组织员工对工作环境中自利行为发生程度的主观评估,其中包含了个体对这种自利行为的归因。[④] 这个概

---

① Lewin, K. *Principles of Topological*. New York: McGraw—Hill,1936,p. 90.

② Vigoda, E. "Ogranizational Politics, Job Attitudes, and Work Outcomes: Exploration and Plications for the Public Sector." *Journal of Vocational Behavioral*, 2000, p. 60.

③ Gandz, J. & Murray V. V. "The Experience of Workplace Politics." *Academy of Management Journal*, 23, 1980, p. 256.

④ Ferris, Harrell-Cook & Dulebohn, J. H. "Organizational Politics: The Nature of the Relationship between Politics Perceptions and Political Behavior. "In, Bacharach, S. B. & Lawler, E. J. (eds.). *Research in the Sociology of Organizations*. Stanford, CT: JAI Press, 2000, pp. 89-130.

念有三层含义:组织政治认知是个体对组织内其他人行为意图的归因;这种行为的目的是为自己谋求利益;组织政治认知是个体对组织中所发生的组织政治行为的一种主观感受。

(二)组织政治认知模型

1989年,费里斯提出组织政治认知模型(图4-2),后来的组织政治认知研究大多以该模型为基础,这可以说是组织政治认知研究的里程碑。因此,有必要对其进行详细阐述。

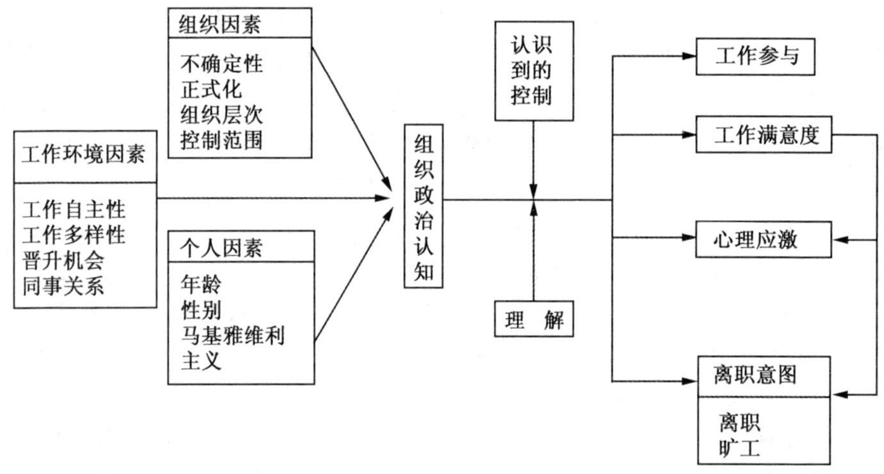

图4-2　组织政治认知模型

组织政治认知模型阐述的主要是影响组织政治认知的前提条件及其影响效果。如果组织中政治行为盛行,而员工的认知表明组织很少有政治行为,就不会产生不良影响。就是说,组织政治行为对组织的影响决定于员工的认知。这个模型表明,组织政治认知受组织、环境和个人三种因素影响,反过来又影响工作绩效、心理应激、工作满意度和离职意图等员工的态度和行为。组织因素包括集权化、正式化、组织层级、控制幅度等因素。工作环境因素包括工作自主性、工作多样性、反馈性、晋升机会及上级和同事的互动等因素。个人因素包括年龄、性别、性格和工作年限等因素。组织政治认知对于组织效果的影响主要表现为工作投入、工作满意度、离职倾向等等,并受到"控制"和"了解"等中介变量的影响。

1.影响组织政治认知的因素

(1)组织因素。

①集权化。卡玛(Kacmar,1999)等人研究认为,如果一个组织是高度集权化的,那么较低阶层的员工就会对决策结果感到无法加以控制。①

②正式化。菲多(Fedor,2001)研究认为,组织中有关目标、角色及程序的正式规定可减少成员对达成目标的模糊性认识,进而降低使用政治行为的必要性。②但是威莱和皮里威(valle & perrewe,2000)研究发现正式化与组织政治认知之间没有相关。③

③组织层级。麦迪逊(Madison,1980)研究认为,公司内的CEO比中低级经理知觉到较多的组织政治行为,他在调查中发现,90%的经理相信政治认知在高层经常发生。④ 罗里(Drory,1988)指出,较低级的员工,由于缺乏权力基础及从政治游戏中获取利益的能力较小,所以知觉组织政治行为是一种挫折的来源,对他们来说,政治认知常与消极的态度相联系。而高级别的员工则因为位居有利的职务,可以操纵组织政治行为并从中获利,因此一般不与负面的态度相关联。⑤

在高度集权的组织中,决策大都由高级领导来掌控,所有的问题都要层层上报,再由主管来决定行动。由于组织内的权力与控制力都集中在高级领导手里,低层员工对于组织内各项事务的控制力小,因此组织成员会倾向于采取政治行为以获取所要的东西,结果促使组织内政治化程度升高,组织成员对政治行为的认知程度也随之加深。威莱(2000)研究发现集权程度增高时,组织政治认知的程度也升高,两者呈正相关关系。⑥

---

① Kacmar, K. M & Baron, R. A. "Ogranizationa Politics: The State of the Field, Links to Related Processes and an Agenda for Future Research." In, Ferris G. R. (ed.), *Research in Personnel and Human Resources Management*, Stanford, CT: JAI Press, 1999, pp. 1-39.

② Fedor, D. B., Davis, W. D. & Maslyn, J. M. "Performance Improvement Efforts in Response to Negative Feedback." *The Roles of Source Power and Recipient Self-esteem. Journal of Management*, 27, 2001, pp. 79-97.

③ Valle, M. P. & Perrewe, P. L. "Do Politics Perceptions Relate to Political Behaviors?" *Human Relations*. 53, 2000, pp. 359-386.

④ Madison, D. L. et al. "Organizational Politics: An Exploration of Managers' Perceptions." *Human Relations*, 33, 1980, pp. 79-100.

⑤ Drory, A. & Romm, T. "Politics in Organization and Its Perception within the Organization." *Organizational Studies*, 9(2), 1988, pp. 165-179.

⑥ Valle, M. P. & Perrewe, P. L. "Do Politics Perceptions Relate to Political Behaviors?" *Human Relations*, 53, 2000, pp. 359-386.

④控制幅度。费里斯(1989)认为,控制幅度加大将使员工觉得工作环境中的模糊性增多而导致组织政治认知增加。①

(2)工作环境因素。

一般认为组织环境中的模糊性与不确定性愈多,个人愈有可能知觉到组织政治行为的运作,而较高的工作自主性(autonomy)、变化性(variety)及反馈性(feedback),代表个人在组织中被赋予较多的责任及身处重要的职位,并进而被转换成个人权力的增加。凡是没有上述的权力及控制感者,可能会感觉其命运是由组织政治运作所决定的。②有研究认为工作自主性、变化性及反馈性,可减少工作环境中的不确定性,并进而降低员工组织政治认知的程度。③

组织中有关升迁的政策及活动已被发现与组织政治认知有关,即个人知觉其有较高的晋升机会时,组织政治认知较低(负相关)。当职业生涯中晋升机会有限时,政治行为被期望可在组织职位争夺战中扮演一个关键性的角色。

在工作环境的影响中,以上级和同事两者对于员工组织政治认知的影响最为重要。费里斯等人研究发现,如果员工认为上级及同事与其交往的行为是以机会主义为取舍时,将增加其组织政治认知的程度;相反,如果与上级及同事间保持良好的关系,则可降低组织政治认知的程度。

也有研究认为,冲突是组织政治认知的根源,如果组织内部经常发生冲突,则组织成员就会对内部环境产生不确定或不安全的感觉;当组织内权力分配状况不均衡时,组织成员便会运用政治性的行为,试图来影响权力分配的状况。因此,组织内冲突频繁时,成员的组织政治认知就很高。④

(3)个人因素。

费里斯等人(1989)认为,女性与资格比较老的员工在工作环境中较常知觉到政治行为,因为女性在组织中一般职务较低,导致她们常成为组织政

---

① Ferris, G. R. et al. "Myths and Politics in Organizational Contexts." *Group & Ogranization Studies*, 14, 1989, pp. 83-103.

② Ferris, G. R. & Kacmar, K. M. "Perceptions of Organizational Politics." *Journal of Management*, 18, 1992, pp. 93-116.

③ Valle, M. P. & Perrewe, P. L. "Do Politics Perceptions Relate to Political behaviors?" *Human Relations*, 53, 2000, pp. 359-386.

④ Drory, A. & Romm, T. "Politics in Organization and Its Perception within the Organization." *Organizational Studies*, 9(2), 1988, pp. 165-179.

治行为下的牺牲品。[①]

费里斯(1996)则认为个人随着年龄的增长、成熟及从组织生活中获得的经验累积,原本对组织中的政治行为可能采取激烈反应的,却变得较为缓和,也对组织中政治行为如何运作的事实习以为常,因而会减少其对组织政治行为的知觉。[②]

梅斯和艾伦(1977)认为特有的人格特质,会造成对于组织政治行为不同的认知。[③] 威莱(2000)则发现外控信念者(external locus of control)与组织政治认知呈正相关。[④] 有学者研究指出,在团体中从事较低层次工作的员工或在过去曾目睹、经历过不公平对待者,较有可能知觉组织政治。[⑤]

2.组织政治认知的影响结果

当员工认为组织内政治气氛很浓时会有几个潜在的结果,主要涉及离职意图、工作参与、工作焦虑和工作满意度等。费里斯等人(2000)认为员工对组织政治认知最少有三种潜在的反应,分别为:从组织中退出;仍然是组织一员,但不参与组织政治;仍然是组织中的一员,但卷入组织政治斗争之中。[⑥]

认为组织充满组织政治色彩的员工的一个潜在反应就是产生离职意图。离职意图是指员工放弃现有工作的想法。人们通常认为组织政治是令人不快的,不愿意长期在政治色彩较浓的组织中工作,为了避免卷入政治游戏而选择从身体上或心理上退出组织,即辞职或旷工。尽管某些员工向外流动的机会很多,但也有些员工由于某种限制或组织内的一些诱惑而不能离开。决定留下的员工有几种可能的结果。第一种可能,如果认为组织政

---

① Ferris, G. R. ,Russ, G. S. & Fandt,P. M. "Politic in Organizations." In,Giacalone, R. A. & Rosenfeld, P. (eds.) *Impression Management in the Organization*. Hillsdale, N. J. : Lawrence Erlbaum. 1989, pp. 143-170.

② Ferris, G. R. et al. "Perceptions of Organizational Politics: Predictors,Stress-Related Implications,and Outcomes." *Human Relations*, 49, 1996, pp. 233-266.

③ Mayes, B. & Allen, R. "Toward a Definition of Organizational Politics." *Academy of Management Review*, 4, 1977, pp. 672-677.

④ Valle,M. P. & Perrewe, P. L. "Do Politics Perceptions Relate to Political Behaviors?" *Human Relations*, 53, 2000, pp. 359-386.

⑤ Ferris, G. R. & Kacmar, K. M. "Perceptions of Organizational Politics." *Journal of Management*,18, 1992, pp. 93-116.

⑥ Ferris, G. R. ,Harrell-Cook, G. & Dulebohn, J. H. "Organizational Politics:The Nature of the Relationship between Politics Perceptions and Political Behavior."In, Bacharach S. B. & Lawler E. J. (eds.)*Research in the Sociology of Organizations*, Stanford, CT:JAI Press. 2000, pp. 89-130.

治是消极的,他们可能努力工作而不顾周围的组织政治行为,在这种心理状态下,组织政治可能导致工作参与积极性提高;第二种可能,这些员工置身于组织政治过程,这种选择可能影响到工作焦虑和工作满意度。第三种可能,这些员工可能表现为玩世不恭,旷工率提高。已有研究证明组织政治认知与离职意图有显著的正相关。[①]

心理应激是指个体察觉环境刺激对生理、心理及社会系统负担过重时的整体现象。通俗地说,心理应激是个体察觉环境的需求与满足需求的条件不相适应时所产生的身心紧张状态。充满组织政治色彩的工作环境就是产生心理应激的环境之一。当环境中充满组织政治色彩时,员工不能确定他们的努力会不会得到报偿,会不会因为别人的行为而受到伤害(失去应得到的报酬)。这种不能预测的、充满危险和威胁的环境提高了员工的心理应激水平。已有研究证明,心理应激与组织政治认知有显著的正相关。[②]

工作满意度是员工评估自己的工作或者工作经历时所产生的积极的情感体验。组织政治认知与工作满意度呈负相关,也就是说,组织政治认知提高,工作满意度会降低。对这一现象的可能解释是:由政治因素所决定的组织决策,比如说资源分配,被员工认为是不公平的。员工认为决策不公平会导致满意度降低。进一步说,由组织政治认知所引起的心理应激会使员工对工作不满意。这里提出的组织政治认知与工作满意度的关系得到了实证研究的支持。运用传统的回归技术[③]和结构方程技术[④]所做的研究都显示,组织政治认知与工作满意度呈负相关。

帕克等人(1995)在上述模型的基础上提出了另一个组织政治认知模型,与前者的主要差别在于他们将信任这一变量引入模型。信任是指在危险情境中对他人的信誉持有肯定期望的一种主观心理状态,它存在于个体、个体与组织、组织与组织及国家与国家之间。在组织层次,当员工对与他们

---

① Cropanzano, R. S. et al. "The Relationship of Organizational Politics and Support to Work Behaviors, Attitudes, and Stress." *Journal of Ogranizational Behavior*, 18, 1997, pp. 159-180.

② Cropanzano, R. S. et al. "The Relationship of Organizational Politics and Support to Work Behaviors, Attitudes, and Stress." *Journal of ogranizational Behavior*, 18 ,1997, pp. 159-180.

③ Witt, L. A., Andrews, M. C. & Kacmar, K. M. "The Role of Participation in Decision Making in the Organizational Politics-Job Satisafaction Relationship." *Human Relations*, 53, 2000, pp. 341-358.

④ Kacmar, K. M. et al. "A Partial Test of the Perceptions of Organizational Politics Model." *Human Relations*, 52, 1999, pp. 383-416.

有关系的人的行为动机抱有肯定的期望时，就会形成一种信任的氛围。组织内员工相互信任时，他们较少有组织政治行为或者不将组织政治行为看作一种威胁。相反，员工怀疑相关人员的行为动机，政治认知会提高。①

（三）组织政治认知的结构

1991年，费里斯先后提出两个五维度结构：(1)保持沉默，静待好处(go along to get ahead)；(2)自我服务行为(self-serving)；(3)同事间的关系(coworker)；(4)小团体(cliques)；(5)薪酬与升迁政策(pay and promotion)。随后，经过进一步的研究，他们又得出新的五维度结构：(1)一般政治行为(general political behavior)；(2)保持沉默，静待好处行为(go along to get ahead behavior)；(3)同事的行为(coworker behavior)；(4)上级的行为(supervisor behavior)；(5)薪酬与升迁政策的行为(pay and promotion behavior)。②

1992年，费里斯和卡玛在研究中又将组织政治认知的结构合并成三个维度：(1)上级的行为(supervisor behavior)；(2)同事与小团体行为(coworker and clique behavior)；(3)政策与实务差距(organization policies and practices)。我国台湾学者李安民在研究中提出组织政治认知的三维结构：一般政治行为、政策与实务差距行为和沟通障碍行为。③

孙汉银在总结上述研究的基础上认为五维度的政治认知结构较为合理，并对五个维度各自所代表的意义进行了阐述。④

1. 一般政治行为的政治认知

此指对于组织成员以服务自我(self-serving)的方式获得有价值产出的政治行为的知觉。包括：(1)当组织中的规章、制度不能有效执行时所发生的政治行为；(2)在没有规则及政策以供遵循时，个人依照自我的意志制订对其自身有利和获得更高职位的规则，并将这些规则强加于其他人的政治行为。

---

① Parker, C., Dipboye, R. & Jackson, S. "Perceptions of Ogranizational Politics: An Investigation of Antecedents and Consepuenecs." *Journal of Management*, 5, 1995, pp. 891-912.

② Ferris, G. R. & King, T. R. "Politics in Human Resources Decisions: A Walk on the Dark Side." *Organizational Dynamics*, 20, 1991, pp. 59-71.

③ Ferris, G. R. & Kacmar, K. M. "Perceptions of Organizational Politics." *Journal of Management*, 18, 1992, pp. 93-116.

④ 参见孙汉银：《论组织行为学中的组织政治知觉》，《北京师范大学学报(社会科学版)》2004年第1期。

2. 保持沉默、静待好处行为的政治认知

此指对于组织成员避免参加活动，以获得有价值的产出的政治行为的知觉。包括：(1)不揭发别人的自利行为，并分享其成果的政治行为；(2)不参与别人的自利行为，但分享其成果的政治行为。

3. 同事及小团体行为的政治认知

此指对于同事之间或派系之间以获得最大自我利益为目的的利益交换行为的政治知觉。包括：(1)同事之间“顺者昌，逆者亡”的行为；(2)同事或派系之间为提升自我利益的目的而进行的交往行为。

4. 上级行为的政治认知

此指对于领导运用权力进行资源分配的领导行为过程中利己行为的政治知觉。包括：(1)领导本身的政治行为；(2)组织成员仿效领导的政治行为。Porter 等人认为上级的行为是构成下属组织政治认知的重要成分，直接上级是员工获得组织信息的主要来源，它帮助员工定义和了解组织环境。

5. 薪酬和晋升政策行为的政治认知

此指对于组织在薪酬与晋升的实际运作上与制度不一致行为的政治知觉。包括：(1)不符合组织目标，但却得到组织默认或鼓励的政治行为；(2)组织成员仿效上述做法的政治行为。

马超博士在中国文化背景下探讨了组织政治认知，认为我国企业员工的组织政治认知包括三个维度：自利行为、薪酬与晋升、同事关系。①

自利行为是指，员工认为组织内的个体或者小团体为了得到自己期望的结果而通常采取的行为方式。这一维度由下面一些条目组成：在我们的企业里，某些小团体可以为所欲为；如果你找对了人，就能够得到想要的一切；应仔细考虑不能和哪些人作对；管理者运用单位内的各种政策为他们自身的发展服务；在我们的单位，通常是“会叫的孩子有奶吃”；在我们的单位，通常是得宠的人而不是有才能的人能够出人头地；通常只是少数人能从单位政策变化中受益。在“自利行为”维度上得分越高，说明组织内员工越认为这些行为是具有政治性的自利行为。

薪酬与晋升是指组织在员工的薪酬、晋升有关的政策制定及执行方面是否公平合理，是否具有政治性。这一维度由下面五个条目构成：在我们的单位，经常提升那些工作出色的员工；在我们的单位，努力工作的员工能够得到回报；在我们的单位，薪酬和晋升标准很完善；员工清楚地知道单位的

---

① 参见马超：《组织政治认知及其对人力资源管理影响的研究》，暨南大学博士论文，2005 年。

薪酬和晋升政策;本单位领导鼓励员工坦率直言,哪怕是对权威观点的批评。这五个条目全部是反向记分,得分越高,说明员工认为组织内的薪酬与晋升的政治性越强。

有学者认为,组织在薪酬与晋升政策的制定及实施过程中,经常会存在组织政治行为。即使组织制定的薪酬与晋升政策是公平的,但在其实施过程中也可能奖励那些致力于组织政治行为的员工,使他们受益。这样,在组织中就会形成一种奖励致力于组织政治行为的员工而惩罚那些不实施组织政治行为员工的文化氛围。[①]

组织设计的薪酬体系可以以各种各样的方式奖励组织政治行为。例如,以个体为导向的薪酬体系会促使以个体为导向的行为发生。以个体为导向的行为,与以组织为导向的行为相反,都是自私自利的,也可以说是具有政治性的。如果这种行为得到奖励和强化,它们就会重复发生。因此,组织塑造和培育了奖励组织政治行为的环境。也就是说,那些努力工作,没有实施组织政治行为的员工为了得到较高的报酬,在将来的工作中也将致力于组织政治行为。

同事关系是指组织内人与人之间的关系。这种关系是以一定群体为背景,在人际交往的基础上,经认识调节而形成,带有情感体验,比较稳定的心理关系。这一维度要测量的是员工对组织内的同事关系是否具有政治性的认知,由四个条目组成:在我们的单位,人人"自扫门前雪";当有好处时,同事才会伸出援助之手;人们觉得管理者仅仅从表面上帮助他人;管理者和下属交流是为了提高自身形象。这个维度得分越高,同事关系的组织政治认知越强。

高婧等人认为,中国组织中的成员政治认知主要包括三个方面[②]:一是对关系的感知。员工认为组织内的工作表面上是遵循正式身份和工作岗位身份来进行的,实质上,与领导隐而不宣的关系才是决定因素,合法的职权和组织内正式的身份无法取代非正式关系特征,而这种关系特征可以直接影响到分配正义。[③]二是对忠诚的感知。西方组织行为研究中的忠诚是指对组织的忠诚。但在中国的组织中,尽管近年来组织逐渐趋于扁平化,但在科

---

① Ferris, G. R. et al. "Myths and Politics in Organizational Contexts." *Group & Organization Studies*, 14, 1989, pp. 83-103.

② 参见高婧、杨乃定、祝志明:《组织政治知觉与员工犬儒主义:心理契约违背的中介作用》,《管理学报》2008 年第 1 期。

③ 参见张志学:《中国人的分配正义观》,《中国社会心理学评论》2005 年第 3 期。

层等级中，员工与领导之间的权力距离是比较大的。员工的忠诚更多地表现为一种对领导的“私忠”，即无条件接纳领导的价值观，愿为领导付出岗位描述之外的努力。三是对绩效评定的感知。工作绩效的取得取决于工作机会的获取、辅助资源的获得、知觉到的领导支持等因素①，而绩效评定直接决定薪酬水平和升迁机会。绩效评定标准的制定往往会倾向于与领导具有连带优势的员工。

(四)组织政治认知的形成过程

波特等人(1981)利用社会学习理论来解释组织政治认知的形成过程。社会学习理论假设，个体通过观察他人的行为以及这些行为引起的效果来进行学习。如果这些行为给行为者带来积极的结果，他们通常模仿这些行为。例如，如果组织政治行为有助于行为者声誉的形成(信誉、吸引力、尊重)，因此提高了他们在组织中的影响力，他人也就更有可能模仿这种行为。他们认为，所有的组织都有非正式的组织政治行为准则，这些准则不是组织所允许的，并且随着情境的变化而变化，因而，这些准则在员工中也就只能不公开地交流，这就需要学习者有较强的政治敏锐性。他们指出，组织政治行为准则的学习过程，包括学习者对自己所认为的组织政治行为的观察，行为意图、情境和行为者个人特征的判断，最后是对自利行为意图的归因。②

二、我国大学中的组织政治认知

(一)印象管理

印象管理理论假定人类的一种基本动机就是，不论个体在组织内部还是在组织外部，都渴望被别人积极看待，避免被别人消极(负面)看待。实施印象管理的技术比较多，因为我们在此界定印象管理的主体是学校的管理者，具体指中层干部和校领导，对他们来说，印象管理技术主要包括讨好、自我宣传、威慑、以身作则等。③

(1)讨好。讨好技术最先是由印象管理研究者的先驱者之一琼斯于1964年提出的。她最初把讨好行为界定为，为了影响一个特定他人对我们

① 参见韩翼、廖建桥:《组织成员绩效结构理论研究评述》,《管理科学学报》,2006年第2期。

② Porter, L. W. & Angle, H. L. “The Politics of Upward Influence in Organizations.” In, Cummings, L. L. & Staw, B. M. (eds.) *Research in Organizational Behavior*. Greenwich,CT:JAI Press,1981, pp. 109-149

③ 参见房玲:《印象管理综述》,《社会心理科学》2005年第3期。

自身品质的看法,而采取的一系列不正当的行为策略。她将“讨好技术”定义为一整套相关的获得性印象管理行为,它们的共同目标在于使自己更招人喜欢,在他人眼里更具有魅力。讨好技术主要包括意见遵从、热情相助、通过奉承和赞美来抬举他人和自我抬高。

(2)自我宣传。在组织中也称为“门面修饰”(windows-dressing),是讨好的另一种形式。但和讨好比较起来,讨好技术是一个被动过程,而自我宣传是一个主动过程。

(3)威慑。在组织中,威慑是一种典型的自上而下的影响,也就是说,由权力高的人对权力低的人施加的影响。

(4)以身作则。这指的是进行诸如正直、自我牺牲、道德高尚等方面的印象管理。从印象管理的角度来看,以身作则通常是一种策略性的自我牺牲,他们采用的是一种能起到带动作用的道德示范方式影响和控制他人。

不管是自下而上的讨好,还是自上而下的威慑,在讲究行政等级的大学中都不难寻觅,如领导的指示、下属的表态,随处可见。自我宣传与以身作则是相辅相成的。例如,校领导的“重要讲话、重要活动”通过校内各种媒介,如校报、新闻网、校内电话台、校内广播台等传递到校园的每个角落和每个成员,几乎所有的校领导都化身为师德的楷模、育人的典范、教育管理的专家。

其实在学校中还有一种极为重要的印象管理技术,就是大大小小、各种层次、几乎充斥每一天的会议。会议既是一种仪式,人们又通过这种仪式完成了一系列象征性行为。

翁玲玲认为:“仪式”是人类社会维持其动能所必需的媒介,是个人与集体在文化概念与社会互动上紧密交缠的场域;通过制度化的“仪式”可以了解社会结构性的一面,也可以观看社群内的成员,如何使用“象征”从事彼此的“对话”,如何认定各方的角色地位、各角色的关系距离以及今后的意图;通过制度化的“仪式”可以贴近社会文化繁衍以及创制的内容、机制、过程和动力;通过制度化的“仪式”可以观察到组织成员地位的升降、身份的转换、权利的更迭和社会网络的复杂多样。①

管理者要扮演多重角色,他们要努力影响自己的上级、同事或下级。通过象征性行为,管理者要实现的目标是影响别人对其行为的归因。这里所

① 参见翁玲玲:《从外人到自己人:通过仪式的转换性意义》,《中国社会科学文摘》2005 年第 2 期。

说的象征性行为，是指有意的对行动意义的管理，其目的是为自己的利益服务。卡尔德(Calder，1977)为此提出这样一种观点：尽管有组织的正式任命，但领导能力实际上是下属员工对领导者相关行为的归因。因此他们认为，领导行为应该作为符号或象征性行为来研究。这些行为是有意识的，也就是说，管理者通过仔细地选择与情境相适应的行为策略来向上级或下级传递这样一种印象。对于上级来讲，他们是称职的管理者，在组织中应该得到更大的发展。对于下级来说，他们是真正的领导。[①]

会场的主席台、听众席"向向式"布置把主要领导与听众划分开了，从听众席的第一排往后类推，行政等级或重要性依次下降，这样会场就以有形的方式呈现出无形的金字塔式的行政等级。而主席的座次也是大有讲究的，级别最高的领导坐在正中间，然后按照行政级别或排名在两边依次就座。"许多会议代表也只是撑场面的，他们对于会议的内容也许根本不了解、不关心，只是因为级别、职务或者别的原因坐在这里。"[②]此外，发言的程序(一般是最后发言)、发言的惯用语(主要是居高临下的口吻)也能凸显领导的身份：

> 眼下许多会议走了样子，没有了集思广益的讨论，变成了一言堂；没有了凝聚共识，变成了权威发布；没有了批评与自我批评，变成了众星捧月。一些基层和地方领导干部把会场当成了个人的舞台。会不会开会，这一问题对于我党本来不成其为问题，因为我党能在战争年代取得胜利，很大程度上就是靠开会，开会研究作战方案，把能想到的尽量都想到，集思广益，战斗结束再开会总结经验教训，展开批评和自我批评，这是我党从胜利走向胜利的法宝。但值得注意的是，我党的这一法宝在许多地方、许多情况下变成了官僚主义、形式主义、文牍主义。[③]

这样，开会就不再是会议本身，也不再仅仅是推动工作的一种方式，成为被赋予象征性行为的仪式。这也就不难理解领导对开会乐此不疲、会议如此之多的原因了。

---

① Calder，B. J. *An Attribution Theory of Leadership in New Directions in Organizational Behavior*. Edited by Staw，B. M. and Salancik，G. R. Chicago：St. Clair Press，1977，pp. 179-204.

② 何海锋：《学会开会关键在于落实民主》，《学习时报》2012年10月1日。

③ 宫秀川：《开会不是表演　要都能各抒己见》，http://www. chinadaily. com. cn/hqgj/jryw/2012－09－17/content_7025980. html. 2012－09－17.

（二）圈子意识

领导—成员交换理论（LMX）最早出现在1975年，由丹色劳和哈加(Danserau & Haga)提出。该理论认为，管理者因其精力有限，所以在工作中要对下属区分，以便采用不同的管理风格。与管理者关系亲密的下属被当作“圈内人”，他们之间的互动关系会超出单纯的工作范畴，拥有更为密切的私人情谊，会被领导给予照顾。而其他下属则被视为“圈外人”，他们与领导仅仅是组织中的上下级关系，将受到正式的权威监督。①

圈子是以一定的“缘”而结合在一起的社群或团体，即具有同质性；圈子的形成往往具有自发性，是非官方组织或非正式组织，是在社会活动中约定俗成或自发形成的；圈子具有松散性，其形成是自发的，没有很严密的组织机构，是一种很脆弱、很不固定的社会群落或社会组织，不具有稳定性，往往随着利益关系的结束而结束；圈子具有封闭性，也就是说具有排斥性，排斥圈子以外的人，圈子也不是随意可以加入的，圈子中的人要遵守约定俗成的游戏规则。②

中国传统社会的社会关系就“好像是把一块石头丢在水面上所发生的一圈圈推出去的波纹。每个人都是他社会影响所推出去的圈子的中心。被圈子的波纹所推击的就发生联系。每个人在某一时间某一个地点所动用的圈子不一定相同的。……这种以‘己’为中心，像石子一般投入水中，和别人所联系成的社会关系，不像团体中分子一般大家立在一个平面上，而是像水的波纹一般，一圈圈推出去，愈推愈远，也愈推愈薄”③。这就是费老的有关中国传统社会结构的“差序格局”学说。

组织通常是领导自我主义展现的平台，以领导为圆心，这个圈子的大小极具伸缩性。领导既是组织正式规范中的核心，也是非正式小团体中的核心。领导根据员工与自己的关系、员工对自己的忠诚度以及员工自身的才能对员工进行归类，进而各尽其用。在一定规范制度的作用下，领导可以运用权力，根据员工与自己的互动来进行有限资源的分配。④ 不论是传统社

① Johnson, J. “Perceptions of Overall Fairness: Are Effects on Job Performance Moderated by Leader-Member Exchange?” *Human Performance*, 22(9), 2009, pp. 432-449.

② 参见王如鹏：《简论圈子文化》，《学术交流》2009年第11期。

③ 费孝通：《乡土中国》，北京大学出版社1998年版，第251页。

④ 参见高婧、杨乃定、祝志明：《组织政治知觉与员工犬儒主义：心理契约违背的中介作用》，《管理学报》2008年第1期。

会，还是现在的转型社会，圈子都是人们为了最终获取个人利益而结成的关系网。

在国外高校，圈子似乎只是在专业上形成的，比如某个专业会有一批该领域的专家形成一个学术圈子。可在国内高校就有所不同，不但有学术圈子，还有行政圈子，甚至是学术圈和行政圈结合起来形成更复杂的圈子。

“近亲繁殖”是学术圈子典型的表现，这在国外高校也是普遍存在的。如哈佛大学校长艾利奥特在《大学管理》一书中指出，哈佛大学“近亲繁殖”的教师比例高达64%。而在国内一些学校的院、系和教研室常聚集着由老教授一脉相传下来的弟子门生，甚至出现了“四代同堂”的现象。

如何防止“近亲繁殖”妨碍学术“健康”发展是一个全球性的普遍问题。在我国这种现象可能更突出，造成“学术近亲繁殖”的直接原因还是人才的选拔制度问题，深层次的原因是学校内部学术机构之间、学校之间没有形成良性的竞争机制。另外，还与我国高校目前的一些“外部”环境有关，比如教师的流动比较困难。

“近亲繁殖”的危害性是比较大的。一流大学鼓励创新，赞同批判，挑战权威，但在“近亲”的关系中，这些行为都不可能得到实现。另外，“近亲繁殖”会导致人际关系处理成本提高，不利于青年教师专注学术研究。“学术近亲繁殖”极易产生学术帮派，它是阻碍学术生产力发展的一种狭隘而陈旧的小圈子。可以说，“学术近亲繁殖”从内部摧毁了学术自由的根基。[①]

“谁是某某的人”现象在访谈的几个大学中是存在的。大学中常常会有一个或多个小团体、帮派，这些小团体或帮派非正式的领头人都是校一级的领导。这可能与高校有两个“一把手”有关，同时学校的合并也在很大程度上促成了这一现象。据说，学校中重要的行政岗位人员安排不少是小团体、帮派平衡的结果，而这又促使投机者想方设法进入某个小团体或帮派，加剧了圈子意识和投机行为，这与大学独立的精神品质是截然相反的。

学术圈与行政圈的交叉有一个现象是不可忽略的，就是现在越来越多的政府官员到高校兼职。对此，多位受访者认为，在任党政官员热衷到高校兼职，似乎强化了高校“官本位”现象，事关市场经济的公平竞争原则，也关

---

① 参见唐景莉、李薇薇：《对话一级学科负责人：建设一流学科要有一流思维》，《中国教育报》2013年2月26日。

系到新的社会分配不公问题，已经影响高校教学科研与学术精神的健康发展。①

（三）边缘感

大学教师的边缘感表现在两个方面：一方面是整个大学教师（实际指大学中的所有成员）群体在社会各个群体序列中的边缘感；另一方面指在大学内部青年教师所具有的边缘感。

2012年《北京社会发展报告》由社会科学文献出版社出版。蓝皮书研究人员对11所北京市属院校、7所部属院校进行了问卷调查，并在高校召开多场座谈会，对目前高校教师的收入状况进行分析。②

调查发现，不同高校、不同院系、不同个人从市场中得到的收入千差万别。问卷调查的数据表明，如果将教授的年收入划分为从低到高的10个组别，每个组别包括10%的人数，那么2010年收入最低的10%的教授的人均年收入仅为5.6万元左右，而收入最高的10%的教授则为33万元，最高者为最低者的5.9倍。对副教授做如此的10阶梯划分，可得出收入最低的10%的人2010年的年收入仅为4万元，而收入最高的10%的人则为18.4万元，最高者为最低者的4.5倍。讲师收入最低的组为3.1万元，而收入最高的组则为12万元左右，最高者为最低者的3.9倍。不作分组而直接对个人进行比较，则同一职称者之间的收入差距更大。其中，2010年，教授的年总收入最低者只有4.95万元，最高者为79.7万元，两者相差15倍。副教授的年收入最低者只有2.8万元，最高者为67.1万元，两者相差23倍。讲师最低者只有2.2万元，最高者为57万元，最高者为最低者的25倍。

在外兼职讲课收入方面，2010年，北京地区高校教授最低者为500元，最高者为6.5万元。

在承担课题所得收入方面，2010年，北京地区高校教授最低者为0元，最高者为56万元。副教授最低者只有200元，最高者为8万元，最高者为最低者的400倍。

“市场化”收入体制和教师之间收入差距的急剧拉大，对教师的教学工作和科研积极性产生了消极影响。其特点之一是，注意力和精力较多地投

① 参见李松：《官员到高校兼职　被疑为自己的“圈子”储备人脉》，http://news.southcn.com/z/2009—12/21/content_7347594.htm.2009—12—21.

② 参见李莉：《高校教授收入相差十多倍　部分教师收入不如民工》，http://news.xinhuanet.com/edu/2012—10/26/c_123876273.htm.2012—10—26.

向能够挣钱的“市场”，而相对忽视、偏离了本职的教学和科研工作。而老师们对此也感到无奈。一位教授表示，老师中能挣大钱的毕竟是少数，大学老师的相当一部分只靠学校给的“仨瓜俩枣”。越是基础课老师，收入越少。一位博士教师算了一笔账，北京市的技术工人月收入已经有三四千元，有的达到了5000多元，而自己得到的工资国家部分是1100元，学校给的是2500元，加到一块儿不到4000元。青年教师们感慨：读了二十多年书，收入不如初中毕业的农民工。教师的基本工资低于社会主流群体，要应对生活压力只能为“稻粱谋”。

蓝皮书课题组进行了“科技人员收入和积极性调查”，对高校教师、科研单位的科研人员、农林单位的科研人员、企业的研发人员、医疗部门的医生进行问卷调查。问卷数据表明，高校教师的教学工作积极性在五大类专业技术人员中最低。高校教师的工作投入比处于第一位的医生低大约10个百分点。高校教师的科技创新积极性在各类专业人员中也最低，比创新倾向最强的农林科研人员低大约20个百分点。

如果说上述的调查只是从收入的差距方面反映大学教师的边缘感，那么另外一个调查则更为全面地刻画了大学教师的边缘感和失落感。

廉思等学者开展的一项调查报告显示，“工蜂”（指高校中的青年教师）的自我认知在“下行”。①

对于“如何认知自身的社会地位”，在5138位受访高校青年教师中，84.5%认为自己处于社会中层及中层以下，其中，36%认为自己属于“中下层”，13.7%认为自己处于“底层”，仅有14.1%认为自己处于“中上层”，0.8%认为自己处于“上层”，另有0.6%的受访者未回答此问题。

在被问及“您本人是否愿意从事目前的高校教师工作”时，31.2%的受访者回答“是”，68.8%的人回答“否”，大多数青年教师不愿意从事目前的职业，这种心理暗示会对青年教师的职业生涯和工作态度造成影响。调查表明，教师对学术氛围、人际关系、单位绩效考核制度、工作设施条件、单位管理水平、职称/职务晋升、收入的满意度都相当低。在回答“否”的68.8%受访者中，心目中理想职业比例最高的依次为公务员（22.8%）、企业管理者（21.3%）、金融从业者（20.4%）。

报告分析指出：“整个社会的价值系统变了，权力和金钱取代知识与道

---

① 参见王梦婕：《调查显示高校青年教师自比为“工蜂”》，http://zqb.cyol.com/html/2012-09/14/nw.D110000zgqnb_20120914_2-03.htm.2012-9-14.

德成为评价核心指标，这是令高校‘工蜂’族感到压抑的重要背景。知识分子的整体地位下降，‘工蜂’族的地位更加被边缘化。”

北京师范大学房地产领域的教授日前宣称，若学生在40岁时还没赚到4000万元，就别来见他。在廉思看来，此番言论中知识与金钱孰轻孰重的纠葛，正是上述变化的一个典型概括。

高校内部的资源配置不均，论资排辈现象严重，“官本位色彩浓”，有时也令彭锋（调查的对象之一）产生“失落感”。报告显示，过半数（54.0%）受访“工蜂”有类似感受。“不同时代的青年知识分子，‘脱颖而出’的概率不一样。目前，整个社会的学术、思想、文化等处于‘平台期’——大致路径及规模已经形成——年轻人的出头比‘变革期’要困难很多。”陈平原教授对廉思研究团队这样分析“工蜂”族的上升不易。

报告还显示，“下行感”已在一定程度上影响了高校青年教师群体的角色定位和社会责任感。调查发现，在部分考虑过转行的“工蜂”中，22.8%的人的理想是公务员，想从事企业管理或金融行业的也分别有两成左右。此外，在判断自己是否优秀的标准上，有45.6%的受访“工蜂”认为同行认可是首要标准，其次是获得政府认可，仅有23.4%的人把“获得社会认可”作为评判标准，这也令研究者感到担忧。“由于关乎基本利益的评审与晋升均由‘同行’或‘政府有关部门’决定，因此‘工蜂’族在思考问题时，会更多选择站在学术立场和政府立场，很难做到‘为大众思考’了。”廉思在报告中写道。

彭锋至今记得，在自己读书时，他的老师曾告诉他：“一个合格的知识分子，要能为国家担纲，也为后辈的成长赢得时间、空间和方向感。”但他告诉《中国青年报》记者，现在在校园里，无论教师还是学生，都行色匆匆，像“工蜂”一样，为找一份好工作，有一个好家庭，过自己的好日子而奔忙。

“当知识分子的眼界、旨趣和情怀，都缩到与时代精神没有关系时，时代精神在哪里安放？”这是彭锋忙碌之余，经常涌上心头的问题。

高校中论资排辈，层级管理，会让青年教师难以有足够的成长和发展的空间。《中国青年报》近期刊登了一则新闻，描述了一位青年教师的边缘感。虽然是个案，但却反映出高校中较为普遍存在的现象：

> 27岁的大学老师周红最终退了火车票，没有回家过年。
>
> 因为她的领导去年拿到了一个社科基金，快结题了，还没有成果，一着急就把这个任务“光荣”地托付给了周红。前一阵她又要备课又要监考又要批改试卷，还要承担辅导员的职责把学生们安全送走，这本书就像把骆驼压死的那最后一根稻草，压得她嘴边长了一圈的大泡。

“朋友们一听我在写书都很羡慕，可我的名字最多也就出现在后记的‘致谢’里！”周红有些愤愤不平，“辞职”的念头一直在她脑子里跳来跳去。

笔者走访了几所大学，发现有些像周红一样的青年教师在给教授做嫁衣裳的过程中牢骚满腹。是现在的年轻人承受能力弱耐不住寂寞，还是一些高校的环境不利于年轻教师的成长，让他们承担了太多工作和压力？

对于高校里一些年轻教师的牢骚满腹，已经人到中年的教授对他们颇不以为然。刘业，今年刚刚被提为教授，他说：“我们年轻时候一样一路为领导做嫁衣裳，给他们写书做‘学术影子’，都习惯了。现在的‘80后’教师，整天想着怎么快点出名，还没学会坐冷板凳。”①

第四节　我国大学组织政治技能

一、组织政治技能概述

（一）组织政治技能的概念

明兹伯格（Mintzberg，1985）认为，为了更有效地生存，个体必须劝说他人、影响他人和控制他人，并把这种能力称为“政治技能（political skill）”②。费里斯等（2002）把“组织政治技能”定义为：一种个人风格，包括社会知觉或社会敏锐度，在不同的环境或变化的情境中调节自己行为的能力。它通过引发信任、自信和诚恳，有效地控制和影响他人的行为，以达到个人或组织的目标。③ 费里斯还提出了“高政治技能人”的概念，认为那些能够有效地解释社会线索，并根据情境作出应对性政治行为的个体称为“高政治技能的人”。由此可见，组织政治技能是一种综合的社会能力，包括认知、情感以及行为操作等。

---

① 李明：《“80后”大学老师挣扎在辞职边缘》，《中国青年》2010年2月20日。

② Mintzberg, H. “The Organization as a Political Arena.” *Journal of Management Studies*, 22(2), 1985, pp. 133-154.

③ Ferris, G. R., Perrewé P. L. & Douglas, C. “Social Effectiveness in Organizations: Construct Validity and Research Directions.” *Journal of Leadership & Organizational Studies*, 9(1), 2002, pp. 49-63.

特雷德韦(Treadway,2004)根据明兹伯格与费里斯等人对政治技能的界定,对高、低政治技能进行了进一步阐述,指出区分高、低政治技能领导者的三个核心因素为:第一,高政治技能的领导者易于领会人际交往中的一些暗示性行为,并能精确地对他人的行为动机进行归因;第二,高政治技能的领导者能付出相对少的努力去影响和控制他人与环境;第三,高政治技能的领导者能更有效地建立人际网来增加自己占有的社会资源,以提升他们在组织中的地位并为下属提供稀缺资源。①

(二)组织政治技能的结构

费里斯等(2005)将"政治技能"概念进行了具体细分,提出了政治技能的四维结构。四个维度分别为社会机敏性(social astuteness)、人际影响(interpersonal influence)、交际能力(networking ability)及外显真诚(apparent sincerity),这四个维度的政治技能既有区别又有关联。②

社会机敏性是一种理解周围正在发生什么并能精确地观察他人的能力,是个体对他人的需求和想法的知觉的能力。个体基于简单的感知就可以产生对他人如何以及为什么如此行事的理解,同时也可以意识到别人是怎么看自己的。政治技能高的个体是敏锐的观察者,能够精确地识别各种社会情境,能敏锐地意识到周围人的情绪和感受,能够很好地理解人际交往活动并能够精确地解释他人以及自己的行为。在与他人交往的过程中,社会机敏性高的个体经常被看作机灵的、聪明的。

人际影响是指个体拥有一种令人愉悦、信服的能对周围的人施加强烈影响的人际交往模式。高人际影响的个体能够根据不同的情景调整自己的行为,并引起对方表现出自己想要的反应。费里斯等指出人际影响的维度来源于普弗里(Pfeffer)提及的灵活性(flexibility)。灵活性指个体为了实现个人目标,在不同的情景中能够调整自己的行为以适用于不同对象。

交际能力是个体发展和利用各种各样的人际关系网的能力。在这些网络中,交际能力高的个体倾向于把握那些对实现个人和组织目标有价值的资源,尤其是与对他们有帮助的人发生联系。由于高政治技能的个体具有典型而细致的交往风格,他们很容易发展友谊并建立强的、有益的联盟。他

---

① Treadway, D. C. et al. "Leader Political Skill and Employee reactions." *The Leadership Quarterly*, 15, 2004, pp. 493-513.

② Ferris, G. R. et al. "Development and Validation of the Political Skill Inventory." *Journal of Management*, 31(1), 2005, pp. 126-152.

们还善于协商和处理事情，很善于冲突管理。

外显真诚高的个体看起来是诚实和直率的，这对于个体实施的影响行为是否能够成功非常关键。因为被影响者对影响者的意图或动机感知是很重要的，它直接决定着对影响者行为的解释。外显真诚高的个体看起来是很真诚的，因而周围的人会对其产生信任，对他们的行为进行积极的解释，认为他们的行为不带有操纵的或强迫的目的。

柳恒超等提出了中国文化背景下的组织政治技能五维度高阶模型，包括处世圆通、关系经营、人际敏锐、表现真诚、面子和谐，并与费里斯四维度的政治技能结构进行了比较分析。①

(1)费里斯的社会敏锐度与五维度模型中人际敏锐的内涵基本相同，都是强调个体对周围环境的敏感认知，能够洞察社会中的相互作用，对他人的人品、情绪和意图都有比较准确的判断，但人际敏锐更强调对周围人际关系的观察。费里斯的社会敏锐度还包含了个体适当调整自身行为的成分，这部分内容在一定程度上与处世圆通相融合。

(2)费里斯的人际影响力与五维度模型中处世圆通的含义比较近似。两者都强调个体对他人的影响。费里斯的人际影响力强调个体采用谦虚和让人心悦诚服的个人风格来表现自己的影响力，而处世圆通则强调个体在组织中对各种规则的把握能力，在人际交往中表现出较强的控制力等。

(3)费里斯的交际能力与五维度模型中的关系经营对应。两者都强调了个体善于识别人际网络并与他人建立各种各样社会网络的能力。费里斯的交际能力包含一定的关系处理和灵活处世的成分，这与处世圆通维度有一定的重合。“关系”是中国文化的一种鲜明现象，更强调特定的人际关系。关系经营维度反映了这种特定“关系”的建立和维护。

(4)费里斯的外显真诚与五维度模型中的表现真诚的含义基本相同。政治技能高的个体能够让自己看上去很真诚、值得信赖，他们可能真的很诚恳或仅仅表现得如此。费里斯的外显真诚还含有隐藏个人动机的成分。

(5)面子和谐维度与费里斯的交际能力有些相近。该维度强调维护人际关系的和谐，给大家都留面子的技能。由于中国文化强调通过他人的承认来确立个人自身的价值，因此面子是个体尤其看重的东西。

---

① 参见柳恒超、金盛华、赵开强:《中国文化下组织政治技能的结构及问卷的编制》,《应用心理学》2008 年第 3 期。

(三)组织政治技能的本质

政治技能与个人的声誉和权力密切相关。凭借社交的敏锐性和人际影响力,高政治技能的员工善于了解社交中的互动规则,并能针对不同的情境和对象灵活调适,他们在实施人际影响的过程中往往能采用恰当的影响策略,达成影响效果,这些都会对个人声誉和权力产生积极的影响。同时,高政治技能的员工拥有的突出的关系网络能力往往能使其获得比其他员工更多的与他人接触、沟通和合作的机会,这都将有利于"关系资源"的累积,从而增进员工的个人权力。此外,高政治技能的员工在与他人互动的过程中所表现出来的真诚,往往也容易激发出他们的信任和依赖感,这对于员工个人声誉的建立也是十分重要的。在以往的实证研究中,员工的政治技能与其个人声誉的正向关系已被相关研究所证实。①

而从个人声誉的影响后果来看,员工的个人声誉不仅直接影响他人对其自身形象的评价,如拥有良好个人声誉的员工往往被他人视为更有能力、更可信赖以及更容易受到他人的尊敬,而且还会影响其实施人际影响行为的有效性。有的实证研究表明,员工的个人声誉有助于提升其工作绩效的评价。员工在组织中的形象(口碑)和工作业绩评价往往是员工职业晋升的重要标准,所以个人声誉会促进员工的职业发展。同时,从个人权力的影响后果来看,员工的个人权力直接决定了员工对各种决策的影响/控制能力,个人权力大的员工往往更能影响/控制决策的过程,使决策朝着利于自己的方向发展,如影响组织内部资源的分配,令有限资源向着利于自己的分配方式转变,获取更多职业发展的机会等。

政治技能的本质就在于优化个人的生存与发展空间,提高个人的声誉和权力,进而获得更多的稀缺资源。

二、我国大学中的组织政治技能

(一)大学的沉默

大学的沉默主要表现为大学批判精神的式微与缺失。大学批判精神是大学常新的、充满活力的源泉,也是社会健康持续发展的基石。1998 年 10 月,联合国教科文组织在巴黎总部举行的世界高等教育大会提交的主题报

① 参见刘军、吴隆增、许浚:《政治技能的前因与后果:一项追踪实证研究》,《管理世界》2010 年第 11 期。

告《21世纪的高等教育:展望和行动世界宣言》中指出,高等教育如果想要完成"促进整个社会的可持续发展和进步的使命",就必须"保持、加强和进一步扩大高等教育的基本使命和重要作用":在培养人才方面,这不仅表现为"专业训练"、"培养公民意识"、培养文化理解力等,更表现为应使受教育者具有"批判性的和公正的看法",从而可以"促进、保护和增强社会价值观",同时还应具有创造力,以使社会文化不断走向进步;在科学研究方面,高等教育不仅要"完全独立和充分负责任地就伦理、文化和社会问题坦率地发表意见,成为社会所需要的知识权威,以帮助社会去思考、理解和行动",更应"不断对新出现的社会、经济、文化和政治趋势进行分析,加强自己的批判和前瞻功能,为社会提供预测、报警和预防信息"。

显然,大学批判精神的践行者是大学的成员。有学者认为,学人的超脱地位带来了大学的批判精神。学人对任何来源的知识、理论和意识形态,都不是毫无批判的接受,而首先要经受理性或信仰的检验,从而探究事物的真相且宣扬真理性的认识。知识分子的思想和行为,在相当程度上能够摆脱那些特定利益或既得利益集团的狭隘性、自私性和肤浅性,从而表现出巨大的开放性、公正性、全局性和长远性。①

从历史上来讲,中国社会的知识分子往往缺乏独立人格和批判精神。在我国延续1300多年的科举制度作为政治制度,使知识分子成为政治的附庸,丧失了知识分子的独立性。

当前大学的知识分子中存在一种功利化倾向。知识分子以前不讲功利,君子不言利,重义轻利,现在讲功利了,但局限在功利上是不行的。现在的状况是功利化太强了。以前知识分子是为异化的政治所缚而遭遇悲惨命运,而现在的知识分子则可能被功名利禄所缚,可能成为功名利禄的奴隶而丧失独立精神和批判精神。②

在现代社会,大学走下了神坛,这本是一种必然性回归,只是在这种回归中,大学似乎越来越被动,变成社会现实生活的适应者、世俗要求的提供者,丧失了反省和批判的意识。

当代大学社会批判立场的模糊与社会批判意识的淡化,还源于大学直接利益的诉求。当代大学已经现实地成为庞大复杂的利益集团,受利益的影响与左右,大学的目的不再单纯,对知识与真理追求的动力有所减弱,对

---

① 参见刘振天:《大学社会批判精神的源泉及当代境遇》,《北京大学教育评论》2003年第7期。

② 参见张应强:《大学教师的社会角色及责任与使命》,《清华大学教育研究》2009年第1期。

民众进行道德提升和理智培育的职责有所忽视，大学日益行政化和商业化。在这里，知识、学问、教学被降格为谋利的手段，这不仅无助于发挥大学引导社会健康发展的作用，甚至会使大学成为纵容和制造社会弊病的帮凶。[①]

(二)关系运作

彭泗清认为，在华人社会中，关系运作是建立和增强信任的重要机制。关系运作不仅包括利用关系网络或请客送礼等工具性色彩较强的方法，而且还有互相尊重、交流思想感情等情感性色彩较强的方法。[②]

中国社会是一个人情社会，强调人与人之间的关系。黄光国（1985）提出，中国人的关系具有情感性、混合性和工具性三种模式，并强调情感成分在人际关系中的重要性。[③] 在中国文化背景下，如果能够有效地增进与他人的情感，强化与他人的关系，对个人发展和人际和谐都是非常重要的。因此，建立、维护与他人的关系，是中国文化环境下组织政治技能的重要内容。

关系运作与潜规则是联系在一起的，关系运作也要遵循一定的规则，这种规则常常是潜规则。吴思（2004）认为，中国社会在正式规定的各种制度之外和种种明文规定的背后，实际存在着一个不成文而又获得广泛认可的规矩，一种可以称为内部章程的东西。他将这些“未必成文却很有约束力的规矩”称为“潜规则”[④]。个体如果想在组织中获得良好的发展，必须对潜规则有所了解，并遵循它行事。因此，中国文化环境下的组织政治技能应包括识别和适应潜规则的能力。

关系运作在高校也有其繁盛的土壤，比如在职称评审、课题申报等稀缺资源的分配与争取中，由于关系的运作、关系网的构建而带来了破坏性的结果，侵蚀了大学理应存在的公平正义。

吴康宁在谈到中国教育改革时指出，通过关系网络，可以使本单位、本地区的教育改革项目申请顺利获得批准，并获得较多的资源配置；通过关系网络，可以使本单位、本地区的教育改革过程得到上级领导、媒体及社会各界的关注，获得良好的环境支持；通过关系网络，还可以使本单位、本地区的教育改革成果圆满通过验收，受到高度评价。而这样一来，由于关系网络的存在及其作用的发挥，便会出现一些“名实相背”的现象：一些条件完全具备

---

① 参见刘振天：《大学社会批判立场及其当代视野》，《教育研究》2004 年第 9 期。

② 参见彭泗清：《信任的建立机制：关系运作与法制手段》，《社会学研究》1999 年第 2 期。

③ 参见黄光国：《人情与面子：中国人的权力游戏》，巨流图书公司 1988 年版，第 57～84 页。

④ 参见吴思：《潜规则：中国历史中的真实游戏》，云南人民出版社 2004 年版，第 2～3 页。

的教育改革项目没有获得批准，而一些条件不具备的项目申请却以高票甚至是全票获得通过；一些需要较多资源配置的教育改革最终只获得很少的一点经费资助，而一些并不需要较多资源配置的教育改革却获得大量经费支持；一些成效显著的教育改革只获得一般性评价，而一些成效并不明显、主要靠包装来显示的教育改革却获得高度评价。

由于存在着几乎无处不在、无孔不入的关系网络，因而在教育改革问题上，也就会常常出现"变通"的现象。其结果，尽管也有事先规定的工作程序和预先约定的"游戏规则"，但这些程序和规则在实践过程中未必就会得到严格执行，而是有可能以各种各样的借口被搁置在一边。[①]

那么大学中关系运作的对象是谁呢？是怎么运作的？为什么会出现关系运作？《中国青年报》的一则新闻更是生动而形象地阐释了某高校中职称评审过程存在的关系运作，同时也回答了上述一系列问题：

> 2012 年 10 月 15 日，四川省宜宾学院人事处在学校办公网上公布了新一轮职称评定的校级评审结果。其中，申报副高级职称(副教授、副研究员)的共有 64 人，最终有 23 人通过校级评审。但在这轮评审结果中，很多学术科研业绩评分在学科组排名靠前，甚至排名第一的教师却发现自己落选了，一些业绩评分远远低于他们的人却在名单当中。
>
> 在这所学校里，申报副高任职资格，需要通过三轮评议，前两轮都在学校完成：首先由学科组评议通过，再报校评审委员会通过，最后，由学校向省教育厅有关学科组推荐评审。
>
> 近日，该校多名教师向《中国青年报》记者讲述了学校内部职称评定的乱象——学校对不符合条件的"关系户"网开一面，甚至专门出台政策为其大开绿灯。
>
> **教学科研评分高的反而评不上职称**
>
> 据介绍，在每年的校级评审之前，宜宾学院都会对申请晋升教师职务的人员进行业绩展示，并对申报人员的基本情况进行公示。其中，量化的标准主要分科研和教学两部分。
>
> 在科研方面，学校会公布每名参评教师的学术科研业绩评分以作参考。
>
> 根据 2011 年学校官方文件《宜宾学院学术科研业绩计分办法》，学术科研业绩的计分范围包括论文、著作、科研成果、项目、奖励和专利

① 参见吴康宁：《制约中国教育改革的特殊场域》，《教育研究》2008 年第 12 期。

等。以学术论文为例，在从E到A类不同级别的期刊上发表文章分别加1～12分不等，被SCI、EI、CSSCI等收录的文章则加12分，发表在学术刊物增刊或内部刊物上的不计分。

9月底，学校办公网上就对所有参评人员的学术科研业绩评分进行了公示。奇怪的是，通过校级评审的23人中，有10人业绩评分都在30分以下，6人不足20分，甚至有几个人的得分只有个位数；而未通过校级评审的人中，却有不少业绩计分都在30分以上，甚至还有一些达到50～60分，却落选了。

而在教学方面，校教职委会听参评老师的一节课并为其打分，若通过80分，方可参选。教学评分不对外或不在校内公布，只在评审会上宣读。然而，记者查阅公示教师的履历却发现，有位教师曾获得多项校内外优质课奖项，发表3篇被EI收录的论文，科研业绩评分60分，却未能通过评审。

“要是科研不行，我们可以努力；要是教学不行，我们可以改进。但现在真的不知道该怎么提高了。”教师何南说。

发表在非法刊物上的论文也算分

在最基本的门槛上，根据宜宾学院官方网站上公布的《宜宾学院专业技术职务评聘管理办法》第二章第六条，申报晋升副教授及相当职务的人员，必须具有7篇及以上公开发表的科研论文，其中有2篇及以上论文在核心期刊发表。

该校一名青年教师王声表示，这所二类本科院校将参评的门槛设得很低，教师很容易进入评审，竞争也就异常激烈。“这个标准简直低到离谱，特别是对于理科来说，只用发两篇核心期刊，在省内其他一些高校都是不可能的。”

然而，在通过评审的人当中，有一些甚至在基本条件上都涉嫌造假。在办公网上公布的参评人员公示表中，有两名教师的履历中都称在核心期刊上发表了两篇文章，但记者搜索发现，这两篇文章都是发表在这些学报的增刊上，并不应该被承认；还有一名教师的文章，竟然是发表在国家新闻出版总署点名的非法刊物上的。

当记者向负责计分的科技处询问时，对方工作人员表示不便接受采访。但科研管理部门的一名工作人员透露，与去年的评分方法相比，今年的评分方法又有了一定的变化，但还未对外公布，比如原本增刊不能加分，现在，“985”大学学报的增刊也算4分。

评选完全由投票决定，只看关系到不到位

为什么业绩评分高的反而评不上？“说是参考业绩评分，但实际上，评选完全是由学科组和校级评审委员会投票决定的，赞成票数超过2/3就能通过。你问评选理由，从来不给理由，这也是一大特色。”何南说，“尤其是在校级评审委员会那一关，投票完全不看你的资质和履历，只看‘关系’到不到位。”

每年8～9月，宜宾学院都会公布新一届的校级评审委员会委员名单，一般有20多人，主要包括校领导、各学院院长和一些重要行政职能部门，如人事处、教务处的负责人。其中，校长任主任委员，还有3名副主任委员。

“公布名单，就是告诉你，该开始‘活动’了。”何南说，不少老师提前一年就开始“活动”，打点关系，请客吃饭，给评委送礼。

一名不愿透露姓名的宜宾学院中层干部透露，在学科组初评后，会按照该组参评教师的业绩评分和教学评分进行排名，并上交给校评委，在校级评审会上公开念出来。但在他曾经参与的校级评审投票过程中，评委们往往根本不看参评老师的教学和业绩评分，刚开始念参评老师的材料时，评委们都已经把票投好了。“其实大家心里都早已有了人选。”

记者联系了两名副校长，要求采访参与评审的情况。其中，一名副校长在电话中表示自己在外地出差，不方便交谈；另一位则说，评审会的情况属于学校内部信息，不能对外透露，应由校长办公室等学校有关部门作出解释。

参加过校级评审、但最终落选的教师崔玉山记得，他曾被一名比较熟的二级学院院长劝说去“走走关系”。“这就是游戏规则。”这名院长对他说。

混行政圈子，比教学科研更重要

崔玉山说，在校级评审时，不分文科、理科、工科，全部放在一起投票，有的处长、院长根本不懂别的领域，就只投认识的人。“高校本应该重教学和科研，但我们学校教学和科研的水平不高，跟重点大学有很大差距，因此，行政被放在比教学和科研更高的位置上。”

王声认为，在这所规模不大的“二本”学校，投票之前的“活动”还不是最重要的，学校内部的关系网更为重要，这使得不少行政人员都顺利地评上了副高职称。

根据去年公布的校级评审结果,学校通过评审的25名教师中,确定在学校各处室、科室担任行政职务的就有11名,其中不乏一些科长、主任,此外,还有一些是学校中层领导的亲戚。

学校官方网站上的《宜宾学院专业技术职务评聘管理办法》规定,兼任党政管理工作的教师和兼任教学工作的党政管理干部("双肩挑"干部),申报评聘教师职务,其教学工作量应达到二级学院规定教学工作量的1/3以上。

但据不少教师反映,实际上,大多数行政人员基本不从事教学,远远完不成教学工作量。但由于经常处理行政事务,和领导关系好,所以容易通过评审。

"他们在行政圈子里混,和很多评委关系都熟了。给熟人根本不用送礼,给不熟的人才需要送礼。"王声说。

"评上了副教授就是终身的副教授,这些行政人员有了职称以后,就更可以心安理得地不做科研,专心仕途了。"另一名教师李美表示,由于职称评定是一劳永逸的,也因而催生了黑幕。

几名教师都对《中国青年报》记者反映,近三年来,由于高学历的教师比例越来越大,具有参评副高职称资格的教师也越来越多,竞争才变得格外激烈。

但在这种情况下,每年通过学校评审送到省里的教师名单,却往往少于省里计划给学校的名额。

李美说,这是因为不少学院的院长为了保自己的"关系户",常常投弃权票,这使得票数超过2/3的教师数,竟然总是低于学校计划上报的人数,这样,名额就可以顺延到下一年使用,"不便宜外人",珍贵的名额就这样被浪费了。

在记者向校长办公室提出采访要求时,对方以不清楚事情为由,拒绝了采访。

在人事处的公示上还有一句话:有需要反映情况者,请于本周内以实名制书面形式与人事处联系。

"以前有人反映情况,结果暗地里被整了。"王声说,"现在大家都不敢说话,毕竟还要生活。"①

① 陈竹:《要当副教授"关系到位"者优先》,《中国青年报》2012年10月29日。

（三）学术与行政互为资本

资本的逻辑有很多定义，其基本含义是：第一，认为世界上只有能兑换成金钱的东西才是有价值的，其他的东西都是无价值的；第二，做任何事情都只是考虑以最小的投入换取最大的利益，其他的考虑都弃之不顾。实际上，绝不止资本家才按照这个逻辑做事情。社会中的其他人官员、教授以及其他各种各样的人，往往都会按照资本的逻辑来做事情。①

在大学中就有一群人把学术成果当作谋取行政权力的资本，学术成果资本化；也有人利用行政权力谋取学术成果，行政资源资本化：从而以资本化的方式实现学术与行政的通融共升。

文化资本是行动者对某种文化资源的占有。在以知识为基础的大学场域之中，文化资本是最为重要的资本形式。布迪厄认为，文化资本可以以三种形式存在：身体化文化资本、客观化文化资本和制度化文化资本。身体化文化资本是以精神或肉体的方式长期存在于人的身心性情之中，如行为习惯、仪态、言谈举止、行事风格等。客观化文化资本是以文化产品的形式存在的，如图书、字典、纪念碑等。制度化文化资本是那种在学术上得到国家合法保障的、认可的文化资本，它常以文凭、学术资格、学术头衔等形式存在。在大学场域中，身体化的文化资本（如修养）以及客观化的文化资本（如字画）等，对于大学教师的影响力也没有制度化的文化资本大。大学教师更多的是通过寻求制度化的文化资本来获取更多的科研机会和更高的科研地位。因此，教师努力提高自己的学历文凭，追加更多的学术头衔。制度化文化资本以学术为工具，又以学术为指向，无可厚非，然而在行政化大学的场域中，行政介入其中，使得学术与行政互为资本，互为工具，追逐资源与利益。②

在大学场域中存在着两种权力：行政权力和学术权力。这两种权力与布尔迪厄所谓的两种资本相对应，即制度化科学资本和纯科学资本。制度化的资本是科研机构、行政部门和学术评审委员会等领导层拥有的资本，它决定着知识生产资料的分配以及对学术人员的任命等。而纯科学资本则是完全基于同行认可的一种纯粹的科学声望。布尔迪厄认为，两种资本难以共存于同一科学场域。“研究人员在场域中所占有的位置和掌握的科学资

① 参见王晓明：《必须遏制资本的逻辑》，《社会科学报》2010年10月14日。

② 参见吴洪富：《大学场域变迁中的教学与科研关系》，华中科技大学博士论文，2011年。

本的结构（纯资本和结构资本的相对比重）凸显两个极端：一些科学资本所有人拥有的科学声望越大，其政治声望却很小；一些科学资本所有人的政治声望令人如雷贯耳，其科学声望却微乎其微。”[①]可是，在我国大学中，学术和行政不但共同存在，而且呈现出一种彼此吸引和协同发展的情况，纯科学资本和制度化资本倾向于同涨同落，正所谓“学问有多大，官就有多大”和“官有多大，学问就有多大”。因此，为了提升科研地位和学术声望，一些人纷纷争取行权权力及相应的资本，导致“我们的学术权威，包括某些刚刚脱颖而出的、颇有学术潜质的人，对行政权力也表现出非同寻常的兴趣”[②]。

大学中层以上的管理人员，具有较强的制度化科学资本，这种资本给他们带来了很多纯科学资本。有学者就观察到：

> 他们往往利用自己的社会关系和行政身份申请一些科研课题，甚至是重大项目，事实上他们没有时间做，而是分包给自己的研究生、下属教师来做，这就在大学里出现了一种亦官亦研的阶层。这一阶层在重点大学相当普遍。而在普通大学中，许多中上层领导的知名度和学术水平往往难以达到申请到国家级课题的水平，但他们为了表明自己也是学者或专家教授，专门为自身设立一些研究课题，目的也是要在科研经费中分一杯羹。[③]

行政管理人员制度化资本向纯科学资本的转化，在很多时候是以“合法”的形式开展的，常常表现为通过设立课题、组成课题组来完成科研项目，在发表成果时署上自己的名字，至少是领导的名字排在第一位。除了这些“合法”化的方式以外，管理人员还会通过攻读博士学位的办法，提升制度化的文化资本，进而在纯科学资本中获益。正因为如此，“近几年来，翻开一些官员的履历，‘博士’赫然成为了越来越常见的头衔。但细究取得博士学位的时间，则大多与他们担任行政职务的时间重合”。但是，这些所谓的读博是“假多真少”，他们没有时间也没有能力完成学位，多数情况是别人代替完成的。[④] 而这些官员就包括很多大学领导层。

---

① 宫留记：《资本：社会实践工具——布尔迪厄的资本理论》，河南大学出版社2010年版，第297页。

② 阎光才：《学院人的“癖好”与大学制度安排》，《高等教育研究》2006年第1期。

③ 周艳：《中国高校学术职业的结构性变迁及其影响》，《清华大学教育研究》2007年第4期。

④ 参见叶铁桥、原春琳：《官员读博 假多真少》，《中国青年报》2010年3月8日。

第五章　大学行政化之组织文化：依附型文化

“权力这个变量是相互关联的，权力如果没有实施就没有任何意义。个人或团体不可能孤立地拥有权力；权力必须与其他个人或团体发生关联，就像当某一个人或某一个团体必须冲破其他个人或团体的抵制时，才拥有权力。权力关系导致彼此依赖，亦即双方的相互需要。管理者需要教师提供教育服务、生产知识产品，而教师需要管理者发放工资。”①资源是权力产生的基础，权力存在于关系中。如果这种关系是单向度的，那么就会产生一种权力依附，长期的权力依附、资源依附将导致依附型文化。

组织文化是组织的深层结构，其研究可以帮助我们理解并揭示组织“显秩序”之下的“隐秩序”。认识一个组织，文化是一个不可或缺的视角。文化是一个组织所有成员所共享的并且作为标准传承给新成员的一系列价值观、信念、看法和思维方式的总和。它不被诉诸文字，但却是人们能感觉到的组织的重要部分。每个人都受到文化的影响，但这种影响往往不为人所知觉。只有当组织中的人试图表现一些与组织的基本行为规范和价值观相悖的新的观念或行为时，文化的力量才会为人们真切地感受到。

---

① [美]理查德·H·霍尔：《组织：结构、过程及结果》，第 123 页。

第一节　组织文化与大学组织文化概述

一、组织文化简论

关于“组织文化”的概念，不同的视角可以得到不同的定义。

从价值判断来看，大体可以分成两类。一种是评价性组织文化观，认为组织文化是组织优势的价值。如国外学者认为，组织文化指组织成员共有的一套意义共享的体系，它使组织独具特色，区别于其他组织。[①] 国内学者也有类似的看法，认为企业文化是一种从事经济活动的组织之中形成的组织文化。它所包含的价值观念、行为规则等意识形态均为该组织成员所共同认可。[②] 这种组织文化观带有一种评价、一种价值判断，而非客观描述。

另一种是描述性组织文化观，认为组织文化是对组织现状的客观反映。迪尔和肯尼迪（Deal & Kennedy，1982）认为，文化是一种包括意义、信仰、价值观、核心价值观在内的存在，他们将组织文化视为一个企业所信奉的主要价值观。组织文化是各个层次上的员工的价值观和行为的总体及由此表现出的企业外在形象。

从组织文化形成视角来看，也可以分成两类：一种是内生的组织文化观。霍夫斯达特（Hofstede，1980）认为，组织文化是一种“企业心理”及组织潜意识，它一方面在组织成员们的行为中产生，另一方面又作为“共同的心理程序”引导这些成员。另一种是内外互动的组织文化观。“内外”指的是内外环境。这类组织文化观以沙因为代表。沙因在《组织文化与领导》一书中认为，组织文化是群体在解决其外在适应与内部整合的问题时，学得的一组共享的基本假定，因为它们运作得很好，而被视为有效，因此传授给新成员，作为遇到问题时，如何去知觉、思考及感觉的正确方法。[③]

内外互动的组织文化观，在国内也得到了共识。如石伟主编的《组织文化》把“组织文化”定义为：组织在其内外环境中长期形成的以价值观为核心的行为规范、制度规范和外部形象的总和。[④]

---

① 参见[美]斯蒂芬·P·罗宾斯：《组织行为学》，孙健敏、李厚译，中国人民大学出版社2005年版，第573页。

② 参见刘光明：《企业文化》，经济管理出版社2002年版，第20页。

③ 参见埃德加·沙因：《组织文化与领导》，陈千玉译，台北五南图书出版公司1996年版，第12页。

④ 参见石伟：《组织文化》，复旦大学出版社2004年版，第12页。

综上，在对组织文化分类的基础上，本书对组织文化的特征提出三点看法：

(1)组织文化是一个描述性术语，它与成员如何看待组织有关，但与他们是否喜欢他们的组织无关，它是描述而不是评价。[①] 本书是从"是什么"角度来解释组织文化，而不是从"怎么样"的角度来分析组织文化。

(2)组织文化是一种普遍性、带有共性的文化。组织，特别是复杂的组织，内部的群体不断分化必然产生异质性、多元化甚至相互冲突的文化，但是一个历经演变的组织必然有一个文化普征。组织中具有不同背景或不同等级的人，试图以相似的术语来描述组织的文化，这就是文化的共有方面。

当我们谈到一个组织的文化时，通常就是指组织的主文化。我们既要关注组织的主文化，也要关注组织的亚文化。主文化体现的是一种共有且关键的价值观，它为组织中绝大多数成员所认可和共享。亚文化通常在大型组织内部发展起来，反映了其中一些成员所面临的共同问题、情境和经历，既包括主文化中的关键价值观，又包括某组织内部所特有的一些价值观。

(3)组织文化是内外环境互动的产物。根据组织社会学的观点，环境分为制度环境和技术环境。有些组织文化主要是外部制度环境内化的结果，如政府机构、事业机构等；也有些组织文化主要是外部技术环境内化的结果，如医院、高新企业等。

二、大学组织文化

在讨论大学组织文化之前，有必要阐述一下大学组织文化与大学文化的区别与联系。目前在学界，学者们似乎把这两个概念等同使用，而没有区分两者的相异之处。以两篇代表性的论文观点为例：

> 其(大学组织文化)特征是以大学精神为核心，以学术伦理为标杆，以校园文化为主体，以社会文化为依托，通过对外部社会的辐射与共融，履行发展先进文化的职责。[②]
>
> 大学文化是社会先进文化的重要组成部分，它在传播、发展和创造先进文化方面肩负着重大使命。大学拥有的文化是具有强大辐射力的优秀文化，是能"聚人心，激斗志，振精神"的文化；它鼓励拼搏进取的创

① 参见李成彦：《组织文化研究综述》，《学术交流》2006 年第 6 期。

② 彭兰、张泽麟：《大学组织文化建设之思考》，《现代大学教育》2004 年第 3 期。

新精神、自由创造的学术氛围和以人为本的育人环境；它既有对自身传统的扬弃，又有对时代精神的反映，是大学最具个性的内在特征。①

两篇论文均以评价性的语言认为“先进性”、“优秀性”为大学组织文化、大学文化的共有品质，并且理想化地认为，两者会对社会文化产生正面而积极的引领作用。

再如，学者们在分析大学文化与大学组织文化的结构时，都把它们分为三个基本结构层次：物质文化、制度文化与精神文化。②

这些看法固然是有道理的，但是不对大学文化与大学组织文化两个概念加以区分，把大学组织文化等同大学文化，这将对大学文化建设带来极大的负面影响。大学组织文化与大学文化的区别与联系，大致可以从以下五个方面进行分析：

(1)从概念本身来看大学组织文化是指大学这个组织中所有的文化总称，包括主文化和亚文化等。大学文化是大学区别于其他社会组织(如企业、政府)所特有的文化。

(2)从概念的要素来看，两者也不同。从大学群体构成来说，大学组织文化包括教师群体文化、行政群体文化、学生群体文化；从文化性质来说，大学组织文化包括学术文化和行政文化，甚至还包括政治文化。而大学文化主要指教师群体文化或者说是学术文化，大学文化常常把大学精神(一般认为是大学自治、学术自由、教授治校等)作为核心。

(3)从概念的性质来看，大学组织文化是组织文化的一种，如上文所述，组织文化是非评价性的、描述性的概念，是对大学组织既有文化现实的描述。“大学组织文化可以视作为解决组织内部一体化与外部环境适应问题，对具有象征性的行为或活动予以认同，形成共识并内化为组织成员的共享价值，进而作为全体成员所遵循的道德规范与行为范式，足以影响学校外在效能的一种内在表现。”③大学文化是先进文化的一种，是评价性的，是肯定的评价。“大学文化促使大学人确立和形成正确价值目标的导向功能，以责任心和爱心为基础的自我约束与以大学制度文化为主的多种大学文化的约

---

① 胡弼成、徐跃、蒋婷轶：《和而不同——大学文化培育论》，《清华大学教育研究》2008年第5期。

② 参见金保华、张国强：《大学组织文化建设刍议》，《扬州大学学报(高教研究版)》2007年第1期，陈潮光：《塑造我国现代大学组织文化》，《华南师范大学学报(社会科学版)》2006年第3期；胡弼成、徐跃、蒋婷轶：《和而不同——大学文化培育论》，《清华大学教育研究》2008年第5期；刘晖：《论大学文化的特征、嬗变与功能》，《高教探索》2006年第3期。

③ 彭兰、张泽麟：《大学组织文化建设之思考》，《现代大学教育》2004年第3期。

束功能，向心作用和内聚作用，激发大学人的积极性、主动性和创造性的激励功能，对社会文化带动和促进的辐射功能。”[1]

(4)从从属关系来看，大学组织文化是上位概念，而大学文化是下位概念，大学文化是大学组织文化中的一种积极而正面的文化。

(5)从功能来看，大学组织文化是维持大学运行的一种机制、一种方式，而不强调运行的效果。大学文化是推动大学发展的正面力量，是大学品格与本质所在。“大学文化的过程，就是大学人人格地不断完善，对人类真善美不断地向往与追求，促进大学人全面、自由、充分、和谐发展的过程。”[2]

在区分大学组织文化与大学文化之后，本书试图对大学组织文化作出一个界定。大学组织文化是组织文化的一种，是对大学内部所有文化的总称，既包括大学组织所特有的文化，即大学文化，也包括大学内部存在的、为其他社会组织所特有的文化，如政府的官僚文化、政治文化，企业的竞争文化、效益文化等。

第二节　组织文化类型与大学组织文化分类

一、组织文化类型

(一)约翰·科特和詹姆斯·赫斯克提出的组织文化的三种类型[3]

1.强力型组织文化

在强力型组织文化中，常将一些主要价值观通过规则或职责规范公之于众，而且组织的核心价值观得到强烈的认可和广泛的认同。接受这种核心价值观的组织成员越多，他们对这种价值观的信仰越坚定，组织文化就越强。每一个管理人员都具有一系列基本一致的共同价值观念和经营方法，组织新成员也会很快接受这种观念、方法。新任管理者如果背弃了组织的价值观念和行为规范，不仅他的老板会纠正他的失误，他的下级、同事也会纠正他。这种组织文化已经扎根于组织内部了。强力型文化对员工的行为产生巨大的影响。高度的文化强度在组织内部创造了一种很强的行为控制氛围。

---

① 王少安:《试析大学文化的内涵、特色和功能》,《中国高教研究》2008 年第 5 期。

② 韩延明:《强化大学文化育人功能》,《教育研究》2009 年第 4 期。

③ 转引自石伟:《组织文化》,复旦大学出版社 2004 年版,第 139～140 页。

2.策略合理型组织文化

具有这种文化的组织，不存在抽象的、好的组织文化内涵，也不存在任何放之四海而皆准、适应所有组织的“克敌制胜”的组织文化，只有当组织文化适应组织环境（可指这一行业的客观状况或组织经营策略所认定的特殊行业部门、组织经营策略自身）时，这种文化才是好的、有效的文化。与组织经营业绩相关的组织文化必须是与组织环境、组织经营策略相适应的文化。组织文化适应性愈强，组织经营业绩的成效越大。

3.灵活适应型组织文化

其基本观点为：只有那些能够使组织适应市场经营环境变化并在这一适应过程中领先于其他组织的组织文化，才会在较长时期与组织经营业绩相互联系。灵活适应型组织文化在员工个人生活中和组织生活中都提倡信心和信赖感，提倡不畏风险的精神。员工之间相互支持，勇于发现问题、解决问题。员工之间互相信任，互不猜疑，具有能够排除一切困难、迎接各种挑战和机遇的能力。

（二）卡特赖特和科伯提出的四种组织文化类型

卡特赖特（Cartwright）和科伯（Cooper）于1992年提出四种文化类型。这四种类型如表5-1所示：

表 5-1

类型	主要特点
权力型	强调独裁和压制；突出个人决策而不是组织决策
作用型	官僚主义和等级制；突出刻板的教条和程序；高效和标准化的客户服务
使命型	突出团队义务；使命决定工作组织；灵活性和工人的自主性；要求创造性环境
个性型	突出质量；追求个人成员的个性发展

资料来源：石伟《组织文化》，第141页。

（三）理查德·L·达夫特提出的四种组织文化类型

该种对文化类型的分类基于两个维度：(1)竞争环境要求灵活性或稳定性的程度；(2)战略焦点是集中在组织的内部还是外部。依据这两个维度特征，可以将组织文化区分为四种类型：适应型文化、使命型文化、团体型文化以及行政机构型文化。（见图5-1）

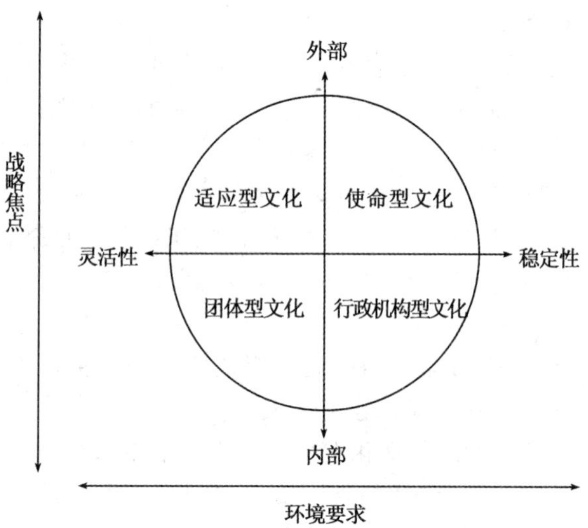

图 5-1　环境、战略与组织文化的关系

适应型文化是以战略焦点集中于外部环境为特征的，这类文化中的组织通过提高灵活性和变革自己来满足顾客的需要。其组织文化倡导那些能支持组织提高探察和解释环境的能力并将环境中的信号转化成相应要采取的反应行动的这样一种行为规范的信念。然而，这种文化类型的企业并不只是对环境变化作出快速的反应，而是积极地创造变化。因此，它看重和奖励革新、创造和冒险行为。

对那些关注满足外部特定顾客的需要，但无须作出快速反应和调适的组织来说，使命型文化更为合适。使命型文化的特征是：强调对组织的宗旨和目的要有清晰的认识，并注重通过销售增长、盈利能力或市场份额目标的达成来促进组织宗旨和目的的实现。

团体型文化下组织的主要关注点是组织成员的介入和参与及对外部环境迅速变化的要求作出反应。这种文化更强调满足员工的需要是取得高绩效的关键。介入和参与会使人产生责任感和主人翁意识，因而会使员工对组织作出更大的承诺和贡献。

行政机构型文化组织更多关注组织内部，它适应外部稳定的环境而强调组织内行为的一致性。它使用仪式、象征物、反映英雄人物事迹的典故等来促进员工的合作，发扬组织的传统，以及促进人们遵守既定的政策、惯例，以此作为实现目标的手段。在这种组织中，个人的参与在某种意义上说是

比较低的,取而代之的是对组织成员行为一致性、循规蹈矩和合作等的强调。这种组织是依靠高度的整合能力和效率而取得成功的。[①]

尽管以上三种组织文化分类更多的是针对企业组织进行讨论的,但分类的角度和类型界定为本书对大学组织文化进行分类、讨论各个类别的大学组织文化特点奠定了基础。

二、大学组织文化类型

组织本质上是一种关系,如自我内在的关系、个体之间的关系、个体与群体之间的关系、个体与组织的关系、组织与组织的关系等,而文化是在处理各种关系的过程中形成的。因此,可以从"关系"的角度来对大学组织文化进行分类。一是大学与外部(主要是政府)之间的关系;二是大学内部群体之间的关系。据此,本书大致把大学组织文化区分为两种:互动型大学组织文化与依附型大学组织文化。[②]

大学与政府之间有一个缓冲带,因而二者的关系表现出比较清晰的边界,大学在处理与政府之间的关系时拥有明显的自主意识与自主权力。同时,大学内部不同群体之间保持大体的权力平衡,这类大学组织表现出的文化称之为"互动型大学组织文化";依附型大学组织文化是指大学作为政府的隶属机构,被包含在政府体系中,大学表现出极为有限的自主性,同时,受大学与政府关系影响,大学内部分为中心群体与非中心群体。

互动型大学组织文化,认为大学发展与壮大的动力源来自于内部,大学信奉大学存在的依据来自于自身的核心竞争力,其战略重点在大学内部,因此,看重和奖励革新、创造和冒险行为,强调满足员工的需要是取得高绩效的关键,积极让大学成员介入和参与,使成员产生责任感和主人翁意识。

依附型大学组织文化,认为大学发展与壮大的动力源来自于外部,也就是说大学的战略重点不在内部而在外部,注重效率,但这种效率是外部迎合的效率,而不是组织自身的效率。在大学内部强调权力的集中和等级制,突出组织程序和教条,弥漫命令——服从——执行——检查的逻辑思

---

① 参见[美]理查德·L·达夫特:《组织理论与设计》,第366～369页。

② 从两个维度来对大学组织文化分类,应当产生四种类型的大学组织文化,但从当前各国高等教育现状来看,大学的外部关系与内部关系呈现出一致性。历史地来看,尽管大学自治并不会带来大学民主管理,但在当今,大学自治常常伴随民主管理,大学他治也常常伴随集权管理,因此对大学组织文化只分出两类。

维,注重成员行为的一致性和循规蹈矩,集体主义观念较强,不鼓励冒险与革新。

在现实中,美国、英国的大学较能体现互动型大学组织文化的特点,这种互动性表现为大学与政府的互动、大学行政管理与学术管理的互动。以英国为例,英国的大学是经皇家特许的独立的法人,在传统上享有很大的自治权力。大学的自治,在很大程度上,有赖于大学与政府双方的代表基于对公众利益的共同认识协调实际政策的能力。由于受到这种心照不宣的共同认识的庇护,教师们在传统上享有极大的独立性,他们可以不受政府和大学官僚机构的约束。“英国高等教育的学术组织模式,是把教授行会与院校董事及行政管理人员的适度影响结合起来的模式。”①与英国模式相似,美国的学术权力模式,也是教授行会与院校董事会及院校行政管理当局相结合、相制衡的结果。

我国大学鲜明体现了依附型大学组织文化的特点,这种依附性的具体表现及其内涵要义将在下一节中予以具体阐述。

第三节　依附型大学组织文化分析

康晓光在分析我国第三部门(指介于国家和市场之间的非营利组织、非政府组织,如俱乐部、慈善组织、科研机构、工会等)时提出一个概念,即“依附式发展”。② 他认为,依附式发展包含两个核心特征,一是依附,二是特定的发展方式。

依附表现为:(1)当前中国的第三部门还无法掌握自己的命运,相反,其命运掌握在外部力量手中。(2)第三部门组织无论在数量上、发育水平上,还是所发挥的功能上,都明显受到环境因子的强烈影响。受环境因子的影响越大,依附性越强的组织,发育状况越好,发挥的功能越大。受环境因子的影响越小,依附性越小的组织,发育状况越差,发挥的功能越小。(3)在环境因子的格局中,政府具有最强大的控制能力。(4)价值上的西化与行为上的中国特色,成为当前中国第三部门最重要的特征,反映了第三部门结构与功能上的失调。

特定的发展方式即依附式发展。依附式发展表现为:(1)第三部门确实

① [加]约翰·范德格拉夫等编:《学术权力——七国高等教育管理体制比较》,第201页。

② 参见康晓光等:《依附式发展的第三部门》,社会科学文献出版社2011年版,第97页。

得到了“发展”，但是这种发展不是独立式的，不是独立发展，也不是自主发展，而是依附式的，是依附式发展。(2)不论环境因子出于何种目的，它们确实促进了第三部门的发展。毕竟今日中国第三部门与改革开放之前的第三部门不可同日而语。政府、企业、海外力量都为第三部门的发展提供了必需的资源和发展空间。(3)但是，无论取得了什么样的发展成绩，第三部门都没有摆脱依附的地位，都没有获得与其本性相称的独立性或自主性。而且，发展过程似乎是其独立性或自主性日益丧失的过程，是其依附性日益强化的过程。(4)依附式发展不同于一般的发展。任何主体的发展，在其幼稚阶段都会呈现出某种依附性，但是越过幼稚阶段之后，其独立性和自主性日益增加。而依附式发展却没有显现出这种摆脱依附性的趋势，至少从最近三十年的发展历程来看，中国第三部门的依附性越来越强。一方面，大学呈现出第三部门的性质，或者说是第三部门的一种形式，另一方面我国的大学与第三部门具有共同的发展环境与背景，表现出了极为相似的发展特征和发展方式。

从纵向来看，依附型大学组织文化体现为大学对政府的依附、大学成员对大学的依附。从横向上来看，依附型大学组织文化表现为大学行政系统的依附性和大学学术系统的依附性。

一、纵向视角下的依附型大学组织文化

从纵向来看，大学作为事业单位，被纳入整个政府行政体系，成为行政等级中的一环，大学人被烙上行政人、单位人的印迹。

> 毫不夸张地说，单位制的功能可以将维系一个健全的社会所需要的全部功能集于一身，这一点在规模巨大的单位组织中表现得更为明显。一个单位就是五脏俱全的“小社会”，整个社会(“大社会”)就是由无数个“小社会”构成的。也正是因为单位制具有多重复合功能，它才能最终实现对社会成员的有效控制。①

(一)单位制背景下大学对政府的依附

单位制是我国特有的组织制度形式。单位形式主要有企业单位和事业单位，大学是典型的事业单位。在单位制背景下，国家是大学办学经费主要的供给者，并采取直接控制的投入方式。② 爱默森强调，一个行动者对另一

① 张宝库：《哲学视阈中的单位社会》，吉林大学博士论文，2008年。

② 此部分受到南京师范大学王建华教授学术沙龙主题报告《高等教育经费投入体制改革》的启发。

个行动者的权力，是后者对前者控制的资源依附性造成的。爱默森将其表示为“A 对于 B 的权力等于 B 对于 A 的依附”。而且，一个行动者对另一个行动者的依附就像二元函数一样。B 对 A 的依附与以 A 为媒介的 B 的目标的重要性成正比，与 B 在 A—B 关系之外实现这些目标的可能性成反比。①

第一，政府直接控制经费投入规模和方式。

表 5-2　国家财政性教育经费支出、高等教育总投入与财政性高等教育经费支出

年份	国家财政性教育经费（亿元）	高等教育总投入（亿元）	财政高等教育经费支出（亿元）	财政高教经费占财政教育经费的比重（%）	财政高教经费占高教总投入的比重（%）
1996	1672	368	289	17.28	78.53
1997	1863	436	334	17.93	76.61
1998	2032	598	384	18.96	64.21
1999	2287	765	473	20.68	61.83
2000	2563	983	564	22.01	57.38
2001	3057	1248	666	21.79	53.37
2002	3491	1583	788	22.57	49.78
2003	3851	1874	877	22.77	46.79
2004	4466	2258	1009	22.59	44.69

注：(1)数据以高等学校统计口径为依据，包括普通高等学校和成人高等学校之和。(2)财政支出中高等教育所占比例是用财政支出中高等教育事业费和基建费除以当年全国各级财政支出所得。

资源来源：罗晓华《中国教育经费统计年鉴(1996～2005)》，《高等教育财政投资政策研究》，中国财政经济出版社 2008 年版，第 87 页。

① 参见[美]W·理查德·斯格特：《组织理论》，第 182 页。

表 5-3　　1997～2006 全国高等教育经费构成比例(%)

高等教育经费＼年份	1997	1998	1999	2000	2001	2002
预算内教育经费	64.9	49.6	49.3	47.9	50.6	44.7
其中:教育事业费拨款		42.6	41.8	40.1	48.7	37.9
基建拨款		11.9	10.6	7.9		5.4
教育费附加		1.4	1.0	0.9		0.6
校办产业和经营收益用						
于教育的经费		2.1	1.8	1.8		1.1
学杂费	13.3	13.4	17.2	21.3	26.3	27.1
学杂费外的其他事业收入		13.1	12.8	13.4		14.4
捐赠收入	2.1	2.1	2.3	1.7	1.9	1.9
其他收入	1.9	6.4	5.0	5.1	19.1	4.8
高等教育经费＼年份	2003	2004	2005	2006		
预算内教育经费	42.9%	42.0	40.8	41.9		
其中:教育事业费拨款	36	35.3	33.3	34.3		
基建拨款	5.1	4.5	3.6	3.3		
教育费附加	0.6	0.6	0.5	0.5		
校办产业和经营收益用						
于教育的经费	1.1	1.1	1.1	1.0		
学杂费	30.1	32.4	33.7	32.1		
学杂费外的其他事业收入	12.8	12.1	12.3	13.1		
捐赠收入	1.5	1.1	0.9	0.7		
其他收入	5.9	6.2	6.6	7.4		

注:不含成人高校。资源来源:《中国教育经费统计年鉴(1998～2007)》。

从表 5-2 来看,尽管财政高教经费占高教总投入的比重有逐年下降的趋势,但是始终保持着较高的比例。从表 5-3 来看,尽管高校经费的来源渠道比较多,但还没有形成合理的经费来源结构。教育事业拨款和学杂费(学杂费的收费标准是政府制定的,而不是市场调节的产物)成为高校经费的两大主要来源，如果统计国家经费投入，包括教育事业拨款、基建拨款、学杂费外的其他事业收入“985 工程”、“211 工程”建设项目拨款，科研拨款等)，国家投入仍然占主要比重。当大学维持生存和发展的经费来源仰仗于政府这一主要的提供者时，大学就难以摆脱政府对自身的束缚，就难以拒绝政府对自己提出的任何要求。

而高等教育发达国家，多样化、合理的资金来源渠道为大学提供了独立的可能。州政府投入、销售和服务收入、学杂费、联邦政府投入构成了美国公立高等教育机构经费的主要来源(见表 5-4)。由于美国公立高等教育机构都是州立高校，因此州政府一直是公立高校的主要经费来源，再加上联邦政府、地方政府的投入，政府投入的经费占总经费来源的一半左右。这一点与我国政府投入占主导有相似之处，不同的是在美国公立高等教育机构中非政府经费来源也占一半左右。

表 5-4　　美国公立高等教育机构经费来源构成(%)

时间(年) 经费来源	1990～1991	1992～1993	1994～1995	1996～1997	1999～2000
学杂费	16.0	18.0	18.3	19.0	18.5
联邦政府	10.3	10.8	11.0	11.0	10.8
州政府	40.3	36.8	36.0	35.6	35.8
地方政府	3.7	3.7	4.0	3.9	3.8
私人赠予、助学金及合同款项	3.8	4.0	4.0	4.3	4.8
捐赠收入	0.45	0.62	0.58	0.6	0.7
销售和服务收入	22.7	23.4	23.1	22.3	21.6
其他收入	2.6	2.7	3.1	3.3	3.9

资料来源：转引自周保利《美国高等经费来源的特点及其借鉴》，《河北大学学报(哲学社会科学版)》2000 年第 4 期；宗占国《美国高等教育投入体制对我国高等学校办学经费来源多样化的启示》，《吉林师范大学学报(人文社会科学版)》2004 年第 6 期。

政府对大学的投入方式也决定着大学与政府的关系，“谁出资谁定调子”这句老话需要区别对待并加以修正，因为决定调子怎么吹的是付钱的方

法。各国政府很不相同的分配经费的方法,影响着高等学校和教授的行为。一个政府可能放开一笔钱,用一次总付的方法从上一级发放给下一级,从而促进学校和系科的自主权。另一个政府可能有切片分配、协调一致的体制,在职务门类内部经费固定,如从文官级教授工资到打字员的预算,从而增加中央对整个系统的控制。[①] 政府可以直接拨款给大学,也可以间接拨款给大学,后者如英国的大学拨款委员会承担拨款任务,美国通过资助学生拨款给大学,前者则以我国为代表。1998 年底,在全国财政工作会议上正式提出了新的公共财政改革方案。它包括部门预算改革、国库集中收付制度改革、"收支两条线"改革、政府采购制度改革等,对高校的财务管理和运作发生了重要影响。"在大大增强了中央财政部门对高校财务管理的直接控制的同时,高等院校在内部财务管理方面的自治和自主权限受到了明显的限制。"[②] 政府的经费投入方式也制约了学者的行为:

> 前些年,政府财政拮据,没有多余的银子供学者把玩学术,大家倒也自由自在,想干什么就干什么,不想干也行。这份自由近些年靠不住了,经济的高速发展,使得政府财政的荷包大大地鼓起来。在发展教育和人文的号召下,从中央到地方,各级政府纷纷给学术研究解囊。天下掉馅饼,当然是大好事,但天下没有免费的午餐,吃了人家的嘴软,拿了人家的手短,从此让自由的学人套上了笼头。大学教授没有从政府财政那里来的经费,不要说不能带研究生,连升职称都困难。[③]

第二,政府规定大学的组织行为。

在中国的制度环境中,中国大学的外部环境特征具有典型的制度依附性。[④] 在单位制条件下,大学与政府是上下级单位的关系,大学被纳入国家行政序列,具有一定的行政隶属关系和相应的行政级别,由国家设置和控制,其功能、活动范围、权限均由国家直接决定和规范,实际上是国家行政组织的延伸和附属物。上级指示仍然是组织的主要运作方式。上级指示主要以文件、会议两种形式下达。大学的校级干部任命、人事工资、招生等有关人、财、物等关键行政事务均由政府把控,甚至大学的学术事务也由政府掌管(见表 5-4)。

---

① 参见[美]伯顿·克拉克:《高等教育新论——多学科的研究》(第 2 版),王承绪等译,浙江教育出版社 2001 年版,第 12 页。

② 丁小浩、李锋亮、孙毓泽:《我国高等教育投资体制改革 30 年——成就与经验、挑战与完善》,《中国高教研究》2008 年第 6 期。

③ 许纪霖:《计划学术何时休》,《中国新闻周刊》2004 年 1 月 12 日。

④ 参见任剑涛:《大学组织文化与办学模式》,《中国人民大学学报》2007 年第 5 期。

以A大学为例,2009年度校级领导参加上级政府组织召开的会议达300次,收到上级文件约1500份,会议与文件的内容涵盖了大学的方方面面,既包括大学的辅助性工作,如校园安全、保密、基建、食堂管理等,更包括大学中心工作,如招生、专业、学科、国际学术交流等。对此,马凤歧认为:

> 国家控制教育确实蕴含着危险,政治家们总能把教育或强制或巧妙地作为实现自己政治意图的工具,当教育在组织上和制度上依附于某个政治集团的时候,它也很容易失去自己的独立判断能力和行使自己的判断的能力,而自觉或不自觉地成为政治的附庸和工具。①

表5-4　　教育行政主管部门对学术事务的制度规定

学术决策权	政策文件
学位文凭决定	1981年国务院学位委员会印发的《关于审定学位授予单位的原则和办法》规定,学位授予的最终决定权在国务院和各部委
学位授予	1982年国务院学位委员会印发的《关于颁发硕士学位和博士学位证书的通知》规定,硕士和博士学位的颁发权在学位授权单位
教学活动	1986年国务院印发的《高等教育管理职责暂行规定》规定,高校可以制订教学计划(培养方案)、教学大纲,选用教材,进行教学内容和方法的改革
科研项目申报	1986年国务院印发的《高等教育管理职责暂行规定》规定,高校在保证完成国家项目外,可自行决定参加科学研究项目的投标
重点学科设置	1987年教育部印发的《关于评选高等学校重点学科的暂行规定》,规定最终决定权在教育部
本科专业设置	1986年国务院印发的《高等教育管理职责暂行规定》,允许高校根据社会需要调整专业;2002年《教育部关于做好普通高等学校本科专业结构调整工作的若干原则意见》,允许7所部属高校自主设置本科专业
二级学科研究生学位点设置	2002年国务院学位办、教育部联合发布的《关于做好博士学位授权一级学科范围内自主设置学科、专业工作的几点意见》规定,56所研究生院的高校具有二级学科研究生学位自主设置权

① 马凤歧:《教育政治学》,人民教育出版社2002年版,第116页。

当然,依附既有其被动性,也有其主动性。我们在分析政府相对大学的强势时,也要注意到大学的主观意图:

> 现在是我们为恺撒说上一句话的时候了:恺撒对大学的干预并非都是出于他自己的意愿,而且这些干预也并非是在违背大学的意志的情况下才达到了现在的程度。对于这些打破了大学与政府之间的界限的行为,大学本身也负有相当大的责任。大学太容易沉溺于政府的怀抱之中。大学常常不加思考地并且非常积极地依附于政府。①

因为办大学是一项复杂且浩瀚的系统工程,与其在办学中承担责任与风险,不如把这些责任与风险转移与规避,其最好的策略莫如按上级政策行事。

(二)单位制背景下大学成员对大学的依附

单位社会中,大学成员对大学具有极强的人身依附性。人身依附包括这样两层含义:

其一,国家资源通过单位进行分配,大学成员赖以生存的基础在大学。单位社会中,单位不仅支付工资,还包办人们的社会生活。“由于单位不仅支持职工的工作生活,还支持他们的社会生活与家庭生活。因此,后勤系统是单位制度的重要标志之一。”②后勤系统以福利待遇的形式保障大学成员的物质生活资料来源,如医疗保障、住房补贴、退休养老等。由于这些福利待遇只有依托单位或者说只有在较好的单位才能充分享受,因此,如果没有单位,那么就无法享受这些福利待遇,获得这些物质生活资源。这一点决定了单位社会中单位成员对单位的人身依附关系,任何人都离不开单位,也不想离开单位。“由于所有社会成员都终身隶属于某一单位,这样就造成单位与其成员之间的保护与服从、控制与依附的人身联系。”③权利从来都是与义务联系在一起的。大学向单位成员提供了基本的生存保障,提供了占优势的社会身份,它就有权利要求单位人为此而服从自己的意志,在工作和生活各个方面接受大学的管理和控制。

其二,大学成员的社会身份、权利和地位的获得要依赖单位。大学成员外出调研或从事社会性活动常常需要大学开具证明,并加盖大学公章;大学掌握着有限的向上流动的机会(如提干、出国进修等)。每一所大学都有一

---

① [美]爱德华·希尔斯:《教师的道与德》,第147页。

② 赵炬明:《精英主义与单位制度——对中国大学组织与管理的案例研究》,《北京大学教育评论》2006年第1期。

③ 曹锦清、陈中亚:《走出“理想”城堡——中国“单位”现象研究》,海天出版社1997年版,第71页。

套健全的检查机制。检查机制有政治学习制度、谈心汇报制度、揭发制度等多方面，这些都是通过检查机制的核心——档案书写技术体现出来的。“详尽的个人档案，好使当局能在错综复杂的符号网络中，确定个体的身份及位置。”[①]档案及主管去留的人事部门成为监控个体的最重要的机制，成为无形的威慑力量与权力的眼睛。

档案就是权力的眼睛。通过档案技术，权力实现了对个体的监控。档案建立了个人的能见度，档案把每一个人的历史——不仅本人的历史，而且还有他们的历史思想——都变成了各式各样的书写，建立起了对个人的两种索引：出身的索引和“表现”的索引。出身的索引标明了他所具有的先天性的身份地位；“表现”的索引又分为自我书写（由履历、总结、汇报、反省、交代等组成）部分和单位书写（由单位鉴定、揭发材料、小组评语、调查材料、奖惩记录）部分。通过对这些索引材料作分析、比较、鉴别，它们可被用于三个基本目的：一是看一个人长期的实际表现，在历史上犯过何种错误，何种性质；二是看他在历次运动中以及平时的思想动态；三是看他是否向组织交心，是否向组织隐瞒了事实。[②] 另外，只要大学控制着档案不放，任何人都难以改变自己的单位归属。

“一般来讲，社会组织成员在行为过程中的自主与自由，很大程度上取决于他对他人或组织依赖是否表现为一种多元的状态，也就是说取决于他是否同时部分地依赖于各种不同层次上的个人和各种不同形式和类型的组织。”[③]单位通过对社会资源的控制和分配，通过垄断单位成员发展的机会以及他们在社会政治、经济及文化生活中所必需的资源，形成了对单位成员的支配关系，最终有效地控制了单位内每一个成员的全部社会生活，造成了大学成员在经济、政治、社会乃至人格上对大学的全面依附。有学者指出：“单位职员完全依赖于单位组织，本质而言，这意味着个人对政府的总体依赖关系。”[④]而在单位制度中，所谓“政治觉悟”、“政治忠诚”等等又是个人获取各种稀缺的社会流动机会的重要决定因素。这种制度约束与价值导向不能不使单位人在生活上谨小慎微，放弃任何个性化的生活选择，放弃任何自主意见的表达，学会按照能够为意识形态与社会环境所接受的方式去生活。

---

① 朱新梅：《知识与权力：高等教育政治学新论》，教育科学出版社 2007 年版，第 175～176 页。

② 参见朱新梅：《知识与权力：高等教育政治学新论》，第 175～176 页。

③ 李汉林、王奋宇、李路路：《中国的单位现象与体制改革》，《中国社会科学季刊》1994 年第 1 期。

④ 路风：《中国单位体制的起源和形成》，《中国社会科学季刊》1993 年 4 月第 5 期。

二、横向视角下的依附型大学组织文化

从横向来看,我国大学实行党委领导下的校长负责制,为大学中政治系统、行政系统、学术系统的并存提供了直接的制度合法性,大学行政化正是在这一背景下产生的。

大学行政化主要是谈政治、行政、学术三者之间的关系,因此,可以从政治系统、行政系统与学术系统的相互关系来讨论依附型大学组织文化。

(一)大学行政的依附性

大学行政的依附性主要是指大学行政的政治性依附,反映在两个方面。一是行政管理过程中进行大量而广泛的政治动员,通过政治动员来完成行政工作的任务和实现行政管理的目标。

政治动员是中国共产党在战争年代中逐渐形成的一种有效的方法。在战争年代,这一方法主要是作为战术使用,其目的是利用全社会力量来打击敌人,保证革命战争的胜利。政治动员在战争年代的有效使用帮助中国共产党领导人民取得了革命的胜利,同时也锻炼了中国共产党党员的组织技术。获取政治权力以后,这种技术仍然是中国共产党进行社会改造的有力工具。反映在大学中,党委将政治价值和学校目标通过各种宣传手段灌输到大学的每一位成员中。政治动员的手段主要是媒体宣传、下发文件等。大学中专门设立党委宣传部进行媒体宣传,定期刊出报纸、政治学习材料,供全体大学成员学习;下发文件的功能主要由党委办公室来承担,这类文件是大学中级别最高的文件,也是统领性的文件,要求大学中所有部门和所有成员必须严格执行落实,而这类文件在大学所下发的文件中占有重要比例。

动员大会也是动员的一种手段。动员大会是中国共产党在战前常用的激发斗志、鼓舞士气的组织方式。大学在执行一些重大的活动时也运用这种方式,如迎接教育部本科教学工作水平评估、校区搬迁、贯彻落实科学发展观、申请“211 工程”和“985 工程”等国家重点项目等。这类动员大会常用的标语口号是“讲政治”、“政治任务”、“党员带头”、“党员干部发挥模范作用”、“组织纪律”、“顾大局”等。大学正是通过这种政治动员完成了一系列重要工作的部署。

政治动员不同于行政执行模式的地方在于:政治动员注重对象的政治忠诚和积极性,要求动员对象积极配合完成政策任务,这些对象所得到的激励是政治表扬或者是政治前途的暗许与明取,他们在这种激励下积极参与政策执行过程;政治动员执行的方式是大规模的和短时间的。官僚制模式

虽然要求执行者踏实地执行政策，但是并不一定以政治表扬与前途的奖励为激励，它的激励内容是制度规范的约束力；它的执行方式是体制内部的、规范的和长期的。它要求遵循政策的规范制度按部就班、一丝不苟地进行。政治动员要求几乎所有的党员和干部都要全方位参与到某项被动员的政策中，它打破了既有的组织程序与日常工作，将全部精力与人力都集中在一个特殊的政策上。[①]

大学行政管理的政治动员导致行政体系理性规范的管理工作失去其常规程序，不得不依附于政治化的动员，行政管理体系的正常功能得不到有效、持续、稳定的发挥。这一现象标志着行政体系在功能上的不完善与结构上的不自足。

大学行政体系依附性的另一方面表现在大学管理的意识形态化，即大学行政管理受到现有意识形态的高度影响，在大学目标制定以及教师管理、学生管理等诸多方面都表现出明显的意识形态色彩。

意识形态是一个统治集团的合法性基础，也是他们制定公共政策的出发点。在意识形态影响过于强大的国家，政策的目标受到意识形态的强烈引导，或者说一定的意识形态价值和目标就会替代政策目标。[②] 目前，我们任何一个大学的目标要素必然包括两点：一是强调中国特色社会主义理论，即毛泽东思想、邓小平理论以及“三个代表”、科学发展观的指导；二是培养社会主义建设者和接班人。意识形态的载体是人，教师和学生是大学中最重要的群体。大学目标的确定为大学教师和学生管理设置了基础和依据。教师分布在每一个院系，每个院系设立党总支，以此保证教师意识形态的正确性，这是中国共产党在战争时期形成的管理经验——“把党支部建在连上”在大学的应用。在浓郁的“官本位”文化中，最有效的激励方式是行政任职。一般来说，任职的前提是党员身份，同时干部提拔权归属党委，因此行政提拔也是政治任命。在学生管理中，学生管理的职能是由各院系的党总支副书记和思想政治辅导员承担的，其一项极为重要的职责就是发展学生党员。

总之，大学行政的依附性是指行政脱离了规范、程序、文件、制度化的轨

① 参见刘圣中：《政党整合下的官僚制行政——当代中国公共行政的组织行为分析》，《公共管理学报》2005 年第 2 期。

② 参见刘圣中：《政党整合下的官僚制行政——当代中国公共行政的组织行为分析》，《公共管理学报》2005 年第 2 期。

道，没有按照官僚制的合法、合理性原则在体系内部有条不紊地推行下去，而是超越官僚体系，运用党的政治影响力和党的组织力量，直接发出号召甚至命令，布置行政工作，履行行政管理职能。

(二)大学学术的依附性

2009 年新闻媒体上的一篇文章引起了人们的广泛关注，转载率很高。文章写道：

> "大老板围着领导转，二老板围着项目转，三老板天天盯着我们转，我们围着实验台转！"北京某高校的博士生柳明对四年硕博连读生活如此概括。他所在的实验室师生差不多 200 人。柳明解释，大老板是副校长，小项目都不用他出马，只需坐镇指挥即可，而一些大项目，就得他亲自跑了。二老板是实验室的副主任，手握实权，下面的副教授、讲师、研究生都要看他的脸色行事。"我的导师属于三老板一级的，做些子课题，我也跟着转圈圈。"①

这则新闻解读了大学学术依附的双重性——学术的政治行政依附与学术权威的依附。

于海琴博士对学术的依附曾作出定义："从行为表现层面来看，学术依附主要是指，在学术研究活动中缺乏真理意识、偏离追求超越创新的知识价值，而攀附其他目标的行为。"②她还分析了学术依附性所产生的社会文化心理背景——我国知识分子所特有的互赖性自我特征、强社会成就动机以及权威主义心理。互赖性自我的"意义"源泉在于个体与他人的联系和以此而获得的满足感，而能否发掘、表现自己的特殊性是次要的，所以这种自我表征更强调个体和他人的联系与依赖。社会成就动机所引发的行为，主要是由他人或其所属群体来决定的。个人在追求成就的过程中，比较依赖他人或所属群体的协助。权威主义心理以严格地定位在权威者与权威对象之间的服从与被服从的关系上、绝不可逾越为特征。

学者走上仕途，反映了政治的诱惑，更反映了知识分子的价值取向，是学术政治资本化和工具理性的典型表现。针对近代知识分子的代表性人物都热衷于政治而非专心于学问的现象，钱穆曾说过："试问这四十年来的知识分子，哪一个能忘情政治？哪一个肯毕生埋头在学术界？偶一为之，那是

---

① 赵鹰：《学术"混战"何时休》，《科学时报》2009 年 2 月 10 日。

② 参见于海琴：《社会文化心理视野下的学术依附行为》，华中科技大学博士论文，2007 年。

凤毛麟角。如王国维,如欧阳竟无,那仍是乾嘉传统,都不是站在人群社会中心,当路而立的,对社会依然说不上有大影响。”①这种现象越演越烈,个中的奥妙,阎光才教授有过点评:“颇耐人寻味的是,我们大学中的学术权威,包括某些刚刚脱颖而出、颇有学术潜质的人,对行政权力也表现出非同寻常的兴趣。出现这种情形,其实并不难理解,因为在目前的制度环境中,行政权力与学术资源间有着一种极其微妙的联系。”②这种现象不但在教师中存在,而且蔓延到学生群体中。2006 年 12 月 18 日,《中国青年报》以《调查显示:大学毕业生热衷“学而优则仕”》为题,报道了学生对“处级教授”、“厅级正高”并不反感,半数以上的人认为要找好工作就得靠关系。

葛兰西的意识形态霸权理论揭示了教育内容和方式的意识形态倾向。如果教师所传授的知识(认知性与规范性的)所代表的是纳入整个国家体制运作之中的主导意识形态,教师的地位往往是依附于主导的统治集团,在很大程度上成为国家意识形态的代言人,从而表现出依附性和寄生性。这种依附性和寄生性促进了学者们的学术自我审查意识的出现,对社会敏感问题避而不谈或绕开不谈,这既是为了学术发表的需要,也是生存发展之需。“当人们要为冒犯行政权力和学术权威付出高昂的代价时,退缩与委曲求全是最为理性的选择。”③

著名学者许纪霖先生从中国知识分子发展史的角度描述并评价了知识分子由独立走向依附的历程:

> 一部分知识分子,从梁启超、严复到胡适、丁文江、张君劢、张东荪,怀着传统士大夫的梦想,力图通过言论和知识的力量,重返社会的中心,并希望将社会与国家通过西方式的改革,重新整合起来。而另一部分知识分子,从章太炎、孙中山到陈独秀、李大钊、毛泽东,则利用“断裂社会”的缝隙,自居社会的边缘,反叛体制、反叛主流,在社会建制之外发动革命,导演了 20 世纪两场轰轰烈烈的政治大革命和社会大革命。最后,草根政治战胜了士大夫政治,边缘知识分子战胜了学院知识分子,一个强有力的国家建立起来了,在这样的列维坦里面,不再有社会,也不再有知识分子。……无论重返中心,还是落入草根,都不过是传统士大夫的回光返照,所谓的缙绅或游士只不过是士大夫精神的两面而

---

① 钱穆:《国史新论》,三联书店 2001 年版,第 173 页。

② 阎光才:《学院人的癖好与大学制度的安排》,《高等教育研究》2006 年第 1 期。

③ 阎光才:《学院人的癖好与大学制度的安排》,《高等教育研究》2006 年第 1 期。

已。从传统士大夫走向现代知识分子，所要引入的，却是现代社会的公民意识。[①]

大学学术的依附性可以从中国社会背景中找出原因。中国古代的治学遵循的是内圣外王、修齐治平的信仰，并不在“知”方面用力，学优则仕的人生理想将求知、知识创新的现代学术诉求撇置一旁。在终极价值观方面，我们遵循的依然是古代经世致用的知识价值观、内圣外王的人生理想，并以知识之外的社会成就为标准来评价学术。[②]

大学学术的依附性也要从现存的学术制度中分析原因，学术依附现象反映出的是现代学术缺乏独立自主：

> 80 年代人文学术发展快，那时钱少，但时间多，当前学术研究存在“工程化”的现象，主要表现是计划性强，这使学术处于“零打碎敲”的边缘状态，整天忙着填表、忙着评比、忙着计算工作量，专业研究的时间难以保障，以时间表、进度表，审查、督促研究，奉行“管理出效益”的信条。……而过多的管理是导致学风浮躁的原因之一，人文学者需要沉潜把玩，需含英咀华，需宁静致远，甚至需要闲情逸致，更需要对失败的“宽容”。……人们只看到工程付诸之时的计划性，忽略了对工程构想时的深沉沉淀，那才是决定棋局的关键所在，也是学者价值的体现。……人文研究不是靠计划，而是靠积累修养，终得灵光一现的产物，因此不宜工程化。[③]

学者董健也对学术体制造成的依附性有过严厉的批评。他说，“跑点”（什么叫“跑点”呢？就是在硕士、博士学位授予点的申报、评审过程中，除正常程序之外，还得外加一把“火”——四处拉关系、找路子、走后门，把工夫用在与建立学位点全然无关的非学术的活动上）正是“依附相”的一种可耻的表现。这种苦巴巴的“依附”，使得一个大学校长有时可以在主管部门的一位处长面前像孙子一样低声下气。20 世纪 90 年代以来，这种挥之不去的“依附性”使得中国大学受社会腐败之风的浸染日重，中国大学似乎在一步步地向着商场、官场的样子蜕变。商重“钱”，官重“权”，在这两者相勾结所形成的一种新官僚机制的压迫下，知识分子的良知、正义、真诚、理性等可贵

---

① 许纪霖：《20 世纪中国知识分子史论·“断裂社会”中的知识分子》，新星出版社 2005 年版，编者序。

② 参见于海琴：《社会文化心理视野下的学术依附行为》，华中科技大学博士论文，2007 年。

③ 陈平原：《自然、人文、社科三大领域聚焦原始创新——原始创新座谈会上的发言》，《中国软科学》2002 年第 8 期。

的品格都不得不无奈地屈服，所谓“学术”便成了权势者的工具与花瓶。①

学术的依附性还表现为大学培养顺从听话的学生。“学生运动表现为意识形态上是左派，在方向上是民族主义者，具有强烈的意识形态兴趣和非政府观点。……爱德华·希尔斯提出一个论点：不管统治当局的方针如何，学生行动主义分子以及一般的知识分子，都倾向于‘非政府化’。”②我国历史上的历次学生运动都证明了这一点，因此学生培养是一项政治任务。著名学者姚国华在评价中国大学时说，中国20世纪所有的不幸，所有的悲哀，所有的愚蠢，都在于在平常时期几乎完全没有真正的大学，只有人才培训机构，只有培养工具的地方，只有培养听话的螺丝钉的地方。③

显然，依附型大学组织文化的内核必然是维护政治统治所需要的主流文化、正统文化，统一、顺从是其主要标志。依附型大学组织文化存在与弥漫的同时，学术自由、大学精神、大学文化就失去了生存的空间与土壤，大学所特有的批判、创新、超越等品格就无法彰显。“大学应该是新的、有争议的、非正统的异端邪说的论坛。按照赫钦斯的话来说，如果在一所大学里听不到与众不同的意见，或者它默默无闻地隐没于社会环境中，我们就可以认为这所大学没有尽到它的职责。”④

第四节 依附型大学组织文化功能与再生产

一、依附型大学组织文化功能

（一）组织文化的功能

现代组织学的学者们对于组织文化的功能有过不少经典的论述。罗宾斯认为，文化在组织中具有五种功能。第一，它起着划清界限的作用。也就是说，它使得一个组织与其他组织区别开来。第二，它表达了组织成员对组织的一种认同感。第三，它促使组织成员不仅关心自我利益，还支持更大范围的一些东西。第四，它增强了社会系统的稳定性。文化是一种黏合剂，它

① 参见董健：《“跑点”跑掉了大学的魂》，《雨花》2006年第3期。

② [美]菲利普·G·阿特巴赫：《比较高等教育：知识、大学与发展》，人民教育出版社2001年版，第177页。

③ 参见姚国华：《文化立国与大学重建》，http://view.news.qq.com/.2006-07-14.

④ [美]约翰·S·布鲁贝克：《高等教育哲学》，第53页。

通过为组成成员提供言行举止的恰当标准,而把整个组织聚合起来。最后,文化作为一种意识形态和控制机制,能够引导和塑造员工的态度和行为。罗宾斯对组织文化的最后一项功能尤其感兴趣,认为组织文化界定了一个组织的游戏规则。

> 根据定义,文化是一种无形的、虚无缥缈的、不可捉摸的,同时又被视为理所当然的东西。但每个组织都发展出一套核心的假设、理念以及隐含的规则来管理工作环境中员工的日常行为……组织的新成员直到学会按这些规则做事,他才能算彻底成为组织的一员了。不管是高层管理者,还是一线员工,只要有人违背这些规则,就会受到普遍的指责和严厉的惩罚。遵循这些规则是得到奖励和向更高方向发展的基本前提。①

另一位著名的组织学的大师达夫特认为,文化可在组织中发挥两个关键的作用:(1)使组织成员知道该如何彼此相处,实现组织内部的整合;(2)提高组织的外部适应性。所谓内部整合,是指组织成员会发展出一种集体认同感并明了该如何有效地一同工作。正是文化引导了组织成员的日常工作关系,决定组织中人们相互沟通的方式以及什么样的行为是可接受和不可接受的,组织中的权力和地位是什么格局。所谓外部适应,是指组织如何达成目标及如何处理与外部人的关系。文化不仅能指导组织成员的日常活动以实现既定的目标,还能促进组织对顾客的需要或竞争对手的行为作出快速的反应。②

以上对组织文化功能的阐释,对研究依附型大学的组织文化提供了较好的分析框架。首先,组织文化诸多功能集管理于一体,作为组织管理的重要方法,发挥管理的功能,提供了个人行为标准以及处理人与人关系的标准。其次,组织文化的功能既有内在的,也有外在的,要从内外两个方面关注组织文化的功能。

(二)依附型大学组织文化的功能

1.最大化获取资源的需要

资源获取最大化,首先是指大学的依附性有助于大学从政府中最大限度地获取各类资源。稀缺的资源分配给哪些大学,不分配给哪些大学,分配

---

① [美]斯蒂芬·P·罗宾斯:《组织行为学》,第576页。

② 参见[美]理查德·L·达夫特:《组织理论与设计》,第361~369页。

多少，最终是由政府来决定的，其标准是与顺从政府有关的因素。2008年“广西师范大学美女秘书评估事件”是一场依附型文化的公开剧演，广西师范大学的全体校领导臣服的不是美女秘书，而是办学资源的掌握者。在事件中美女秘书是无辜的，只是在那一刻充当了行政权力的化身，让我们再一次目睹了权力的妖魔。

其次，资源获取最大化，还指大学成员的依附性有助于从大学中最大限度地获取资源。有学者把单位内获取资源的方式分为两种，一是制度化资源获取方式：尽可能按照组织规范的要求去获取组织内的资源，以专业能力、学历、经验、努力等为特征。另一种是非制度化资源获取方式（又称为“组织政治行为”）：以与单位领导和单位的上级领导搞好关系，在单位中拥有有影响、有权势的朋友以及家庭背景等为特征，实质上是通过关系网内的人际互动获取资源。由这样的关系网形成的圈子在大学或多或少必然地存在，这些圈子因以某位校领导为核心成员而被称为“某某派”，这也就是上一章所说的组织政治。

在研究“单位组织中的资源获得”的问题时，李路路和李汉林两位学者经过统计学的分析，得出如下结论：人们在单位组织中权力的大小和非制度化的资源获取方式，对获取资源的大小具有直接的影响；行政级别、政治面貌和工龄等因素，与人们在单位组织中的权力具有显著的相关关系，教育水平则与权力乃至资源获得没有显著的相关关系；倾向于非制度化资源获取方式的人，更有可能获得更多的权力和资源。[①] 而对资源获取影响最大的因素如权力、行政级别、政治面貌、非制度化方式与依附性有着天然的联系，现实中这些影响资源获取的因素常常又是整合为一体的，因此，依附与顺从成为获取资源的最常见、也是很有效的方式。

2.维护政治权威的需要

政治权威是一种公共权威，是以国家政权为核心的政治体系的政治管理主体地位得到了社会力量的认可和支持，从而表现出的对政治管理客体的制约能力。[②] 没有足够的政治权威就无法实现政府的管理职能，而政治权威的深厚基础在于它的合法性。韦伯认为，政治权威与合法性有关，“合法性就是人们对享有权威的人的地位的承认和对其命令的服从”[③]。任何形式

① 参见李路路、李汉林：《单位组织中的资源获得》，《中国社会科学》1999年第6期。

② 参见王宗礼、龙山：《论政治权威的社会基础》，《甘肃社会科学》1999年第5期。

③ 于海：《西方社会思想史》，复旦大学出版社1993年版，第333页。

的统治,只有它被人们认为其统治具有“正当”理由时才为人们所服从,从而具有合法性。对权威合法性作出经典论述的当属马克斯·韦伯。他认为有三种权威类型:一是传统型权威,这类权威依靠“人们对古老传统的神圣性以及实施权威者的合法地位的牢固信念”。它来自于自古就流传下来的神圣传统,人们对此类权威的服从是遵循世代相传的从祖先那里承继下来的神圣规则。二是魅力型权威,它是以领袖人物的非凡才能为基础的。某些领袖人物被认为具有超凡魅力,由于对此超凡力量和品质的认同,因而形成了对这种权威的自觉服从。三是法理型权威。这类权威是指建立在遵守正式制定的法规基础上的权威。它建立在这一信念之上:“权威运用者的制度体系,任职者之担任权威角色,命令(或规章)的内容和颁布方式都是符合某一或某些更一般的准则的。”①

以韦伯的权威理论为前提,提升政治合法性的最有效的手段是整合三种权威于一体,但是在大学中,继承性的传统型权威显然不存在,由学术带来的魅力型权威不但不会提升政治合法性,还会离异和弱化政治合法性,因此命令式的法理权威兼并、制服魅力型权威,成为提升政治合法性的现实选择,也是唯一选择。正是因为如此,大学中涌现出一大批因学术“魅力”而被“任命”的学术型干部(也称为“双肩挑干部”),这一现象在最近国家发起的高校人事改革中被诸多省教育主管部门制度合法化,最终法理型权威(代表政治与行政)借助魅力型权威(代表学术)完成了最大化提升政治权威的使命。

最后要指出的是,依附型大学组织文化与资源获取最大化、政治权威极度化是一种互动的关系。依附型大学组织文化是资源获取最大化、政治权威极度化的前提,同时后两者也必然强化大学中的依附型组织文化。

二、依附型大学组织文化的再生产

上文对依附型大学的组织文化功能已经作了阐述,依附型大学组织文化是大学内外互动的产物,有其生存的基础和逻辑。因此,大学组织就会采取一些措施来再生产这种文化。组织文化是通过组织新成员的社会化来完成再生的,依附型大学组织文化也不例外。

新员工都不可能完全适应组织文化的要求。由于新员工对组织文化尚

① ［美］D. P. 约翰逊:《社会学理论》,南开大学社会学系译,国际文化出版公司 1988 年版,第 279～282 页。

不熟悉，所以他们可能会干扰组织中已有的观念和习惯。因此，组织需要帮助新员工适应组织文化，这种适应过程称为“社会化过程”。

社会化可以概括为一个包括三个阶段的过程：原有状态、碰撞阶段和调整阶段。第一阶段包括新成员进入组织之前的所有学习活动。第二阶段中，新成员看到了组织的真实面貌，并可能面对个人期望与真实现实相脱节的问题。第三阶段中，发生了相对长期而持久的变化。新成员掌握了工作所需的技能，完成了自己的新角色，并且调整自己以适应工作群体的价值观和规范。①

在原有状态中，可以清晰地看到每个个体所带来的那套价值观、态度和期望，包括对将要从事的工作和将要服务的组织的态度与期望。新成员通过学校完成了相当多的前期社会化工作。我们大学的新成员对大学的依附型组织文化是不会陌生的，与学校行政同构，学生中也设有学生会、团支部、党支部、班委等各种各样的正式组织，配备了大量的学生干部，于是，学生分为干部学生与群众学生两大群体。制度化的组织“塑造”制度化的精英，分等的现实也酿出了学生干部的“官味”。② 在S大学调研的时候，该校的团委书记讲述了这样一件事：一位学生会副主席向其建议召开学生会大会时，不同级别的学生干部佩戴不同颜色的校徽，学生会主席戴红色校徽，副主席戴蓝色校徽，其他干部戴绿色校徽。种种迹象表明，行政的依附似乎已经内化为学生的思维本能，这样的前期社会化已经为新成员适应依附型大学组织文化埋下了种子。

新员工一旦进入组织，就开始了碰撞阶段。在这一时期，员工可能会面对自己的期望——对工作、同事、上司及组织整体的期望与现实不符的情况。如受学生欢迎的教师，往往思想活跃、具有个性，而这样的教师又因为“不听话”而被领导视为异类。如果员工的期望大体上比较准确，那么接触阶段主要是进一步验证先前认知的过程。但实际上常常并非如此。新员工的期望与现实之间存在差异，因此必须要经过社会化，使他们从过去的假设中摆脱出来，代之以组织所希望的另一套期望体系。高学历者，特别是硕士、博士成为大学教师的最主要来源，这个群体的显著特征是追求学术自由、独立、批判、创新，崇尚真理，把大学作为自由世界的化身，而这与依附型

---

① 参见[美]斯蒂芬·P·罗宾斯:《组织行为学》，第582页。

② 2009年8月7日的《解放日报》第1版以《大学生干部何以显“官味”》为题，批判任职升迁忙送礼、“后台”“背景”挂嘴边、发言写稿配的助理等现象。

大学的组织文化相异、相离、相斥。因此,大学新成员或多或少要经历一个碰撞阶段。

最后,新成员必须解决在碰撞阶段中发现的所有问题,这可能意味着要经历变化,因此这一阶段称为"调整阶段"。文化一旦建立,组织内部就会采取一些措施来维系。管理层在社会化过程中常常依赖于正规化、集体化、固定化和程序化的方法,如干部选拔、学术资源分配等,诱导新成员就范,而一般不采用强制性措施。经过调整阶段的成员可以分为两类:消极依附者与积极依附者。前者的典型是"搭便车(free riding)"、"寻租(rent seeking)"等。组织内部的"搭便车"行为可以定义为:组织成员在能获得组织所提供的收益时,尽可能地减少对组织产出的生产性努力投入,追求个人的"在职闲暇"最大化。[①] 把单位制福利性的"优点"发挥到极致。后者的典型是学术工具化,学而优则仕,追求资源最大化。

① 参见孙静:《中国事业单位管理体制改革研究》,武汉大学博士论文,2005年。

第六章　大学行政化的原因与评价

因果分析法与评价法是认识论的基本方式，也是深入研究大学行政化的有效手段。在评价大学行政化时，本章仍然是基于现代组织理论，借用组织评价法作为分析工具。本章既是认识大学行政化的一个视角，也是为思考大学去行政化问题作好理论准备。

第一节　我国大学行政化的原因分析

从大学组织的内外部影响因素考虑，我们把大学行政化的原因分为以下四点：

1. 教育的政治性被过度强化

尽管不断有学者呼吁政党政治与教育分离，但是教育很难不带有政治性。一方面，教育事务毕竟是政府施政的一部分，有关教育行政或教育立法，都必须透过政治行动。另一方面，学校制度本身，原就是整个政治体系的雏形。有什么样的社会，就有什么样的政治制度与教育制度。[①] 正如布鲁见克所宣称的，"所有伟大的教育哲学家都把教育作为政治的分支来源"。他还举例说，如柏拉图的《理想国》、亚里士多德的《政治学》、约翰·杜威的《民主主义与教育》等都是如此。[②] 即使在崇尚政教分开的美国也不例外。1995 年，加利福尼亚州州长威尔逊在总统竞选的早期阶段宣布，他支持取消平权行动[③]，并以此作为任命州政府官员的一项标准。之后，他开始公开地

① 参见孙静：《中国事业单位管理体制改革研究》，武汉大学博士论文，2005 年。

② 参见蔡壁煌：《教育政治学》，第 6 页。

③ 参见约翰·S·布鲁贝克：《高校教育哲学》，第 15 页。

努力说服加利福尼亚大学的董事们投票取消在录取学生与聘用员工的程序中的平权行动。对于大学董事们来说，认真听取教师、9个分校校长和大学校长的建议是十分自然的事情，而所有这些方面都支持大学保留独立制定招生政策的权力，大学董事会通常把这种权力完全下放给大学。然而，威尔逊州长的努力最终还是获得了成功，因为几乎所有的大学董事都是由威尔逊或他的共和党前任州长任命的，平权行动最终被废除。这是近期发生的政治严重干预高等教育的一起事件。如果大学真是抵御政治干预的坚实堡垒，那么，这样的事情就不会发生了。①

只是在中国，教育的政治性被过度强化了。"长期以来，教育被视为政治工具和意识形态阵地，这一观念直到'文革'结束时支配我国教育近30年，导致了教育功能全面萎缩和极端扭曲。教育的政治化和意识形态化在思想启蒙的80年代有所淡化，却在90年代重新强化。"②根植于政治化基因之上的中国政府与大学的关系呈现出高度的控制性特征，集权风格突出，以官办性质为主，政教合一贯穿始终。于是，政治的晴雨表就成了政府的晴雨表，政府的晴雨表又成了高等教育政策的晴雨表。③ 大学完全是政府投资，国家给多少钱办多少事情，大学发展的规模、获得的支持强度完全由政府行为决定，离开政府的经济支持，大学将无法生存，更谈不上发展。国家通过经费投入控制大学，要求大学给予回报，不仅是人才、知识、科学以及其他诸方面，更重要的是大学不能成为国家、政府的反叛者和破坏者，行政权力的设置无疑是最好的防范办法。④

当教育的政治性被过度强化时，教育就会沦为政治的附庸，失去教育本身存在的主体性。"中国高等教育一直以来是被视为一种政治或经济的工具而存在的。不管是民国时期的关于教育的救亡和启蒙使命的争论，还是建国后的'无产阶级专政的工具'和经济建设的工具，莫不如此。谁掌握了这个工具，谁就是制定高教制度的制度主体，因此也就有权对它根据自己所属阶级、阶层利益的需要作一番调整。"⑤中国的情况是大学与政治权力组织

---

① "平权行动(affirmative action)"是20世纪60年代随着美国黑人运动、妇女运动兴起的一项运动。由美国总统约翰逊在1965年发起，主张在大学录取学生、公司招收或晋升雇员、政府招标时，应当照顾少数种族和女性。

② [美]唐纳德·肯尼迪：《学术责任》，阎凤桥译，新华出版社2002年版，第17页。

③ 参见董云川：《中国高等教育政治化基因浅析》，《教育发展研究》2002年第11期。

④ 参见宋伟：《大学组织行政权力生成的哲学基础》，《清华大学教育研究》2005年第4期。

⑤ 朱平：《制度伦理视角下的高等教育制度》，厦门大学博士论文，2007年。

的互动，不仅在经济资助上要与政治权力组织周旋，更为关键的是必须首先在政治上接受政治组织的控制欲望。这就使大学自身的组织特征、组织形象受到政治组织的强有力雕琢。①

既然视学校为意识形态阵地，对大、中、小学校长以及校内各级官员采取自上而下的行政任命制便是基本方略。这一方略对大学尤为不利。权力来自上级授予而非教师选举的官员，其首要职责是“政治把关”。只要这上面不出差错并与上级保持好关系，便可保官场得意。而一旦大学成了特定意识形态的重镇，它的文化保存、传播与创新基地的功能便退居后位，教师的地位也变得暧昧不明。这种暧昧暗含教师与行政关系的颠倒。②

2.强势政府与市场机制、社会力量的缺失

有学者把大学和政府之间的基本关系分成四种类型。第一种是隶属型，大学只是政府的一个组成部门。像京师大学堂刚建立的时候，还同时行使国子监的职能。第二种是管理型，又分直接管理和宏观管理两种。像法国的大学现在就是直接管理。校长直接由政府来任命，教授也是政府任命的。所以，在欧洲的发达国家里，大学最没有活力的就是法国。法国现在正在改革这种直接管理的高等教育体制。日本、德国的大学也是管理型的，但实行的是宏观管理。政府只给教育政策和指导意见，具体怎么办是大学自己的事情，但是政府要控制大学教授的席位。像德国的大学教授席位都是国家统一来掌握的，教授席位出现了空缺，要面向全国或者全球招聘，实行教授标准统一化。第三种就是监督型。日本正在进行高等教育改革，走大学法人化的道路，把大学从政府管理当中独立出来，变成一个独立的法人，接受政府的监督。第四种类型就是美国的自治体制，大学自治。前面三种模式都要求向政府负责，自治性的大学不向政府负责，只向法律负责。只要是在法律的范围之内，办学相关的一切事情都是大学的责任。③

对照上述四种类型，我国大学与政府之间的关系在很大程度上可以归为隶属型，这与集掌权型、控制型、主宰型、服务型为一体的“全能型政府”密切相关，强势的政府必然带来市场的变形与大学的虚无，导致政府越位、错位、缺位。“越位”——干了应该由大学干的事；也有“错位”问题——学术场

① 参见任剑涛：《大学组织文化与办学模式》，《中国人民大学学报》2007 年第 5 期。

② 参见肖雪慧：《有必要从根本上检讨的教育政策——反思九十年代的教育》，《社会科学论坛》2003 年第 5 期。

③ 参见徐显明：《要办受人尊敬的大学》，《经济观察报》2009 年 9 月 28 日。

通行官场原则；还有“缺位”问题 ——大学办社会。

大学规模的扩张是促进大学行政化的催化剂。在没有形成科学合理的大学治理结构时，大学规模的扩张会危及稳定与秩序，作为控制的有效手段——行政管理就会按照“路径依赖”的逻辑持续发生作用并进一步强化：

> 不断扩大的高等教育总量，要求社会对高等教育的管理必须有强有力的行政监控系统，进而加强国家的行政管理力度，国家有关部门将通过制定法律，设立专门机构等积极措施和手段加强对高等教育的宏观指导，进行有效管理。从大学内部的微观角度讲，超过万人规模的大学组织不断增加，必然要求在内部继续通过各种有效措施增强统管力度，以提高教学质量，确保教学正常持续，促使大学健康有序发展。行政权力也将会因此继续得到加强，而不可能削弱。[①]

有不少学者认为，可以用公开竞聘校长的方式来消解大学行政化问题。但是，即使公开竞聘产生的校长，既离不开也无法摆脱“全能型政府”的掌控。“公选竞聘上来的校长，仍然要向官员汇报工作，办学自主权仍未解决。大学没有办学自主权，如何能根本摆脱行政之手？”[②]

有学者参照西方高等教育发达国家的经验，呼吁市场手段的合理调节、教育法制的正常实施、中介组织的有效功能。[③] 但是在强势的政府环境中，市场、中介组织会失去生存的土壤，即使存在，也是带有官味的市场与中介组织。“科层体制并不服从市场法则，主要指向不是变迁，而是延续其存在。它的形式从历史上看主要不是为未来而行动，而是管理现有的事物。”[④]

3. 以“官本位”为特征的社会文化盛行

中国在封建社会就有“学在官府，官学不分”的传统，学校是政治的附属物，是统治者教化百姓的工具，学校和学术为官府所垄断，秦朝的“焚书坑儒”和汉代的“独尊儒术”就是典型的表现。随着科举制度的兴起，“读书——科举——仕途”成为每一个读书人的路径选择。“修身、齐家、治国、平天下”，“内圣外王”成为每一个读书人的价值取向。“书中自有黄金屋，书中自有颜如玉，书中自有万钟粟”把教育的功利性、庸俗化推向了极致。京师大学堂虽然是仿效日本的东京大学（东京大学又仿效了法国和德国的教

① 宋伟：《大学组织行政权力生成的哲学基础》，《清华大学教育研究》2005 年第 4 期。
② 李清：《校长公选难以撼动大学管理行政化》，《东方早报》2008 年 7 月 18 日。
③ 参见董云川：《现代大学制度中的政府、社会、学校》，《高等教育研究》2002 年第 5 期。
④ 转引自马廷奇：《大学管理的科层化及其实践困境》，《清华大学教育研究》2006 年第 1 期。

育模式)而建的,但它与其说是一所具有自治权的高校,不如说是类似于翰林院和国子监的教育行政机构。[①] 在最初的十年中,学校为政府直接输送官员的格局并没有改变。20 世纪初,像京师大学堂这样的大学机构的学生主要是官吏。

社会发展到今天,"官本位"的文化不但没有消亡,反而以"行政级别"的方式演绎、繁殖,泛化于整个社会,进而成为我们社会的制度环境。因此,一边有学者呼吁取消大学的行政级别,另一边又有学者为大学行政级别喊冤。

> 中国是一个强调行政级别和社会地位的社会,国民心理总倾向于行政级别的认定,高校行政级别取消后,对于社会的影响力将大大降低,同时高校的社会地位也将大大降低。在讲究行政级别高低的中国,高校较高的行政级别是自己的一道有效保护伞。[②]
>
> 当医院、企业等行政级别依旧存在时,或者其他行业正谋求行政级别与地位时,谈论大学去行政化,显然让教育机构的领导们很不舒服。换言之,去行政化,或许不仅仅是教育一家的事。[③]
>
> 行政级别只是一个符号,它代表的是对行政权力的强调和尊崇。取消行政级别只是一个开始。如果止步于名称的变动,不改变大学内部管理机制,换汤不换药,那么,校长甚至教授同样也可以变成一种官僚级别,一种行政系统之外的、准官僚的类行政级别。[④]

在"官本位"、行政级别化的社会中,大学的行政级别成了"以子之矛攻子之盾"的矛盾。其根源在于一个社会的文化,包括制度环境文化。"大学的独立性体现了一个国家的民主精神。政治改革的首要目的就是民主和法治秩序的建立,这也是大学的希望所在。"[⑤]否则,即使政府赋予大学以自主权,大学的行政化仍然不会有所改变。正如杨福家所说:

> 西方发达国家市场和社会约束力,包括道德约束力很强,因此政府作用相对较弱,大学似乎也比我们自主得多,但实际上很多制度是没法移植的,因为缺乏制度运行的环境。例如大学自主招生就很难普遍推

---

① 参见[加]许美德:《中国大学 1895～1995:一个文化冲突的世纪》,许洁英等译,教育科学出版社 2000 年版,第 64 页。

② 冉亚辉、易连云:《取消高校行政级别是一个短视的观点》,《江苏高教》2007 年第 5 期。

③ 熊丙奇:《大学行政化是迫不得已?》,《东方早报》2008 年 6 月 26 日。

④ 项贤明:《大学能否淡化行政级别?》,《中国社会科学报》2009 年 9 月 24 日。

⑤ 丁芳芳:《给大学以"精神空间"——关于大学教育问题对董健先生的访谈》,《炎黄春秋》2007 年第5 期。

行，四面八方的关系就使你难以招架。此外，现代大学制度建设方面还比较滞后，思想认识上还存在一些偏差。近十年，政府对高教的投入增加了，但大学“官本位”和行政色彩反而更浓了。[①]

4. 大学场域的自律性与自立性较低

在分析大学行政化的外部因素之后，有必要回到大学的自身。大学为什么会轻易被官场与商场俘虏，默认大学精神的衰落？其中重要的原因是我国学术体制化水平较低。“西方的学术体制化的最主要特征是学术场域的自律，同时自律化的过程使诸种社会文化活动逐渐呈现出分化与自治的制度特征。”[②]

大学场域的自律性与自立性源自于学者的行业组织：

> 正因为有行业的规则，行会的成员才取得了一定的独立性，这种独立性指国王和其他势力不能干预行会的内部事务，国王不可能修改行会规则。在很长时间内，人们就用这种国家和社会的关系来解释欧洲国家专业化程度特别高的历史渊源。在现代社会中，许多专业化团体仍然保留这些特点。例如美国的社会学学会在学术群体内部决定自己的规则，制裁违反学会规则的学术问题。各个学术团体独立运作，对专业化过程起到了推动作用。[③]

我国的学术行业组织从来没有取得独立的地位，没有形成独立的传统，或多或少都带有官方的性质或背景。

但是，大学场域的自律性与自立性在更大程度上与教师的精英群体——教授密切相关。《瞭望新闻周刊》曾刊登一篇题为《“教授”贬值为哪般》的文章，称“教授满街走”已是中国高校教授成堆的写照。[④] 该文举例说，1927 年时的南京大学（时称“第四大学”）没有一位教授，即使如美国芝加哥大学毕业的吴有训博士、哈佛大学毕业的竺可祯博士、法国国家科学院毕业的严济慈博士，也都只聘为副教授。而现在南京大学的教授已达 1000 多人。对此，季羡林先生也曾说过：“如今不管是谁，只要能在北大谋一个教书的位子，就能评上教授。而在七八十年前，连鲁迅、梁漱溟这样的大学者在北大也只能被聘为讲师。对于一个大学来说，教授当然多多益善，但是如果不做

① 转引自杨福家：《关于如何办好大学的思考》，《学习时报》2008 年 8 月 18 日。

② 马廷奇：《大学管理的科层化及其实践困境》，《清华大学教育研究》2006 年第 1 期。

③ 周学光：《组织社会学》，第 116 页。

④ 参见苗体君：《“教授”贬值为哪般》，《瞭望新闻周刊》2001 年 5 月 21 日。

研究、不上讲台的“官”教授多了，对大学却是一场灾难。如今庞大的教授群体似乎已经不能代表大学的精神品质和学术水准，以至于在新一轮人事改革中要把教授分成四档，但是如果大学的选拔机制缺乏自律，谁又能保证进档的教授中没有“水”教授、“菜”教授、“官”教授？

因为当不当官，与能否更容易地得到我们目前高校行政主导下的如课题项目、研究经费、学术奖项、资助出版专著、荣膺评委等关系极大。在利益面前，学者往往会失去自由思想与独立人格，失去了自律，而自由思想、独立人格及自律正是学术研究、学术创新的前提。1953年，郭沫若先生拟请陈寅恪先生出任中国科学院历史二所所长时，陈寅恪口述了一封题为《对科学院的答复》的信（由当时劝其北上的北京大学历史系教授汪篯记录）。他说：“士之读书治学，盖将以脱心志于俗谛（当时即指三民主义）之桎梏，没有自由思想，没有独立精神，即不能发扬真理，即不能研究学术。”①

金岳霖先生希望知识分子首先能成为“独立进款”的人，也就是靠自己的学问吃饭，不依附于任何权贵势力，而实现自己的独立人格。他说：“我开剃头店的进款比交通部秘书的进款独立多了，所以与其做官，不如开剃头店，与其在部里拍马，不如在水果摊子上唱歌。”希望知识分子不要做官，也就是“不做政客，不把官当成职业的意思”。希望知识分子“不发财，如果把发财当作目的，自己变作一个折扣的机器，同时对于没有意味的人，要极力敷衍”。

知名学者葛兆光也说过，作为学者本身，也不要太在乎。不要把领导的“看重”看得太重，做自己的事最重要。现在确实有一些年轻的学者，得不到很好的条件和机会，感觉被边缘化了。但是，“愤怒出诗人，寂寞出学者”，从某种意义上说，人文学者的边缘化，有时候也许反而是做学问的好机会。②

第二节　我国大学行政化评价

从哪些方面来评价大学的行政化，或者说评价大学行政化应该采用什么样的分析框架，是评价大学行政化之前首先要回答的问题。本节力图借助组织评价的方法，搭建大学行政化评价的理论架构。

---

① 转引自黄俊伟：《说过去的教授和现在的教授》，《书屋》2004年第5期。

② 参见杨波：《谁是学术的评判者？》，《解放日报》2007年4月5日。

一、组织评价方法

(一)组织运行的视角

组织是从环境中取得资源投入,然后将这些资源转换为产出,再输出到环境中去。这样组织评价就可分为目标评价法、资源评价法、内部过程评价法。组织效果的目标评价法就是考察其中的输出端,看组织是否达到了它在预期产出水平方面的目标。资源评价法则考察转换过程的输入端,通过测评组织是否获得高绩效所需的资源来评价组织的效果。内部过程评价法则是考察组织的内部活动,通过内部的健康状态和效率等指标来进行效果评价。

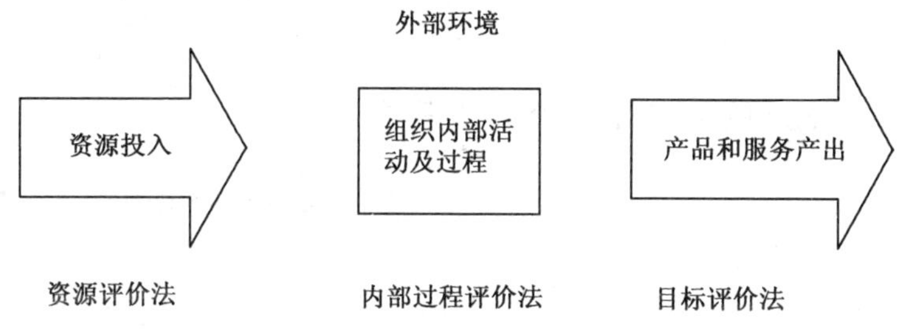

图 6-1 组织三种评价法

资料来源:[美]理查德·L·达夫特《组织理论与设计》,第 77～81 页。

目标评价法的衡量指标主要是操作性目标。实践证明,运用操作性目标来评价效果比运用正式目标更为有成效。正式目标一般是抽象的、不易测量的,操作性目标则可反映组织实际执行的活动。

资源评价法的衡量指标主要是讨价还价能力,指组织从环境中获取稀缺而又宝贵的资源的能力。这些资源包括金融资源、物质资源、人力资源、知识和技术等。

内部过程评价法主要用七项指标来衡量:浓厚的公司文化和积极的工作氛围;团队精神、群体忠诚度和团队工作;工人与管理人员之间的信心、信任和沟通;在靠近信息源处作出决策,而不管这一信息源处于组织图中的什么位置;横向和纵向的沟通联络正常,不出现失真,人们分享着有关的事实和感受;对管理者的奖赏是依据组织的绩效和成长、对下属的发展培训以及创设有效的工作团队等;组织及组成部分之间存在密切的相互作用,在某些项目上时常会发生一些冲突,但能从组织的整体利益出发加以解决。

（二）组织相关人的视角

每一个组织都有利益相关者。所谓利益相关者，是指组织内外任何与组织绩效有利害关系的团体，从而产生利益相关者评价法。在利益相关者评价法中，利益相关团体的参与度和满意程度可以作为评价组织绩效的尺度。

（三）组织价值的视角

奎因（Robert Quinn）和罗尔博（John Rohrbauch）提出了一种评价组织效果的方法——冲突价值观评价法。① 这个评价法综合考虑了组织中各个群体（如管理人员和研究人员）因价值观不同而采用的不同的绩效标准。

接下来，我们将借用三种不同视角下的五种组织评价法对大学行政化进行评价。

二、大学行政化存在的现实合理性

（一）从目标评价法视角来看，大学行政化可以有效培养社会主义建设者和接班人，保持政治稳定

教育的政治功能是指契合一定的政治目标，意味着："教育要传播一定的政治意识形态，为具有阶级性的国家政权培养政治人才，以及通过创造和传播科学文化知识，培养有才干有能力的各类人才（这些人才本身未必有政治色彩）为一定的政治目标服务。"②

教育的政治功能集中体现在培养什么人的问题上。《中华人民共和国教育法》中规定："教育必须为社会主义现代化建设服务，必须同生产劳动相结合，培养德、智、体等全面发展的社会主义事业的建设者和接班人。"《中华人民共和国高等教育法》第四条规定："高等教育必须贯彻国家的教育方针，为社会主义现代化建设服务，与生产劳动相结合，使受教育者成为德、智、体等方面全面发展的社会主义事业的建设者和接班人。"党的十六大报告全面指出教育方针的要义是："坚持教育为社会主义现代化服务，为人民服务，与生产劳动和社会实践相结合，培养德智体美全面发展的社会主义建设者和接班人。"党的十七大报告中也再一次明确了"培养德智体美全面发展的社

---

① Robert, E. Q. & Rohrbauch, J. "A Spatial Model of Effectiveness Criteria: Toward a Competing Values Approach to Organizational Analysis." *Management Science*, 29, 1983, pp. 363-377.

② 马凤歧：《教育政治学》，第 44 页。

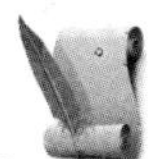

会主义建设者和接班人”的教育目的。

政治稳定是国家社会建设的前提和基础。在我国改革开放的过程中,邓小平同志多次指出:“我们搞四化,搞改革开放,关键是稳定,中国的问题,压倒一切的是需要稳定。凡是妨碍稳定的就要对付,不能让步,不能迁就。”[①]华中师范大学聂运麟教授认为,在发展中国家走向现代化的进程中,政治稳定的发展大致要经历三个阶段,即政策性稳定、制度性稳定和价值性稳定。其中,政策性稳定比较脆弱,制度性稳定具有决定性,价值性稳定发展程度较高。[②] 显然,大学是促进价值性稳定的重要机构,“教育机构,特别是高等教育机构中的各类人员,都有自己的政治观点,他们聚集起来,就是一个不容忽视的政治力量。而且,教育机构本身具有创造和传播知识的功能,包括创造和传播政治观点,这也扩大了教育机构的政治影响力”[③]。

在以经济建设为中心的条件下,我们仍然需要进一步巩固政权,巩固和完善社会主义制度。邓小平同志从辩证唯物主义的观点出发指出:“毫无疑问,学校应该永远把坚定正确的政治方向放在第一位,但这并不是说要把大量的课时用于思想政治教育。学生把坚定正确的政治方向放在第一位,这不仅不排斥学习科学文化,相反,政治觉悟越是高,为革命学习科学文化就应该越加自觉,越加刻苦。”[④]

培养社会主义性质的人才和保持高校乃至社会政治稳定,是通过以下四种机制来完成的:

(1)行为导向机制。高等教育通过给受教育者提供一套价值标准和行为模式,使人们的行为自觉地按一定的准则和方向进行,从而达到维持现有社会秩序、保证社会正常运行的目的。我国大学中引导行为的价值观是社会主义价值观,而这些价值观或以显性或以隐性的方式表现出来。集体主义是社会主义价值体系的要素之一。在资本主义的自由社会,例如英国,个人主义是一种普遍的政治、经济意识形态,学校里的课程、教学活动往往基于个别化来设计。不论是什么学科,学生往往在个人技巧的层次上学习,有个别化的选课和个别化的导师。教学过程多是师生之间的一对一的单向互动,学生之间彼此的互动很少。社会主义的集体社会活动便常常以集体上

① 《邓小平文选》第3卷,人民出版社1993年版,第244、286页。

② 参见聂运麟:《政治现代化与政治稳定》,湖北人民出版社2000年版,第526～527页。

③ 马凤歧:《教育政治学》,第45页。

④ 参见《邓小平文选》第2卷,人民出版社1993年版,第103页。

课、一致行动的形式出现。甚至课堂之外的仪式性活动和体力劳动，也多以集体性行动来实施。

(2)控制机制。为了保证受教育者能自觉地遵守社会提供的一整套价值标准和行为模式，保障为社会提供“合格”的人才，避免高等教育人才培养目标和标准的偏离，高等教育作为一种社会制度，通过对受教育者的选拔、考评、奖惩等措施来对其加以干预，从而达到控制的目的。每一个学生经历数次考核、选拔才能进入大学，而政治的正确是重要标准，因此我国大多数大学生的“政治面貌”或者是团员，或者是党员。

(3)宣传机制。高等教育不仅继承和传递知识、经验和文化，而且还通过各种教学及宣传工作来传播社会的政治要求和政治思想，是重要的社会思想和舆论的传播者。按照胡建华教授的观点，我国高等教育与政治的关系属于“显性模式”①，而宣传机制也是通过显性方式进行的，大学课程体系的重要内容——“两课”、教师队伍的重要组成部分——思想政治辅导员、学校的重要机构——党委宣传部相互配合，完成了社会主义思想的宣传任务。

(4)整合机制。高等教育作为一种社会制度，是一种为统治阶级所推崇的社会结构和行为规范体系，明确地规定了人与人之间关系的准则及受教育者的行为规则，从而使人们的活动及相互关系得到调适，以维护社会的稳定，促使社会的一体化。这种整合机制始终贯穿社会主义意识形态。意识形态具有两项功能：合法化和社会控制。韦伯即曾指出：合法化的过程事实上具有认知(cognitive)和情意(affective)两项主要成分。也就是说，合法化的过程一则借着对其已客观化的意义赋予认知的效力，以解释机构的秩序；二则借着对其自然迫切动机赋予正式的高尚意义，而将机构的秩序正当化。② 合法化牵涉到稳定。如果说合法化是保持政治稳定的必要基础，那么，意识形态就是政治稳定的必要工具。意识形态的另一项功能是扮演社会控制的制度化角色。教育原本就具有社会控制的功能，意识形态的引入更将某些特定价值观念予以合理化，以达到社会控制的目的。

(二)从利益相关人评价法视角来看，大学行政化可以有效推行国家教育改革政策

国家是大学组织利益相关者中重要的一极，大学行政化可以有效地维

① 参见胡建华：《高等教育学新论》，第83页。

② 参见蔡璧煌：《教育政治学》，第136页。

护、实现国家的利益。

首先，大学行政化表现在行政化的管理体制建立起了一种高效率的社会政治动员机制，有效地满足了党和政府运用自上而下的行政手段、运用举国体制实现党和政府的各项战略意图的需要。借助于高度行政化和受各级党组织严密控制的大学组织，党和政府只要一声号令，各项决议的精神就可以迅速传递到全国所有大学，传递到最基层的每一位教师和学生，各项高等教育战略部署就可以迅速体现为全国大学步调一致的现实行动。因此，有学者在批评大学的松散联结的时候说："如果联合更牢固的话，那么，学校将更容易沟通，实现预想和控制组织过程，而且还能较好地实现组织目标。"①"松散联合的系统会使组织付出沉重的代价。子系统之间相互不合作，而且相互之间还存在冲突。难以在全校推广有益的经验；难以完善存在问题的子系统。松散联合使组织的协调活动难以开展，组织无法利用管理手段对系统的变革发挥作用。"②

历史地来看，我国现代大学制度的建立与完善正是国家运用行政管理手段有计划、有步骤地改革发展的结果。20 世纪 50 年代初期，国家逐渐对国民党政府遗留下来的中央大学、交通大学(沪)、同济大学、复旦大学等高等学校进行初步改造，一律废除国民党党义与训导制；全部接收由国外教会举办、资助的辅仁大学、燕京大学、金沽大学、协和医学院、金陵大学、华中大学、东吴大学、震旦大学等高等教育机构，收回教育主权；分期分批接办中法大学、广州大学、光华大学、大夏大学等 58 所私立高等学校；创办中国人民大学、哈尔滨工业大学等新型高等教育机构。

同时，中央决定学习苏联经验，有计划地在全国范围内进行院系调整。1951 年 11 月，中央召开全国工学院院长会议，提出了工学院调整方案："将北京大学工学院、燕京大学工科方面各系并入清华大学。清华大学改为多科性的工业高等学校，校名不变；清华大学的文、理、法学院及燕京大学的文、理、法方面各系并入北京大学。北京大学成为综合性大学，撤销燕京大学校名。"接着，对南京大学、浙江大学、武汉大学、中山大学等高校进行调整。1952 年下半年，教育部根据"以培养工业建设人才和师资为重点，发展专门学院，整顿和加强综合性大学"的方针，以华北、东北、华东为重点，全面

---

① Lutz, F. W. "Tightening up Loose Coupleing in Organizations of Higher Education." *Ad Ministrative Science Quarterly*, 27, 1982, pp. 653-669.

② [美]罗伯特·伯恩鲍姆：《大学运行模式》，第 38 页。

进行高等学校院系调整。是年底，全国已有3/4的高校完成了院系调整。由于院系调整，1953年，我国普通高等学校的数量由1952年的201所降至181所。在对高校院系进行调整的同时，高等教育区域布局工作在全国范围内展开。1952年，在内蒙古始设三所高等教育机构，打破建国以来内蒙古高等教育机构零记录；同样，1958年，在宁夏设立两所高等教育机构；1971年，在西藏设置高等教育机构。至此，高等学校覆盖全国29个省、自治区、直辖市。

改造、创建高等教育机构，调整院系、学科与区域布局，促进了该时期高等教育事业的较快发展。培养专门建设人才与技术创新，为该时期我国工业与社会发展奠定了基础。胡建华教授在评论这一历史时期时说："院系调整这样大规模的改革能够顺利进行这一事实本身就是改革成功的一个有力的说明……院系调整中为数众多的院校的合并、停办、新设，大批人员、图书、设备的移动，都是在短时间内有条不紊地完成的。"①

其次，大学行政化还为国家集中稀缺、分散的社会资源，投入现代化建设的关键性领域，落实赶超战略、"集中力量办大事"提供了有效的组织保证。在单位制度下，国家对社会资源的分配，是通过各类单位组织这一主渠道进行的。这种分配体制，既在无形之中迅速瓦解了那些同一元化的权威体系和已确立的基本资源分配规则相疏离或对立的社会组织的生存基础，同时又有效地保证了国家得以按照自己的战略意图对有限的资源进行统一调配。"从总体上讲，单位制度的实施，就实现其预期的组织功能而言，是有效率的。"②

20世纪90年代以来推行的"211工程"、"985工程"就是国家集中力量办高水平大学的重要举措。所谓"211工程"，是指"中国政府面向21世纪，重点建设100所左右的高等学校和重点学科的建设工程"③。江泽民同志于1998年5月4日在北大百年校庆上发出了关于"为了实现现代化，我国要有若干所具有世界先进水平的一流大学"的号召。教育部随后制定并实施了"面向21世纪教育振兴行动计划"，其中将重点支持部分高等学校创建具有世界先进水平的一流大学和一流学科作为重点建设项目，这一项目被称为"世界一流大学建设项目"(简称"985工程")。

---

① 胡建华:《现代大学制度的原点:50年代初期的大学改革》，南京师范大学出版社2001年版，第287页。

② 揭爱花:《单位:一种特殊的社会生活空间》，《浙江大学学报(人文社会科学版)》2000年第5期。

③ 《国家教委关于重点建设一批高等学校和重点学科点的若干意见》(1993年)。

“211 工程”、“985 工程”等重点建设战略确实取得了重大的成绩。根据教育部 2008 年第 3 次例行新闻发布会介绍，通过“211 工程”、“985 工程”非均衡建设措施，重点建设学校整体实力有了显著的提高，而且缩小了与世界一流大学的差距。如教学科研用房，2005 年为 3111 万平方米，是 1995 年的 2.6 倍；高校整个科学仪器设备的总值，2005 年是 1995 年的 5.4 倍；10 年间总共引进教师 43711 人，2005 年的教师当中具有博士学位的人数是 51211 人，是 1995 年的 5.8 倍，45 岁以下具有高级职称的教师是 1995 年的 2.8 倍。在人才培养方面，10 年累计培养本科生 242 万人，研究生 62.3 万人，留学生 11.27 万人，2005 年的在校研究生人数是 1995 年的 6.2 倍；在科学研究方面，“十五”期间的科研经费达到 1019.82 亿元，是“八五”的 1.3 倍；“十五”期间发表的 SCI 论文数是“八五”期间的 7.9 倍。①

不但纵向比较有了巨大发展，横向比较也有了长足进步。用 28 所有研究生院的大学与美国的联合大学联合会(AAU)的相关大学的平均值进行一下比较，可以发现，1995 年，美国这些学校的在校人数是我们的 1.8 倍，到 2005 年，我们与他们的比例是 1∶0.7。授予博士学位人数，1995 年我们与他们的比例是 1∶5.6，也就是说，我们只是他们的 1/5.6；但是 2005 年的时候，我们能够培养的博士生数跟他们相比是 1∶0.8，也就是说，我们超过了他们 20%。科研经费当时的比例是 8∶1，从科研经费的比值可以看到，2005 年美国的大学平均值是我们的 23.4 倍，但现在只有我们的 6.2 倍。发表的论文数在 1995 年的时候，这些学校是我们的 15 倍，但到了 2005 年，只是我们的3.6倍；从文章的被引用数来看，SCI 被引用数 1995 年的时候，他们是我们的 51.7 倍，但是到了 2005 年，美国 AAU 大学只有我们的 6.2 倍。②

或许跨国比较更能说明大学行政化的优势所在。克拉克说，过去一二十年来，高等教育的发展是以众多的新政策和新改革为特征的。但是，这些新政策和新改革大多未能取得原来设想的变革。……从世界范围来看，情况是十分相似的。人们曾经指望联邦德国的综合大学模式成为全国高等教育新的一般组织原则，但是，在联邦德国的 11 个州中，只有 2 个州办起了综合大学。在法国，1968 年著名的方向指导法提出的三个目标——多学科教

① 参见《教育部 2008 年第 3 次例行新闻发布会》，http://www.gov.cn/xwfb/2008－03/26/content_928987.htm

② 参见《教育部 2008 年第 3 次例行新闻发布会》，http://www.gov.cn/xwfb/2008－03/26/content_928987.htm

学、学生的参与和学校机构自治——只是在极有限的程度上实现了，也有人说它根本就没有实现。高等教育各方面的具体政策也同总政策一样，没有被很好地贯彻。例如，波兰新的招生政策目的是要扩大出身贫困的社会阶层的学生的入学机会，但事实上这些学生占总学生数的比例并没有大的增长。修习正规全日制学位课程的学生所占的比例更小。对此，克拉克有过精辟的解释：在其他条件具备的情况下，强有力的集权控制有利于高等教育改革的实施，也就是说，改革目标的实现绝不能太信赖中央当局不能控制的力量，政治意志的力量是强大的。①

三、我国大学行政化的负面影响

（一）从资源评价法视角来看，大学行政化导致大学竞争政府资源

从一种制度主义的观点看，采用了适当形式的组织之所以绩效很好，不是因为这些组织形式是最有效的，而是因为这些组织就从合法资源占有的组织那里获取资源而言是高效的。组织之所以遵从制度要求，首先是因为这样就可以接近和获得资源，而不是因为这样可以直接提高生产效率。② 趋同政府的大学组织形式是大学实现与政府有效对接的产物，可以最大化争取源自政府的经费、政策、声誉等稀有办学资源。

强势的政府像搭积木一样，通过“制度安排”把每个大学放在政府意愿中的位置上，然后告诉大学要“听话”。正如赵炬明所说：

> 每个学校都清清楚楚地知道自己在这个金字塔中占据什么位置，而这一点又基本决定了其工作目标、工作标准、资源来源与数量、管理模式与方法以及社会声望。处于不同层次的学校，哪怕是只差一个级别，都会在学校教育目标、招生、课程设置、师资、教学条件、毕业生就业与今后个人事业发展等方面表现出巨大差别。这个位置也直接影响着教师与管理人员的工作视野、价值观、工作标准、工作方式，甚至他们的社会地位。因此，不同学校里的人们实际是生活在不同的世界里，有不同的思想与价值观，按不同的方式行动。这些特点构成每个学校管理的基础，是造成学校社会声誉与特权差别的基本原因。③

---

① 参见［美］伯顿·克拉克：《高等教育新论——多学科的研究》（第2版），第242、260页。

② 参见［美］沃尔特·W·鲍威尔，保罗·J·迪马吉奥：《组织分析的新制度主义》，第265页。

③ 赵炬明：《精英主义与单位制度——对中国大学组织与管理的案例研究》，《北京大学教育评论》2006年第1期。

大学作为理性人、经济人会“听话”吗？会安于自己的摆放吗？大学作为政治人、行政人不会选择在市场中竞争（也没有公平竞争的市场）来谋取政绩式的发展，必然会选择唯一的路径——竞争政府资源。“当政府要求各个高校根据自身条件自觉定位而不要一哄而起时，很少有学校会认真响应，因为这无疑要它们安于现状。从制度与政策的角度看，这是一个制度框架与现行政策相互抵触的典型例子。”①政府牢牢把控着大学办学所需要的财政、政策、干部等关键性资源，大学为了最大化争取这些资源，现实的路径选择是与其通过竞争学术水平再争取办学资源，不如直接竞争政府资源。因此，可以说，大学行政化也是大学“自愿”被行政“化”的结果。

大学竞争政府资源会导致以下几种后果：

（1）在行政化方式分配资源的背景下，大学趋同的现象会加剧。“权威机构通过给那些愿意遵守其提出条件的组织提供物质等激励，其诱致性策略可以引起组织和组织场域中的结构变迁……诱致性策略产生了日益增加的组织同形（结构相似性）。”显然这对于形成生态化的高等教育结构危害很大，“如果权力和资源的集中会导致一个组织化部门中的结构形式日益同质化，那么我们必须关注这种结构形式多样性的消失。正如汉纳和弗里曼所指出的：这种多样化的消失可能会损害一个社会对未来的不确定变革的能力。”②当前大学管理的行政化、政治性的追求，可能导致大学的容纳能力及其适应未来变革能力的丧失，这将是一种极为高昂的代价。

（2）学术竞争的动力或压力不足。对于高校升格，从专科到本科，从厅级升副部级，有学者评价说：“这意味着行政定级待遇及激励导向的再次强化。这一信号使所有的大学意识到，要获取支持必须升级，而升级比任何其余的办学努力都更为有利，见效更快。”而升格暂时失败的高校“在短暂的失落消沉后用更多的非学术的努力和奋斗去赢取政府的认同，争取早日荣升”。③ 在大学内部，如果行政人员（无论是单纯从事行政管理的学校机关工作人员，还是拥有学术职称的院系领导）拥有权力过大，能决定教师的资源获取、薪酬待遇、未来发展，那么，行政力量就会成为主导学校发展的绝对力

① 赵炬明：《精英主义与单位制度——对中国大学组织与管理的案例研究》，《北京大学教育评论》2006 年第 1 期。

② ［美］沃尔特·W·鲍威尔、保罗·J·迪马吉奥：《组织分析的新制度主义》，第 191～192、151 页。

③ 董云川：《高等教育热点之我见》，《云南财经学院学报》1999 年第 6 期。

量，大学不追求学术发展，而追求体制化政绩，也就十分正常了。[①]

(3)带来大学的公共性危机。我们常说大学是社会良知的代表，是社会发展的公器，但是"纵向的计划方式，纵向的经费下达方式，纵向的学科点申报和建设过程，促使大学及其学术发展只能仰头向上，挺着脖子朝上努力。大学教育、大学学术的公共性及其创造功能正是在此过程之中被消减了"[②]。

(4)消解市场的功能。高等教育发达国家的经验表明，市场是促进高等教育发展的强大力量和有效手段。克拉克说：

> 地位等级(指高等教育——引者注)的性质基本上决定于政府，通过职能资源的分配，或者主要通过院校的相互影响，通过竞争。我们可以提出许多尖锐的问题：国家控制是不是意味着把声望等级向下拉平，而市场的相互影响则导致向上拉平？……领导在大学和学院的地位成就中起什么作用呢？在很多国家，等级最高的院校都是最先创办的院校，历史的优先有多么重要呢？"[③]

在大学场域中，政府的力量前进一步，市场的力量就会后退一步。在政府力量的作用下，市场竞争自身所具有的强大推动力被极大消解。

(二)从内部过程评价法视角来看，大学行政化削弱了大学精神和品格

内部过程评价关注大学组织内部成员的关系及组织文化的特点。第四章已经对大学行政化的组织文化上的表现作了论述。依附型大学组织文化的凯旋必然导致大学精神与品格全面涣散与衰落。"大学行政化制度使大学中应然的精神和品格缺乏，难以产生引领社会文明、提升社会文化和道德品位、促进社会品质提高的价值和意义。"[④]

一个大学的大学精神和品格直接取决于教授，然而这是一个大学教授被"贬值"的时代：

> 某个部属重点大学的新生开学典礼在该校的大礼堂隆重举行。来自五湖四海的数千名高考生将鱼贯而入，齐把目光投向主席台上那密密麻麻的一片。经大会主持人一一介绍，方知第一排坐的都是校级领导，从书记、校长到各位副书记、副校长，还有纪检书记，以校长、书记为中心，从左右两边依次排开，一个也不能少。第二排是各学院的院长，

---

① 参见熊丙奇：《大学最深刻的危机：体制化》，《科学时报》2007 年 4 月 3 日。

② 《大学学术的公共性危机》，http://www.xschina.org/show.php? id=2278.

③ [美]伯顿·克拉克：《高等教育新论——多学科的研究》(第 2 版)，第 15 页。

④ 王长乐：《大学拯救与"卡里斯玛"》，《云梦学刊》2006 年第 6 期。

> 也都如数到齐，最后一排是各学院的教授代表，据说他们还是由校办点将的资深教授。“校领导”、“院长席”、“教授席”，秩序井然。我始终不解的是：我们的教授从什么时候开始被当作大学的“第三等级”了？他们只应充当校园中的“第三等级”吗？①

由此看来，教授在大学是“被”贬值、“被”边缘化的群体。自然系统的分析家们认为，高度集中化和正式化的结构必然是无效率的和不理性的，因为它们浪费组织最为珍贵的资源：参与者的才智和创造力。②

不少高校在推行“处级”领导岗位竞聘的活动中，把教授、博士等职称或学历作为应聘的条件之一，有相当教授或博士去争“中层干部”的“级别”，去向权力献媚，抛弃独立精神，学术成为行政权力的工具和手段，这多少有点“自贬身价”。表面上看，一些在教学、学术研究方面取得成就的教授往往被委以行政重任，似乎是看重他们的价值，但若从理性角度推敲，这恰恰是学问没有地位的证明。正因为从事纯学术研究的人的价值不被承认，所以才把他们“提拔”到行政、准行政的位置，在那里价值才被承认。③

当大学精神与大学品格不能张扬，庸俗的体制文化就会肆虐。单位制的制度安排和制度环境，以及单位制特有的运作机制，派生出了大学组织内部程度不一的权力结构二重化现象，即除了制度化的正式权威结构以外，还存在着一种非正式的、以幕后活动为运作方式的权力结构。通常在各种事关大学内部资源分配的决策事务中，非正式权力结构往往起着决定性的作用。单位制下的非正式权力就会形成庸俗化的组织文化，这种组织文化以竞争资源为目标，以组建圈子为手段，注重人际关系。

非正式权力结构以及由此形成的复杂的人际矛盾，一方面造成了相当普遍的“窝里斗”现象，直接影响了单位的组织效率；另一方面对单位人的行为取向也产生了深刻的影响。缺乏公开、公正竞争单位资源的游戏规则，人际关系尤其是非正式权力关系成为单位资源分配的重要因素等等，都无可避免地造成了单位内部工作效率的日趋低下，人们在工作上的积极性、主动性，特别是创造性活力日趋低迷，这种文化对大学具有极大的危害性。④

---

① 郭世佑：《这样的大学是什么？》，《南方周末》2005 年 9 月 23 日。

② 参见[美]W・理查德・斯格特：《组织理论》，第 55 页。

③ 参见黄俊伟：《说过去的教授和现在的教授》，《书屋》2004 年第 5 期。

④ 参见揭爱花：《单位：一种特殊的社会生活空间》，《浙江大学学报（人文社会科学版）》2000 年第 5 期。

(三)从目标评价视角来看,大学行政化造成了大学质量危机

目标评价法关注大学组织的产品和服务产出。众所周知,我国大学的科研产出和教育服务产出令人失望,那么这与大学的行政化是否有直接的关系?行政管理强调的是政绩。"行政思维办校,必将导致高校追求近期业绩,注重外延发展,忽视内涵建设等问题。"①

在教育的政治性被强化的环境中,很多教育家被异化为政治家,大学只能是特定社会的随从,而无法引领社会的发展。"教育家一定不是为现实负责的,而是为未来负责的,而政治家一定是为现实负责的,必须立足现实。解决现实的问题是政治家的第一责任,而对未来负责是教育家的职责。用这个标准评判一下中国现在的大学理念,我们就能够看到中外的差距。"②只有在非政治化的大学里,学者才能"思考而无须决定,观察而无须参与,批评而无须改革";只有在这样一所大学,他们才能充分地"思考和观察而没有偏见,批评而没有恐惧",而且学术生活的这些品质应该加以爱护,"因为没有无私和无畏的批评,社会将丧失它自我更新的力量"。③

在行政绩效思维下,高校看重的是能彰显政绩的论文发表数量、课题经费数量、专利数量,因此,对教师的考核均采取数量指标,要求教师一年发表多少论文、申请多少课题或者申报多少专利:

> 高等教育的质量下滑,是世界性的现象。但中国大学的问题还是具有自己的特殊性。就像前些年某些官员把追求GDP的增长当作首要的政绩目标一样,如今的大学也在所谓"数字化管理"的引导下,竞相扩张。重点大学把一级学科的多少,地方大学把"博士点"的多少,视为首要的目标,把所谓的"国家项目、课题"看成大学的门面,其实这已经把大学的理想庸俗化了。你提出研究生学术水平的下滑,某些大学校长可能并不觉得是问题。他们只要多拿下几个博士点,就有了自夸的资本。在这种游戏当中,学校可以争取更多的经费,导师可以获得更多的收入,行政主管部门在博弈中也扩大了权力。④

20世纪50年代的"大跃进"过去四十多年后,在惯有的政绩思维办学的

---

① 《机构臃肿效率低下,熊丙奇剑指高校行政化弊端》,《中国青年报》2008年3月3日。

② 徐显明:《要办受人尊敬的大学》,《经济观察报》2009年9月28日。

③ [美]克拉克·克尔:《高等教育不能回避历史——21世纪的问题》,王承绪等译,浙江教育出版社2001年版,第246页。

④ 丁东、谢泳:《大学行政化与高教大跃进》,《民主与科学》2007年第3期。

潜在指引下,我国的教育又出现了一次"高校大跃进",直接导致了当前大学"高大全"的办学定位。在短时间内,把学校办高(高的标志是:专科变本科、本科变出硕士点,硕士点变出博士点)、办大(大的标志是:学生规模大,校园面积大)、办全(全的标志是:单学科到多学科,多学科到全学科)成为国内几乎所有高校的共同追求和奋斗目标。

当前,硕士研究生扩招成为扩大高等教育规模的另外一种方式。2009年,硕士研究生的招生规模比2008年增长5%左右。2009年,国务院学位办官员表示,教育部将增加全日制专业学位硕士研究生招生计划5万个,主要用于招收参加全国硕士研究生入学考试的应届本科毕业生。对此,有人评价,教育被长期而普遍地当成实现其他目标的工具。把研究生扩招当成一种反周期的经济政策来用,一方面减轻就业压力,另一方面也可以扩大部分家庭的支出。这两个用意,与上一轮出现经济衰退时政府决定大规模扩招如出一辙。[①] 这样高等教育的经济功能被放大了,从而带来大学产业化的问题。但是"大学的产业化并非市场经济造成的,而是教育管理体制破坏教育规律的结果。这一管理体制的弊病在于计划经济时代僵化的官僚作风与市场经济时代市侩式实用主义的结合上。它既要坚持权力控制教育的惯性,又要把教育当作产业推向市场"[②]。

清华大学美术学教授、艺术家陈丹青辞职事件引起了社会广泛关注。对此,有人评价说,今天的研究生教育相当程度上已经被行政化。它遵循的是这样一个逻辑链:因为学位管理的行政审批制,所以必须对上负责;因为行政管理者多是外行,所以必须量化管理,否则他们看不懂;因为标准化管理,所以对每一门学科、每一个学生都得按照一样的模子来铸造(比如,外语考试);因为量化管理,所以艺术、学术规律和如何对学生负责等问题只能放在其次。[③] 在这样的背景下,研究生教育的质量很难保证。

大学生失业问题与高校行政化密切相关。很多大学不重视把人才培养与市场需求相结合,不关心学生的职业生涯发展规划,不重视教育质量。高校的官本位思想,把学校置于强权一方,不少学校只顾一心扩大规模,根本不关心学生几年后的就业情况。"一心追求政绩的学校,早已顾不得大学应以人才培养为中心,怎么可能在师资力量的配置、教材的编写、课程的更新

---

① 参见秋风:《教育不当做经济的奴仆》,《中国经营报》2009年3月23日。

② 丁东、谢泳:《大学行政化与高教大跃进》,《民主与科学》2007年第3期。

③ 参见《美术教授为何愤然辞职》,《福建日报》2005年3月28日。

上下功夫呢？学生在一些学校领导那里，只不过是描绘学校规模的一个数字而已。”①

而事实上，学校行政级别的最大影响，在于领导的办学价值取向。首先是官员立场，其次才是教育者立场，行政级别的差异将诱导高校领导为追求级别而追求大学的办学层次，而行政级别与社会官场的对接，直接导致高校领导看重政绩以及仕途发展而可能置教育规律于不顾，乐于追求短期效益，完成数字指标。②

更为关键的是，大学行政化意味着取消大学自治，而大学自治是学术发展的前提。第一，思想的自由和有不同意见的争论，是追求真理的唯一的途径。没有大学自治和学术自由，只有领导的意见正确，追求不了真理。第二，没有大学自治，怎么会有创新国家，怎么会有创新型社会？没有独立精神的人要做新型的学术和科研，是不可能的事情。③

(四)从利益相关者评价视角来看，大学行政化导致大学腐败产生

大学是利益相关者组织。我国大学的利益相关者主要包括政府、学校管理人员、教师、学生、学生家长和用人单位等。利益相关者获得的控制权是依据利益相关者与大学的利益相关程度以及他们参与大学治理的意愿、能力进行分配的。依据这两个维度，可以将我国大学的利益相关者分为四类：核心利益相关者(以大学经营者为代表的大学行政人员)、关键利益相关者(政府、大学教师)、紧密利益相关者(用人单位、学生)和一般利益相关者(学生家长)。④ 这些利益相关者有着不同的甚至是冲突的利益诉求。这些利益相关者的利益诉求能否实现，取决于他们各自在大学中能否取得相应的权力。

我国大学基本上没有建立类似美国大学的董事会组织(即使建立了，也是虚设的)，用人单位、学生家长等社会力量缺乏影响大学的有效形式。通过第二、三、四章的分析，学生权力、学术权力都成了行政权力的附庸，而政治权力联合行政权力在大学中取得了“霸主”地位，集中而庞大且失去有力监督的权力必然会带来大学的腐败：

---

① 熊丙奇、张鸣：《学堂：抑或衙门》，《中国改革》2006年第7期。

② 参见熊丙奇：《大学领导的职数能否减少》，《东方日报》2007年8月1日。

③ 参见蔡定剑：《没有大学自治，就谈不上教育改革》，《中国改革杂志》2009年4月29日。

④ 参见潘海生：《作为利益相关者组织的大学治理理论分析》，《中国地质大学学报(社会科学版)》2007年第5期。

历来社会中的污染有三类：第一类是吏治腐败，官德有失，使得既有道德又有才能的年轻人看不到希望。第二类污染是司法腐败，社会的公正空间就没有了。第三类污染就是教育腐败，教育一旦腐败，人们的道德就没有了。三大污染是人民最深恶痛绝的，其中教育上的污染是民族根性的污染，为害最深远。[①]

近年来，包含招生丑闻、学术丑闻、财务丑闻等在内的一系列大学问题，都与大学行政化脱不了干系。“高校大规模的腐败始于滥评职称，尤其是给行政干部评职称。90年代以来官员权力趋于失控。随着权力扩张，野心也大大膨胀，什么都想弄到手，官本位的体制则让有非分欲念的官员总有办法满足自己。给行政干部评职称作为90年代一大发明和世界一绝，正是这种情况恶性发展的结果，也是高校大规模腐败的开端。”[②]据说，有些高校的人事改革取消行政人员职称评审或聘任，这固然有助于消减学术腐败，但这样一来，对于行政人员来说，行政级别将成为上升的唯一路径，那么这不但不会减弱行政，反而会加强行政化。

在行政化、长官意志控制下的大学中，有一个普遍现象：大楼满天遍地盖。这样，大学的管理者腐败的机会就增多了；而且，更要命的是，恰恰也正是大学的行政化，使得大学的各项决策，包括工程招标和发包等权力，都集中在少数大学领导手中，他们手中的权力大而又得不到有效监督，腐败便如囊中之物，随手取来。大学校长们一次次在大楼上跌倒，根子还是在挥之不去的行政化和长官意志。[③] 同济大学原副校长吴世明因受贿罪被判刑10年，南京财经大学原副校长刘代宁被控受贿160多万；而湖北近年已有五六所大学的主管官员因腐败落马，包括湖北大学原副校长李金和等；陕西2006～2009三年间查处80多宗大学经济案，倒下7名厅级校官；最近一次影响较大的是武汉大学常务副校长陈昭方和党委常务副书记龙小乐“倒下”。相信如果大学行政化没有改观，大学的腐败还会“前腐后继”。

大学腐败丛生，有人把它归结为大学利益相关者的缺位与失语，呼吁教师和学生出场：

如果我们无法进行彻底而直接的改革，那么不如走一条渐进的道

---

① 徐显明：《要办受人尊敬的大学》，《经济观察报》2009年9月28日。

② 肖雪慧：《有必要从根本上检讨的教育政策——反思九十年代的教育》，《社会科学论坛》2003年第5期。

③ 参见杨涛：《高校领导频频落马根源于大学行政化》，《九江日报》2009年10月10日。

路，完善监督体制。俗话说，人无完人。目前中国高校官场化的一大特色就是“学官”权力太大，无人能够制约。政治学基本理论认为，为避免错误，所有的权力都需要监督和制约，因此建立健全高校内部行政事务的监督是一个不错的选择。假若高校内能够建立健全一套监督制约的体制，让教师、学生在学术评审、职称评定等方面有更多的参与权，将高校行政透明化，从而使监督能够有效地实施，更使监督者能够安全地发言，那么高校行政民主化、学术自由化便不难实现。①

(五)从价值观评价视角来看，大学行政化与官本位文化并生共存

价值观标准评价法关注大学成员的价值取向与价值追求。显然，浓厚的官本位文化是大学行政化的应有之义。许多学者对我国大学中的官本位进行了深刻的剖析：

> 高校已经成为一个官场，不仅有官场的结构，还有官场的文化、官场的行事方式。整个(高校)结构官僚化，所有官员、干部，院、系、所管理人员都变成了官员，层层任命。②

> 大学办学者的身份意识，首先是官员，而非教育者，众所周知，我国公立高校的书记、校长，至少官居正局、正厅，还有几十所重点大学的书记、校长，是副部长级干部，从他们开始，高校内形成了一个庞大的官员群体以及管理机构。③

这个庞大的官员群体以及管理机构在大学占据主导地位，包括在学术领域，“生产线上游如目标设定、规格制定和大纲确定等，由职能部处长及科室长控制，生产线下游如教案编定、教法规定、测试题审定、答案认定和评卷标准确定等，由院系主任及教研室主任控制”④。

还有学者采用量化研究方法，对大学官本位文化进行分析。相关调查统计表明，有71.7%的教工认为大学组织政府化非常严重或比较严重；对官本位和作风官僚化，分别有63.8%、56.2%的教工认为非常严重或比较严重。⑤ 以顾海兵为代表的学者以量化的方式分别对科研成果、社科领域、

---

① 李琳：《中国高校官场化批判》，《政府法治》2007年第6期。

② 张鸣：《人大政治系主任批评学院被撤职，称高校已成官场》，http://www.jxnews.com.cn?.

③ 熊丙奇：《高校行政管理不改革，建一流大学是空话》，《第一财经日报》2007年10月26日。

④ 赏芝堂：《教授·科长·名片》，《现代大学教育》2004年第3期。

⑤ 参见滕玉成、丁长青：《教工对大学文化的评价调查与分析》，《江苏高教》2009年第5期。

大学网站新闻等方面进行了大学的“官味度”分析，得出了中国大学“官味度”偏高的结论。[①]

大学管理者身份的官员化，必然带来行政化的管理方式，即下级服从上级，少数服从多数。“文官的荣誉所在，是他对于上司的命令，就像完全符合他本人的信念那样，能够忠实地加以执行。即使这命令在他看来有误，而他履行了文官的申辩权后上司依然坚持命令时，他仍应忠实执行。没有这种最高意义上的道德纪律和自我否定，整个机构就会分崩离析。”[②]下级对上级的行政命令有意见可以保留，却不可以不执行，“官大一级压死人”，这句蕴含深厚的“级别”文化的俗语并没有退出历史舞台。很多大学将行政管理与学术管理混为一谈，简单地用行政管理代替学术管理，进而将行政管理的理念普遍应用于大学管理的各个领域。我们的体制乃至整个社会往往都会用行政职位的高低来判断学者的成功与否[③]，从而造成“官大学问大，认官不认学”的现象。

官本位的文化也往往导致学术腐败。由于行政职务、权力与学术成果、学术职称、学术声望挂钩，教育科研体制缺乏必要的独立性，因此很多科研、教育机构沦为官本位体制的一部分，研究职务都相应冠以一定的行政级别。名为学者，实为“学官”，一头挑着官位、一头挑着学术职称的“双肩挑”人群，正在成为学术丑闻的高发人群。近来爆出的几起有影响的学术丑闻，大都和“学官现象”有关：

> 上世纪八十年代学界“新风”有所谓八字诀，叫做“由学入官，以官养学”，就是说在学术界当个领导，设法在别人的成果上署名在前，或叫别人代笔，当空头主编。如今看来，还不够“由学入官”条件的，还有一条步入青云之途，即“由党入官，以官控学”。[④]

官本位的文化也侵蚀了学生群体，扭曲了学生的价值观。在“2009年高等教育国际论坛”上，中国人民大学校长纪宝成指出：“中国最大的博士群体并不在高校，而是在官场。”不管是博士官员化，还是官员博士化，都反映了官本位大学中所培养的人才价值取向。很多人毕业出了校门，升官发财就

---

① 参见顾海兵、余翔：《淡化科研成果奖的“官味”》，《社会科学报》2006年12月14日；顾海兵、曹帆：《解读社科领域的“官味度”》，《社会科学报》2007年9月20日；顾海兵、陈小重：《中国大学网站新闻的官味度分析》，《复旦教育论坛》2009年第4期。

② [德]马克斯·韦伯：《学术与政治》，冯克利译，三联书店1998年版，第76页。

③ 参见项贤明：《大学能否淡化行政级别》，《中国社会科学报》2009年9月24日。

④ 王曾瑜：《衙门化：大学、科研机构的沉病瘤疾》，《新观察》2006年第2期。

成了第一追求。以 2010 年为例,有 100 余万人参加了国家公务员考试,而本次公务员考试计划招考 1.5 万余人,录取率相当低,竞争最激烈的职位考录比甚至高达 4080∶1。如果公务员的选拔机制有效的话,那么最优秀的人才大都做了公务员。这样的状况,不仅难以奢谈创新型人才的培养,更不敢奢望中国学术的自由与进步。

最后,我们必须要注意一个事实,书记和校长们在大学中的地位是至尊的,但是他们在政府面前却是卑微的,贯穿其中的逻辑就是官本位,也都是大学行政化的产物。李岚清指出,对于代表大学的高校领导,“全社会特别是各级党政干部要懂得尊敬他们、尊重他们。现在有的地方和部门的领导还不懂得这个道理,对他们缺乏应有的尊重,就连召开会议也是按官衔排序,大学党委书记和校长还往往排在党政官员座位的后面。这种现实情况,大大制约了对高校领导人的选拔、配备、使用和素质的提高,也就影响到了高校办学质量的提高,对社会的尊师重教氛围的形成也有不利的影响。作为高层领导,不能不关注这一状况对教育事业造成的负面影响”①。

① 李岚清:《李岚清教育访谈录》,人民教育出版社 2003 年版,第 157 页。

第七章　大学行政化的历史走向

诺斯说过，在社会变革中路径依赖①仍然起着作用，也就是说我们的社会演化到今天，我们的文化传统，我们的信仰体系，这一切都是根本性的制约因素，我们必须仍然考虑这些制约因素。我们必须非常敏感地注意到两点：你过去是怎么走过来的？你的过渡是怎样进行的？我们必须非常了解这一切。这样，才能清楚未来面对的制约因素和我们有哪些机会。② 因此，本章首先来分析我国大学行政化的源起，然后再讨论行政化的走向。

第一节　我国大学行政化的历史演进

无论把我国的大学史推至西汉的太学还是清末的京师大学堂，我国的大学史都是一部大学行政化、官僚化、政治化的历史。“政教不分”是我国教育的一个重要特征，甚至是社会的文化传统，即使源自中世纪、具有独立基因的大学传入我国也会被重新改造，赋予行政的、政治的使命。因此，在探寻我国当前大学行政化的源起时，需要把大学行政化的直接源起与间接源

---

① “路径依赖”指人类社会中的技术演进或制度变迁均有类似于物理学中的惯性，即一旦进入某一路径就可能对这种路径产生依赖，无论这一路径是“好”还是“坏”。诺斯之所以关注制度变迁的路径依赖问题，是因为他认为传统理论是不严密的。传统理论者认为：在历史进程中，无效的制度会被扬弃，有效的制度会存活下来，有效的经济、政治与社会组织形式是逐渐演进的。而历史与现实表明并非如此，传统理论无法解释“为什么相对无效的经济会持续？是什么妨碍了它们去采用更有效的经济中的制度”这个核心问题。

② 参见［美］道格拉斯·C·诺斯：《制度变迁理论纲要》，张帆译，《改革》1995 年第 3 期。

起相区分。从政治体制以及当前大学制度与未来大学发展的角度思考，本书侧重分析我国大学行政化的直接起源，即20世纪50年代建立的当代大学制度。

在分析20世纪50年代建立起的高等教育管理体制时，学者们普遍把大学行政化与之相联系：

> 1950年代形成的高等教育管理体制中高校与政府是行政上的下级与上级，高校与政府的关系是“行政关系”。在经过20年改革后的今天，这种“行政关系”仍然没有发生实质性的改变。“行政关系”的突出表现是高校无论在形式上还是实质上仍然是政府的下级机构，高校的办学在很大程度上仍然得执行政府的行政命令。①

> 50年代奠基的高等教育体制之症结是：教育行政化，高等学校不是或不完全是真正意义上的大学，而是行政体系（广义的行政体系，包括党、政、团、各种群众组织等）在高等教育系统的延伸。②

彻底的行政化是1952年以后，国家进行私有制改造，对大学进行合并、拆分，三足鼎立没有了，全成国家的了，把体系打乱，完全照搬苏联那一套，又安上行政级别。到了1962年，基本上形成了一套苏式的大学管理模式，完全行政化了。从“文革”后到80年代，相对来说，大学的行政化稍微弱了一点。但是90年代中期以后，教育主管部门通过项目拨款、设立博士点、评审等手段，加强了对大学的管制。例如，现在教育主管部门掌握着巨额资金，按项目形式往下拨款，可以拨多，可以拨少，也可以不给。③

当然，大学行政化涉及的不仅仅是大学与政府之间的关系，即大学的外部体制化。大学行政化的问题分两个层次：一个层次是大学内部——校长、院长、校内行政领导和教授应当是什么关系；一个层次是大学外部——政府教育行政部门和大学应当是什么关系。④ 但是，这两个层次不是同时产生的。当大学完全没有人、财、物的自主权，甚至教学的每个环节都被统一的时候，大学行政化只是一个维度，即大学与政府的关系，大学被完全纳入政府系统，政府对大学是绝对管理，管理大学运行的每个环节，大学管理者不具备管理大学的决策权，与大学中其他成员一样只有被动执行权。当大学

---

① 胡建华：《中国高等教育管理体制改革分析》，《南京师大学报（社会科学版）》2005年第4期。

② 李江源：《对我国高等学校行政化的反思》，《有色金属高教研究》2000年第1期。

③ 参见熊丙奇、张鸣：《学堂，抑或衙门》，《中国改革》2006年第7期。

④ 参见丁东、谢泳：《大学行政化与高教大跃进》，《民主与科学》2007年第3期。

被赋予部分自主权的时候，一方面大学成为行政体系的一部分，另一方面就会产生一个问题——谁来行使大学被授予的自主权？当代表政府的大学行政人员垄断大学仅有的自主权时，就会产生大学的内部行政化问题，即大学行政化的另一个维度。

一、一个维度的大学行政化

（一）一元办学体制的确立

全国解放前夕，国民党统治区共有高等学校 205 所。其中国立、省（市）立的公立学校 124 所，占总数的 60.5%；私立学校 60 所（不含教会学校），占总数的 29.2%；教会学校 21 所，占总数的 10.3%。[①] 新中国成立初期，通过三条措施确立了新的办学体制，即国家举办的办学体制。

1. 接管旧中国的公立高等学校

1949 年 4 月 25 日，中国人民解放军总部发出《布告》，申明："保护学校、医院、文化教育机关、体育场所，及其他一切公共建筑，任何人不得破坏。学校教职员、文化教育机关，及其他社会公益机关供职的人员，均望照常供职，本军一律保护，不受侵犯。"对于公立学校的接管，各地军事管制委员会下设立了文化教育接管委员会，向各主要学校派出工作组、军代表与联络员。由各地军事管制委员会或人民政府召开全校师生员工大会宣布接管。

1949 年 8 月 8 日，根据南京市军管会文教委员会通知，国立中央大学改名为"国立南京大学"。10 月 10 日，华东军政委员会教育部长吴有训签发通知："经政务院核定，除私立学校于校名上加冠'私立'二字外，各级学校校名概不加国立、省立、市立及公立字样。"自此，校名径称"南京大学"。

2. 接收外国津贴学校，收回教育主权

首先接收的是天主教会举办的辅仁大学。1950 年 10 月 12 日，中央人民政府授权教育部接收辅仁大学，将该校改为自办，任命陈垣为校长，主持校务。[②] 1950 年 12 月，政务院第 65 次政务会议通过了《关于处理接受美国津贴的文化教育救济机关及宗教团体的方针的决定》，明确规定：对接受美国津贴的文化教育医疗机关，应分别情况，或由政府接办，改为国家事业；或由私人团体继续经营，改为中国人民完全自办的事业；私人团体经营确有困

---

① 参见郝维谦、龙正中主编：《高等教育史》，海南出版社 2000 年版，第 31 页。

② 参见中央教育科学研究所：《中华人民共和国教育大事记（1949～1982）》，教育科学出版社 1984 年版，第 28 页。

难者，政府予以适当补助。1951 年 1 月 16 日，教育部在北京召开处理接受外国津贴的高等学校工作会议，重申新中国不允许外国人在中国管理学校，肃清美帝文化侵略的影响，收回中国的教育主权，并确定了处理接受外国津贴学校的原则、办法和接收的政策与措施。

到 1951 年底，所有接受外国津贴的高等学校，都由人民政府接收，除了辅仁大学外，接收后改为公办的有 11 所，接收后改为中国人民自办、仍然维持私立、政府予以补助的有 9 所。

3. 接办私立高等学校，改为公立

1950 年 8 月 14 日，教育部公布经政务院批准的《私立高等学校管理暂行办法》。规定私立高等学校办学的方针、任务、课程、教学及行政管理，均需遵照《高等学校暂行规程》及《专科学校暂行规程》办理。全国私立学校无论过去已立案与否，均需重新申请立案，校长由董事会任免，报部备案。所有财产不得移作学校以外之用。这是管理、改造私立高等学校的依据。当时政府按照“积极维持，逐步改造，重点补助”的方针，主要采取改组健全董事会、重新立案的措施，对私立学校进行整顿。

1952 年全国高等学校进行院系调整时，私立高校纳入调整范围，由国家接办。

（二）中央领导体制的确立

在建国初期，关于高等学校的领导关系有过两次决定。一次是 1950 年 7 月 28 日政务院第 43 次会议通过的《关于高等学校领导关系的决定》，另一次是 1953 年 5 月 29 日政务院公布的《关于修订高等学校领导关系的决定》。1950 年的文件强调“全国高等学校以由中央人民政府教育部统一领导为原则”，并决定“中央人民政府教育部对全国高等学校（军事学校除外）均负有领导责任，各大行政区人民政府或军政委员会教育部或文教部均有根据中央统一的方针政策领导本区高等学校的责任”。凡中央教育部所颁布的关于全国高等教育方针、政策与制度、法规、教育原则方面的指示，高等学校的设置变更或停办，大学校长、专门学院院长、专科校长的任免，师生的待遇，经费开支标准等决定，全国高等学校均应执行。

1953 年文件包括，中央高等教育部根据国家的教育方针、政策与学制，遵照中央人民政府政务院关于全国高等教育的各项决定与指示，对全国高等学校（军事学校除外）实施统一领导。凡中央高教部颁布的有关全国高等教育建设计划，包括高等学校的设立、停办、院系专业设置、招生任务、基本

建设任务、财务计划、财务制度（包括预决算制度、经费开支标准、教师学生待遇）、人事制度（包括人员任免、师资调配等）、教学计划、教学大纲、生产实习规程，以及其他重要法规、指示或命令，全国高等学校均应执行。文件强调中央人民政府高等教育部必须与中央人民政府各有关业务部门密切配合，有步骤地对全国高等学校实行统一与集中的领导并对各高等学校的直接管理工作作出明确分工。规定：综合性大学由中央高等教育部直接管理；与几个业务部门有关的多科性高等工业学校由中央高教部直接管理，高教部如认为必要，得与某业务部协商委托其管理；为某一业务部门或主要为其培养干部的单科性高等学校，可委托有关业务部管理；中央高教部或有关业务部直接管理某些高等学校暂时有困难时，得委托所在大区或省市区人民政府管理。在1953年的这个决定公布以后，1950年关于学校领导关系的决定就废除了。

（三）集权管理体制的确立

1.思想管理

解放初期，党中央采取一系列措施，进行思想改造，帮助知识分子提高思想觉悟。首先，组织知识分子进行政治学习。从1949年到1950年间，全国各地开办了军政大学、革命大学及培训班，高校组织教师假期学习会，吸收知识分子学习政协文件、社会发展史、新民主主义论等。高校90%以上的教师参加了学习。其次，组织知识分子参加革命实践运动。从1951年开始，大批知识分子陆续参加了抗美援朝、土地改革、镇压反革命三大运动。

1951年11月30日，毛泽东签发了《中共中央关于在学校中进行思想改造和组织清理工作的指示》，要求在所有的大中小学校的教职员和高中学校以上的学生中，普遍地进行初步的思想改造工作。12月15日，教育部发出《关于京、津高等学校教师思想改造学习运动进行情况和初步经验的通报》。此后，全国高等学校、中等学校教师陆续开展思想改造学习运动。据统计，全国高等学校中，91%的教职员和80%的大学生都直接参加了这次学习运动。

1952年9月2日，中共中央转发教育部党组《关于在高等学校试行政治工作制度的报告》，决定在全国各高校设立“政治辅导处”作为政治工作机构，负责指导全体教职员工的政治理论学习，协助教务处指导马克思列宁主义理论的课程教学，掌握教职员工和学生的政治思想情况等工作。

2.大学内部管理

1950年2月19日,中共中央政治局提名,中央人民政府委员会第六次会议通过,任命原华北大学校长吴玉章为中国人民大学校长,胡锡奎、成仿吾为副校长。学校实行党组领导下的校长负责制。中央人民政府党委会转报中央组织部批准,由阎子元、丁禹畴、马诚斋等11人组成中国人民大学党委会,指定阎子元为书记,丁禹畴为副书记。人民大学党委会受中央人民政府党委会领导,设5个党总支、3个直属支部、21个党支部。

1964年6月10日,中共中央批转高等教育部党组《关于加强高等学校政治工作和建立政治工作机构试点问题的报告》。提出:中共高等教育部党组改为党委制,直接领导直属高等学校的党委,并在高等教育部和直属高等学校设立政治部。高等学校政治部是校党委的工作机构。确定北京大学、清华大学为高等教育部直属高等学校建立政治部的试点学校。建议二三年内配齐班级的专职政治工作干部,其编制为平均每一百个学生至少配备一人。1965年3月1日,高等教育部政治部通知各直属高等学校迅速建立政治部,并大力充实政治工作干部队伍。从此以后,在直属高等学校中普遍建立起政治部,思想政治工作得到加强。

3.招生分配管理

在各大行政区范围内实行统一招生的基础上,教育部及时总结经验,于1952年6月12日颁发《关于全国高等学校1952年暑期招收考生的规定》。指出:“全国高等学校,除了个别高等学校经中央教育部批准者外,一律参加各区统一招生。”招生名额应报请大行政区教育部“根据全国招生计划审核批准”,“招生日期、考试科目由全国招生委员会统一规定”。至此,全国高等院校统一招生制度基本形成。

1950年5月19日,教育部颁发《北京师范大学暂行规程》。指出:北京师范大学由中央人民政府教育部直接领导,本校毕业生由中央人民政府教育部分配工作。6月3日,政务院成立暑期高等学校毕业生工作分配委员会,直接办理全国高等学校1.8万毕业生的工作分配问题。

4.教学管理

(1)制订与教学计划配套的、统一的教学大纲,确定统一的我国各类高等学校的发展目标和人才培养目标。1953～1955年,高等教育部接连召开了全国性的综合大学、高等工业学校、高等财经学校、高等政法学校、高等农林学校、高等医药学校会议,教育部召开了全国高等师范教育会议。这些会议明确了各类高等学校的发展目标和人才培养目标。

1953年,高等教育部组织制订各门课程的统一教学大纲。截至1955年6月,高等教育部组织制订并颁发了348种统一教学大纲。

(2)统一高等学校的专业设置,培养专门人才。随着院系调整的进行,依据苏联高等教育的专业目录,我国开始统一设置高等教育的专业目录。专业一律由国家设置,专业名称由国家统一确定,一个专业可覆盖多个专业点,即国家设置某一专业,有关高校可设立相应的专业点。如1957年全国设置师范类的专业21个,覆盖的专业点有485个,其中本科专业点248个、专科专业点237个。

(3)统一教学工作环节。例如,1953年高等教育部召开了全国高等工业学校行政会议,作出了《关于稳定进行教学改革提高教学质量》的决议。规定:高等工业学校教学改革中各项重要工作的顺序是,首先明确专业的培养目标,并根据培养目标拟订教学计划,根据教学计划中各课程的地位与作用拟订包括该课程目的、要求与内容要点的教学大纲,最后根据教学大纲编写教材。教师必须在教研组(室)的计划安排下,按照教学计划和教学大纲的内容讲课。工科四年制本科每学期的课程门数一般不超过8门,最多不超过9门,每周教学时数平均32学时,一、二年级周学时多些,以后逐年减少。本科教学总时数为3600～3800学时,专修科为2000学时。从1953年新生开始,本科一律做毕业设计。专修科原则上也做毕业设计。对某一专业学生上哪些课程也有统一要求。

随着建国十七年期间高等教育体制的建立,我国形成了高度统一、中央集权的大学管理模式,一个维度的大学行政化全面成型。

第一,确定了中国高等教育的政治性质,大学成为为社会主义建设服务的机构。

作为建国初期的临时宪法,《中国人民政治协商会议共同纲领》第五章《文化教育政策》规定:“中华人民共和国的文化教育为新民主主义的、民族的、科学的、大众的文化教育。人民政府的文化教育工作,应以提高人民文化水平,培养国家建设人才,肃清封建的、买办的、法西斯主义的思想,发展为人民服务的思想为主要任务。”这就为教育的工具性作用定下了基调,也为高等教育体制的建立确定了前提与主题。我国高等教育的性质是在中国共产党领导下的以马克思主义为指导的社会主义的高等教育。在方向上,它是为社会主义建设需要服务的。院系调整、专业设置都以适应国家建设需要为标准。在体制上,实行单一的全民所有制,由中央进行高度集中统一领导。学习苏联经验，奠定了中国高等教育的政治性质。[①]

第二，建立了集中统一的高等教育体制，大学基本没有自主权。

按照国家建设的需要，建立起计划经济下的高等教育体制。从宏观上，国家统一确定各类高等学校人才培养目标与要求，确定各类大学的学科布局与专业设置，统一招生、统一培养，直至统一分配，统管人才培养的全过程。微观上，统一教学模式，教学计划的制订、教学大纲的编写、教材的选用、教学的方式都由高教部统一要求。形成了带有高度计划性、统一性特点的高等教育体制。

第三，确立了大学的双重领导制度，强化大学的政治控制。

为巩固新生政权，大学在这一时期建立了党委领导下的校长负责制。政治控制主要通过两种形式进行：一是始终强调学生与教师的思想政治学习，实现政治思想管理；二是建立党的组织，如党委、党总支、党支部、政治部等，实现政治组织管理。

二、两个维度的大学行政化

对大学行政化的批判是从 20 世纪 90 年代开始出现的，直至近年，大学行政化问题才引起全社会的热议。为什么近十几年人们才开始关注大学行政化问题，而不是在 50 年代高等教育管理体制建立之初？其原因是复杂的，或许是历史的原因，或许是人们加深了对大学的理解，或许是对大学怀有更多的期待，或许是人们民主意识的提升……但无论如何，人们对大学行政化的思考与批判是从大学内部种种问题及现象开始的。随着大学拥有部分办学自主权，大学规模不断扩大，大学资源日益丰富，大学行政化呈现出两个维度：一是大学与政府，二是大学内部行政人员与教师。两个维度的大学行政化时期是从“文革”以后高等教育恢复与整顿开始的。

（一）政府保留并强化的权力

1. 政治领导权

首先，由试行校长负责制到实行党委领导下的校长负责制。根据《中共中央关于教育体制改革的决定》中“学校逐步实行校长负责制”的决定，从 1985 年起，开始进行校长负责制的试点工作。北京的北京师范大学、北京工业大学，上海的华东化工学院，辽宁的辽宁大学、中国医科大学、锦州工学

---

① 参见郝维谦、龙正中主编：《高等教育史》，第 118 页。

院，四川的成都科技大学等一批高校，经过批准，率先进行校长负责制试点。试点学校采取了一系列措施强化行政管理，建立了决策审议、行政指挥、监督保证、民主管理、参谋咨询等系统，由参谋咨询机构或组织专题小组研究方案，由行政领导对比各种方案后作出初步决策，提交全体教职工（涉及学生的事务同时提交全体学生）讨论，根据讨论意见修改定稿，再提供给校务委员会集体讨论决定，由校长正式颁布实施。到 1988 年底 1989 年初，全国约有 200 所高等学校试行校长负责制。1989 年“政治风波”平息后，根据中央有关文件精神，试行校长负责制的高校陆续改为实行党委领导下的校长负责制的领导体制。

其次，思想政治教育工作进一步加强。1989 年“政治风波”期间，邓小平同志指出，“对青年的政治思想教育抓得不够”，“十年最大的失误是教育，这里我主要讲思想政治教育”。①

1989 年 7 月，中共中央下发了《关于当前高等学校工作中几个问题的意见》的文件。要求各级党委、政府和教育部门要切实加强对高校工作的领导，把坚定正确的政治方向放在教育工作的第一位，坚持社会主义方向，坚持马列主义、毛泽东思想教育，加强思想政治工作，严格校纪、校风管理，搞好教育改革，真正把高校办成培养社会主义接班人的坚强阵地。

1990 年 7 月，中共中央正式发出《关于加强高等学校党的建设的通知》，对加强高校党的建设提出要求：(1)明确高等学校的领导体制，坚持党委的领导地位；(2)加强领导班子建设，保证领导权掌握在忠于马克思主义的人手中；(3)把思想建设放在高等学校党的建设的突出位置，不断提高党员的政治素质；(4)切实搞好党支部建设，增强党组织的凝聚力、吸引力和战斗力；(5)建设一支素质较高，以精干的专职人员为骨干、专兼职结合的党务工作队伍；(6)加强对入党积极分子的培养教育，做好发展党员工作；(7)加强对工会、共青团和学生会的领导，充分发挥群众组织的作用；(8)地方党委要加强对高等学校党的工作的领导，中央国家机关有关部委党组（党委）对所属院校党的工作要予以指导。

继 1990 年 4 月第一次全国高等学校党的建设工作会议后，中共中央组织部、中共中央宣传部和中共国家教委党组在党中央的领导下，持续不断地每年都召开全国高校党建工作会议。1995 年，中共中央颁布了《中国共产党普通高等学校基层组织工作条例》。1998 年 6 月 22 日，中组部、中宣部、教

① 邓小平：《反思最大失误，加强思想教育》，《中国教育报》1989 年 6 月 24 日。

育部党组发布了《普通高等学校党建工作基本标准》。

2.行政领导权

首先,高等教育管理体制有重大改革,但大学仍然隶属于政府。1999 年 6 月,具有重要历史意义的第 3 次全国教育工作会议在北京召开,会议印发了《中共中央国务院关于深化教育改革,全面推进素质教育的决定》。规定今后三年,继续按照“共建、调整、合作、合并”的方式,基本完成高等教育管理体制和布局结构的调整,形成中央和省级人民政府两级管理、以省级人民政府管理为主的新体制,合理配置教育资源,提高教育质量和办学效益。[①]

到 2000 年,有 153 所普通高等学校改变了隶属关系。其中,中国政法大学(原属司法部)、中央财经大学(原属财政部)、中国农业大学(原属农业部)、中央音乐学院(原属文化部)等 55 所高等学校划归教育部管理(其中 28 所分别并入教育部所属的高等学校),其余 98 所高等学校划转给省(自治区、直辖市)政府管理。[②] 至此,有 400 余所高等学校由中央部委所属改变为地方政府所属,从而形成了中央和地方政府两级管理、以地方政府为主的新的高等教育管理体制。对此,有学者评价:“20 世纪 90 年代中期以后,改革目标转向‘两级管理、以省为主’的体制方面……在没有解决政府管什么和如何管的问题之前,无论由谁来管,都不能改变管理的性质,反而徒然增加了管理的层级,制造了新的体制性弊端。”[③]在某种程度上,新的高等教育管理体制使政府进一步加强了对大学的领导。

其次是主要领导任命权,从酝酿民主选举到强调上级任命。1980 年 12 月 27 日,中央组织部、教育部党组下发《关于加强高等学校领导班子建设的意见》。强调:关于正副校院长的任命,今后要经过充分的民主酝酿,在广泛听取群众意见的基础上提出人选,报上级审批任命;进行领导体制改革试点的校院,条件成熟后,正副校院长可以试行民主选举,按干部管理权限,报上级审批;今后,高等学校各级领导干部的补充,要着眼校内,主要由学校自己培养、提拔、解决,不要再往学校调派不熟悉学校工作的干部。

1987 年 3 月 17 日,国家教委颁布了《关于高校各级领导干部任免的实施办法》。规定:高等学校党的纪律检查委员会,应配备专职的相当于党校

---

① 参见《中共中央国务院关于深化教育改革,全面推进素质教育的决定》,http://www.moe.edu.cn.

② 参见《全国普通高校体制变动情况》,http://www.moe.edu.cn.

③ 周川:《中国高等教育管理体制改革的政策分析》,《高等教育研究》2009 年第 8 期。

党委副书记一级的干部，其任免由学校报主管部门审批；实行双重领导、以中央各部门为主管理的高等学校，其党委正副书记、正副校长和纪律检查委员会书记的任免，中央各部门与地方党委应相互尊重，密切合作，并由主管部门在充分考虑地方党委意见的基础上决定审批；高等学校经批准建立的研究生院，院长一般由校长或副校长兼任，其任免由学校报主管部门审批。

3. 重点建设项目管理权

20 世纪 80 年代，在高等教育领域开始实施重点建设战略，政府及教育主管部门在下放大学日常工作管理权的同时，加强了对重点建设项目的管理，牢牢把握重点项目批准权、考核权、奖惩权（见表 7-1）。由于这些重点建设项目可以带来政策支持与经费资助，所以已经承担或申请承担项目的高校纷纷设立“驻京办事处”，作为“跑部前进”的前沿基地。

表 7-1　1980 年以来政府或教育主管部门对重点建设项目的管理权一览表

文件名称及发布时间	建设项目	管理权
《中华人民共和国学位条例》，1980 年 2 月 12 日	授予学位的高等学校和科学研究机构及其可以授予学位的学科	由国务院学位委员会提出，经国务院批准公布
《国务院关于教育部、国家计委将 10 所高等院校列入国家重点建设项目请示报告的批复》，1984 年 4 月 2 日	将 10 所高等院校列入国家重点建设项目	向教育部、国家计委申请，国务院批准
《教育部关于在北京大学等 22 所高等院校试办研究生院的通知》，1984 年 8 月 8 日	在部分重点高等院校试办研究生院	向教育部申请，国务院批准
《关于评选高校重点学科的暂行规定》，1987 年 8 月 12 日	重点学科	重点学科点的确定、评估和调整工作，由国家教委统一组织领导进行

续表

文件名称及发布时间	建设项目	管理权
《关于重点建设一批高校和重点学科点的若干意见》,1993 年 7 月 15 日	面向 21 世纪,重点建设 100 所左右的高等学校和一批重点学科点	国家成立“211 工程”协调小组,负责工程的宏观决策和指导。国家教委成立“211 工程”领导小组,下设“211 工程”办公室,具体负责工程的规划实施以及有关事项的协调和管理工作
《关于申报国家文科基础学科人才培养和科学研究基地本科学科点的通知》,1994 年 6 月 30 日	国家文科基础学科人才培养和科学研究基地本科学科点	向国家教委申报
《关于继续实施“985 工程”项目的意见》,2004 年 6 月 2 日	建设若干所世界一流大学和一批国际知名的高水平研究型大学	教育部、财政部成立“985 工程”领导小组和工作小组,协商决定工程建设中的重大方针政策问题和总体规划。领导小组和工作小组下设办公室,具体负责“985 工程”建设的日常工作

如果说在实施重点建设战略中,政府或教育主管部门加强了对重点大学的管理,那么其对一般高校的管理则是通过政府或教育主管部门所掌控的教学、学科、专业、实验室等各种各样的评估权,重要学术成果、教育教学成果的评奖权,以及重点课题的审批权来实现的。

(二)政府下放给大学的权力

1978 年“文革”结束,高等教育经过恢复整顿后,下放并扩大高校办学自主权成为高等教育改革的一个重要话题。经过三十年的发展,高校确实获得了部分办学自主权。据有关调查显示,在关于目前高校的办学自主程度的八项调查中,超过 50%的被调查者认为高校比较自主的有“教师聘用(54.7%)”一项,其余七项被调查者多数认为高校不太自主,这些项目是“招生(69.5%)”、“专业调整(65.5%)”、“机构设置(64.5%)”、“经费使用(52.

7%)”、“职称评定(54.7%)”、“收入分配(52.7%)”、“干部任免(51.8%)”。[①] 无论如何,大学得到了虽不理想,但确实拥有的部分自主权(见表 7-2)。“教师的组成和质量,是影响学校特点和声誉最重要的单项指标。因此,教师的聘用权,正式地授权给校长,而实际上属于教师的决策范围,这是学校中最重要的权力。”[②]

表 7-2　　1980 年以后大学被赋予的自主权一览表

颁布部门、政策名称及颁布日期	赋予的权力
中共中央《关于教育体制改革的决定》,1985 年 5 日	在执行国家的政策、法令、计划的前提下,高等学校有权在计划外接受委托培养学生和招收自费生;有权调整专业的服务方向,制订教学计划和教学大纲,编写和选用教材;有权接受委托或与外单位合作,进行科学研究和技术开发,建立教学、科研、生产联合体;有权提名任免副校长和任免其他各级干部;有权具体安排国家拨发的基建投资和经费;有权利用自筹资金,开展国际的教育和学术交流,等等
国家教委、财政部《高等学校财务管理体制改革实施办法》,1986 年 10 日	学校的财务管理权归校长;获得了预算经费的自主使用权
国家教委《关于高校各级领导干部任免的实施办法》,1987 年 3 月 17 日	校内设置学院的院长一般由教授或副教授担任,并可配备专职领导干部(处级)1～2 人,其任免由学校决定;学生达千人左右的系可增设副系主任一人,其任免由学校决定
国家教委《关于国家教委直属高校深化改革,扩大办学自主权的若干意见》,1992 年 8 月	学校有权依据教学、科研任务和师资队伍建设的需要,设置和调整专业技术职务岗位,有权依据有关规定自主进行专业技术职务评聘工作。学校有权在执行国家工资法规和实行工资总额包干的前提下,确定适合本校实际的校内分配办法和津贴标准

① 参见北京师范大学教育改革与发展研究中心:《中国教育发展报告——教育体制的变革与创新》,北京师范大学出版社 2000 年版,第 124 页。

② [美]唐纳德·肯尼迪:《学术责任》,第 155 页。

续表

颁布部门、政策名称及颁布日期	赋予的权力
国家教委《关于加快改革和积极发展普通高等教育的意见》,1992 年 12 月	保证学校拥有充分的依法办学的自主权,在专业设置、招生、指导毕业生就业、教育教学、科学研究、筹措和使用经费、机构设置、人事安排、职称评定、工资分配、对外交流和学校管理等方面拥有有关法律、法规规定的权限
中共中央、国务院,《中国教育改革和发展纲要》,1993 年 2 月 13 日	要在招生、专业调整、机构设置、干部任免、经费使用、职称评定、工资分配和国际合作交流等方面,分别不同情况,进一步扩大高等学校的办学自主权
国家教委《关于转变职能,加强宏观管理,扩大直属高校办学自主权的若干意见》,1997 年 1 月 21 日	学校可根据生源数量和质量情况,对普通本专科招生来源计划进行适当调整;学校在办学条件和科研经费允许的前提下,可根据国家特别是区域经济建设和社会发展的需要,适当招收符合国家录取标准的委托培养和自筹经费研究生;有条件并经过国家教委批准的学校,可在高等学校统一招生考试的基础上自行确定部分学生的录取办法,或参加地方高考改革的试点工作
《中华人民共和国高等教育法》,1998 年 8 月	高等学校根据社会需求、办学条件和国家核定的办学规模,制定招生方案,自主调节系科招生比例;高等学校依法自主设置和调整学科、专业;高等学校根据教学需要,自主制定教学计划、选编教材、组织实施教学活动;高等学校根据自身条件,自主开展科学研究、技术开发和社会服务;高等学校按照国家有关规定,自主开展与境外高等学校之间的科学技术文化交流与合作;高等学校根据实际需要和精简、效能的原则,自主确定教学、科学研究、行政职能部门等内部组织机构的设置和人员配备;高等学校对举办者提供的财产、国家财政性资助、受捐赠财产依法自主管理和使用

如果大学所获得的部分自主权不能被恰当地分配和使用，反而会在大学内部造成新的行政化。大学被赋予行政级别，主要领导由上级任命，代表政府管理学校，而管理的最重要手段是在大学设立处级行政机构。当行政权力有制度的合法性，有了组织的支撑后，行政权力必然会膨胀，必然会表现出强大的渗透力，在内外行政力量的左右下，学校被“化”为行政机构，权力集中在大学顶层。

第二节　我国大学行政化的走向

组织社会学把环境分为制度环境和技术环境。大学行政化是外部行政环境在大学中制度化的产物。“当一个组织本身不断受到外在的价值观念、观念制度的影响，而且这种影响超越了组织内部的技术需要时，那么我们观察到的即是个制度化的过程。”[①]显然，行政制度环境的影响超越了学术作为技术环境的需要，由此带来大学行政化的问题。

去大学行政化的问题，说到底就是要建立理想的高等教育管理与大学管理模式。而建立理想的高等教育管理与大学管理模式要回答两个问题：其模式是什么？建立模式的动力是什么？当理想模式在学界取得一致时，我们就要研究建立模式的动力，如果动力不足，那么大学去行政化的问题至少在今后相当长的一段时间内还只是理论的设想。

一、理想的高等教育管理模式与大学管理模式

这个问题是高等教育研究领域中的经典课题，有无数学者试着从不同学科的视角论证、建构这个模式，但是却又不外乎从政府、市场、社会中介组织、大学四者之间的关系入手建立新的高等教育管理模式，从大学内部若干要素关系入手建立新的大学管理模式。如有学者认为创新高等教育体制，一是政府宏观管理，健全法制，实施依法治教，依法行政，政府主要起规范市场运作的作用，发挥市场的调节作用；二是市场适度调节；三是社会广泛参与；四是大学自主办学。对于大学自主办学，建立新的大学管理模式，主张校内决策与校外参与相结合，行政权力与学术权力相结合，集权管理与分权

① 周学光:《组织社会学》,第 70 页。

管理相结合。①

还有学者通过总结主要发达国家高等教育管理的特点，给出了高等教育管理和大学管理的合理模式。高等教育发展机制：市场的基础调节作用，政府的适度调控功能，学校的高度自治权力，公平竞争的普遍法则。高校管理模式：学校是高度自治的实体，注意吸收校外人士参与大学管理，追求决策、执行和咨询三个系统之间的配合和协调，重视教师和学生在学校管理中的作用。高等教育行政体制：中央、地方和学校的均权化，高等教育管理的法制化，高等教育行政管理的专业化，学术团体的大量存在及其广泛的影响力。②

朱崇实说，克服大学行政化的弊端，最为紧迫的应该是不断完善现代大学制度，处理好大学与政府、大学与社会以及大学内部行政权力与学术权力之间的关系。③

显然，这些类似的、理想的高等教育管理模式与大学管理模式(也就是学者们倡导的现代大学制度)已经取得了学界一致的认同，基本没有异议。如果这样的高等管理模式与大学管理模式能够建立，大学行政化问题自然迎刃而解。既然理想的模式需要建立，那么，建立的动力何在？在此借用组织制度变迁的理论予以分析。

二、去行政化制度的变迁方式

从动力机制来看，制度变迁分为诱致性制度变迁和强制性制度变迁。诱致性制度变迁指的是现行制度安排的变更或替代，或者是新制度安排的创造，它由个人或一群人在响应获利机会时自发倡导、组织和实行。与此相反，强制性制度变迁由政府命令和法律引入实行。④

有学者说，中国高等教育要发展，就必须从根本上解决大学体制化问题(即大学行政化——引者注)。我们寄希望于政府意识到大学体制化的危险，并由此淡化对学校的行政管理；寄希望于高校能摆脱强烈的体制化惯性和倾向，能重新建立校内民主管理制度；更寄希望于教师和学生，能坚守为

---

① 参见谈松华：《体制创新与高教改革》，田正平编：《国际视野中的高等教育：高等教育改革与发展国际研讨会论文集》，浙江大学出版社 2002 年版，第 125～136 页。

② 参见季明明主编：《中国高等教育改革与发展》，高等教育出版社 1994 年版，第 342～352 页。

③ 参见谢维和：《清华大学副校长称：校长要习惯给教授打工》，《人民日报》2009 年 2 月 24 日。

④ 参见林毅夫：《诱致性制度变迁与强制性制度变迁》，盛洪主编：《现代制度经济学》，北京大学出版社 2003 年版，第 260 页。

师、为学、做人的底线，不但要努力避免自身被彻底体制化，更要成为抗拒体制化的力量——这才是眼下唯一能被期待的改变大学现状的力量。[①] 由此，大致可以把以上去行政化的三种力量分为两类：一类是政府的力量，带来强制性制度变迁；另一类是大学及其成员的力量，带来诱致性制度变迁。

(一)强制性制度变迁

历史上，我国高等教育制度的变迁基本上采用的是强制性制度变迁方式。其特征是：政府凭借行政命令、法律规范及利益刺激，在一个金字塔形的行政系统内自上而下地规划、组织和实施制度改革。政府或高等教育主管部门作为权力中心为大学制度创新设置了严格的进入壁垒，大学只有得到权力中心的授权才能进行制度创新。这与社会主义初期制度的"计划性"有关。"在这一时期，社会主义有着相当确切的含义和明确的纲领。所有社会主义运动的共同目标是实现生产资料、分配和交换的国有化，从而使得一切经济活动能够服从以某种社会公正为目标的国家综合计划。……社会主义意味着生产资料的公有制和以效益而不是以利润为目的来使用生产资料。"[②]因此，无论是院系的重新调整还是专业的重新划分，无论是科研方向还是教学内容，无论是招生规模还是毕业分配，高度"计划化"成为社会主义初期国家公立大学改革的共同选择。[③]

强制性制度变迁的主体是国家。国家是一种在暴力方面具有比较优势的组织，这种组织由于拥有强大的暴力潜能，在制度变迁中具有垄断地位。国家在很大程度上根据自己的利益及成本来决定是否应该对现行制度结构变迁。该怎么变迁以及在多大程度上变迁，等等。那么，我国政府是否会对高等教育管理体制进行去行政化改革？首先，我们看一下我国高等教育管理体制改革有关去行政化的政策。

周川教授以 20 世纪 80 年代中期以来我国高等教育管理体制改革的主要政策文本为分析对象，提出了政策文本中的几点缺陷：

(1)改革目标偏移。从 1985 年的《中共中央关于教育体制改革的决定》到 1993 年的《中国教育改革和发展纲要》，高等教育管理体制改革的主要目标一直很坚定，就是转变政府职能，改革政府"统得过死"、"包得过多"的"弊

---

① 参见熊丙奇：《大学最深刻的危机：体制化》，《科学时报》2007 年 4 月 3 日。

② [英]弗雷德里希·奥古斯特·哈耶克：《自由宪章》，杨玉生等译，中国社会科学出版社 1998 年版，第 396 页。

③ 参见王建华：《第三部门视野中的现代大学制度》，广东高等教育出版社 2008 年版，第 65 页。

端”。而20世纪90年代中期以后，改革目标转向“两级管理，以省为主”的体制方面，它所要解决的是由谁管，也就是由哪一级政府管的问题。

(2)改革对象模糊。改革高等教育管理体制弊端，理所当然要以各级政府及其管理职能和管理行为为改革对象。但从各项政策文本来看，关于改革对象的表述，“政府”大都停留在抽象的表述上，如“政府”、“政府有关部门”、“政府管理部门”、“政府教育主管部门”等等，而没有具体指明各级政府教育主管部门，应有怎样的组织架构，其权力如何授予、如何行使。

(3)改革主体缺位。在提到“转变政府职能”、“简政放权”时，所有文本的相关表述均缺少主语，因而导致改革主体缺失、缺位。

(4)改革路径不明。任何政策要取得成效，都要有具体的路径来实施，包括改革的起点、方法、步骤、进程、时限、结果检验等方面。但是，现有的政策文本都没有涉及。①

从周川教授的分析中，我们可以看出，作为正式制度的政策本身就是残缺的，其不周延与不完备决定了制度实施机制的缺失。这里有必要解释一下实施机制。实施机制是指由一种社会组织或机构对违反制度(规则)的人作出相应惩罚或奖励，从而使这些约束或激励得以实施的条件和手段的总称。实施机制对于制度功能的发挥是至关重要的。对于高等教育管理体制创新来讲，尽管有规则(制度)比没有规则(制度)好，但有规则而不实施，即“有法可依”而“有法难依”、“有法不依”往往会更糟。这是因为如果制度得不到实施，不仅会影响制度的稳定性和权威性，从而使制度形同虚设而不起作用，而且还会使人们产生对制度的不正常的预期或使人们产生蔑视制度的文化心理，从而使目无法纪的行为畅通无阻并愈演愈烈。这样，一方面，国家为制度设计、创新和演进支付了大量的经常的成本；另一方面，官员、民众甚至执法者可以视制度为未然而滋生大量制度外行为，从而既支付了大量的制度成本，又不能获得应该获得的制度绩效(既定制度得以实施应有的绩效)。长此以往，高等教育法制化或制度化水平很难有所提高。②

制度实施机制的缺失是难以推进新的高等教育管理模式建立的直接原因，其背后还有意识形态深层次的原因。尽管大学行政化存在诸多弊端，但政府可能不是去创造新的制度安排，而是去维持旧的无效率的制度安排并

---

① 参见周川：《中国高等教育管理体制改革的政策分析》，《高等教育研究》2009年第8期。

② 参见柳新元：《制度安排的实施机制与制度安排的绩效》，《经济评论》2002年第4期。

为纯意识形态而战,它害怕如果不这样做,它的权威可能被动摇。[①] 历史上,在社会主义的制度视野中,高等教育与意识形态紧密相连。“无产阶级文化协会的一切组织,必须无条件地把自己看作教育人民委员部机关系统中的辅助机构,并且在苏维埃政权(特别是教育人民委员部)和俄国共产党的总的领导下,把自己的任务当作无产阶级专政任务的一部分来完成。”[②]

因此,去行政化政策制度本身的不完善及意识形态的因素,使得强制性制度变迁动力不足,很难达到去行政化的目的。

(二)诱致性制度变迁

诱致性制度变迁的特点可概括为:一是盈利性。即只有当制度变迁的预期收益大于预期成本时,有关群体才会推进制度变迁。二是自发性。诱致性制度变迁是有关群体对制度不均衡的一种自发性反应,自发性反应的诱因就是外在利润的存在。三是渐进性。诱致性制度变迁是一种自下而上、从局部到整体的制度变迁过程。那么,具备一定自治权的大学,会不会自发地、自下而上地努力去行政化呢?

无论如何,目前一些高校中以去行政化为目的,进行了一些改革。这些改革可以分为两类:一类是委员会制的改革,另一类是校长职业化的尝试。

1.委员会制的改革

2000年5月,东北师范大学在国内高校中率先在学院一级成立了教授委员会。目前全国已经有几十所高校实行教授委员会制度,其中东北师大实行的是“教授委员会集体决策基础上的院长(系主任)负责制”,即教授委员会的权限最大,中南大学则建立了学校一级的教授委员会。[③]

2008年9月15日,《文汇报》以《复旦大学物理系努力改变管理行政化倾向》为题报道了复旦大学物理系的做法。该文说,复旦大学物理系的管理模式有别于国内大学同行,率先推行了更多发挥教授作用的改革——教授,特别是在教学与科研第一线的教授,在院系发展上拥有充分的发言权与决策权,教学、科研管理的行政化倾向因此得到有效遏止。改革初始于1996年。“那一年物理系直选出来的系主任是周鲁卫,他听取大多数教授的意见,成立了教授委员会,共同参与物理系发展的规划。”物理系一位老教授追

---

① 参见林毅夫:《诱致性制度变迁与强制性制度变迁》,盛洪主编:《现代制度经济学》,第268页。

② 秦惠民:《走入教育法制的深处——论教育权的演变》,中国人民公安大学出版社1998年版,第82页。

③ 参见杨东平:《改革中国的大学体制刻不容缓》,《南方周末》2007年3月30日。

溯教授委员会的起源说道。

2009年10月26日,《半月谈》以《吉林大学:学术"去行政化"进行时》为标题,报道吉林大学制定了新的《吉林大学学术委员会章程》。其中规定,学校领导和职能部门负责人不担任各级学术委员会委员职务,实现了行政管理与学术决策的相对分离。

2.校长职业化的尝试

2009年9月16日,央视"新闻1+1"栏目播出《高校校长,官样?啥样?》。据报道,深圳市现在正在加紧筹备成立一所全新的大学——南方科技大学。这所大学的校长也是通过一家猎头公司在全球遴选的方式产生的,最后中国科技大学前校长、中国科学院院士朱清时先生当选。朱清时校长当选之后说的第一句话就是"办大学首先要去官化、去行政化"。

2012年7月,北京师范大学校长董奇在就职演说中承诺,在担任校长期间,将做到"四个不":第一,不申报新科研课题;第二,不招新的研究生;第三,不申报任何教学科研奖;第四,个人不申报院士。他说,自己用"整个的心"去做"整个的校长"。

应该说,在放眼看世界的高等教育比较研究中,特别是在"创建世界一流大学"、"高教强国"战略的推动下,不仅高等教育界乃至整个社会对大学去行政化取得了基本的共识,而且改变大学行政化制度选择的集合也扩大了。"提供特定制度服务的可行性制度安排集合,也取决于我们在社会科学方面的知识……社会科学的进步能改进人心的有界理性,因而不仅能提高个人管理现行制度安排的能力,而且还能提高他领会和创造新制度安排的能力。"[①]作为世界一流大学的共同举措——教授委员会制、校长职业化被引入我国大学。这些去行政化的制度选择成为实践中的有益探索。

但是改革所带来的困惑以及对改革的质疑使我们无法对大学的去行政化太乐观。改革大都还停留在院、系一级,不是行政职能部门,更不是校一级。现在很多学校的教授委员会都是建立在院、系一级,而非校一级。教授委员会的层级不同,所起到的作用也不一样。按照国际高等教育比较成功的模式来看,高等院校院、系一级的行政事务相对比较少,教授权力体现得很明显。学校一级,因行政事务多了起来,就会形成比较强大的行政权力诉求,这就需要在校一级建立一个比较好的利益制衡和协调的机制。[②]

① 林毅夫:《诱致性制度变迁与强制性制度变迁》,盛洪主编:《现代制度经济学》,第260页。

② 马晖:《如何扭转高校行政化》,《21世纪经济报道》2009年2月24日。

例如，吉林大学的学术委员会在人员结构上，确实实现了行政权与学术权的“相对分离”，但是，当前高校的学术委员会问题，还远不是人员结构问题，而是学术委员会究竟在学术管理中起不起作用以及起怎样的作用问题。[①]

在两次访谈中，朱清时说，现在南方科技大学处于很艰难的时期，也受到了行政化的压力。[②] 南科大今后的前途取决于深圳市领导们的支持，因为南科大是深圳全资办的一所学校，要做到这个，需要很大范围的人都理解、支持才行。不是一两个最高负责人愿意支持就行了，还有很多处长、局长、办事人员也要理解，要不然的话，事情就不能够推进。[③]

对于天津大学的尝试，天津大学校长龚克说，天津大学目前正在内部“淡化”这个级别，真正的难题还在和校外打交道上。目前社会上有一个非常清楚的官僚体系，高校里如果没有明确的行政级别，就不知道该和谁对话，找不到省里的主要负责人，甚至连厅局长都可能不愿见没有行政级别的教授，令很多事情难办。[④]

以上的改革属于非正式制度安排，在这种制度安排中，规则的变动和修改纯粹由个人完成，它用不着也不可能由群体行动完成。最初，个别创新者将被其他人认为是违反了现行规则。只有当这个社会中的大多数人都放弃了原来的制度安排并接受新制度安排时，制度安排才发生变换。[⑤] 那么，这类非正式制度安排能否成为制度安排，能否成为大学的共识及共同行动呢？我们认为目前不可能。一方面，大学行政的延伸机构——大学管理者是层层任命的，权力不会被自我打破、自我否定；另一方面，在目前还没有出现“预期收益大于预期成本”的盈利案例让大学自发地去行政化。

（三）市场化制度变迁

根据伯顿·克拉克的观点，在每一个高等教育体系内，国家权力、学术权威和市场构成了影响各国高等教育发展方向的主要力量（如图 7-1）。大学行政化讨论的是国家权力与学术权威之间的关系，国家权力示强，学术权

① 参见熊丙奇：《高校行政权与学术权如何真正分离》，http://news.xinhuanet.com/politics/2009－07/17/content_11724852.htm

② 参见朱清时：《办一所去官化去行政化的大学》，《南方人物周刊》2010 年 1 月 8 日。

③ 参见朱清时：《学术在衰退，还谈什么诺贝尔奖》，《南方周末》2010 年 1 月 15 日。

④ 参见朱虹：《天津大学尝试“去行政化” 7 位新聘院长淡化级别》，http://www.qhnews.com/newscenter/system/2010/01/28/010052969.shtml

⑤ 参见林毅夫：《诱致性制度变迁与强制性制度变迁》，盛洪主编：《现代制度经济学》，第 265 页。

威示弱，同时市场的应有作用没有发挥出来。在大学行政化传统下，学术权力是被授予的，所以很难制约行政权力。那么，大学去行政化能否寄望于市场的力量呢？我们认为是可能的。这个判断基于两个考虑：一是市场的因素已经进入大学，且市场的力量有壮大的趋势；二是市场势不可挡，有大学去行政化的潜在要求和功能。本书把市场力量推动高等教育系统去行政化称为“市场化制度变迁”。

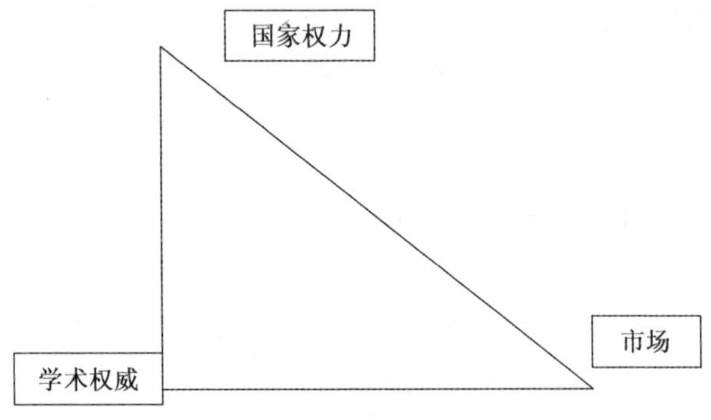

图 7-1　三角协调图

资料来源：[美]伯顿·克拉克《高等教育系统——学术组织的跨国研究》，第 159 页。

1. 市场力量将进一步强化

从 20 世纪 80 年代以来，市场就已经逐步进入大学系统。经过三十年的培育发展，市场因素在大学系统中日渐鲜明，初步形成了以政府办学为主体、社会各界共同参与、公办学校和民办学校共同发展的办学体制；实行普遍的收取学费制度；市场就业；人事管理引入竞争制度；专业、课程设置考虑市场需求；大学之间开始竞争。甚至于我们的高等教育话语系统也发生了改变，从政治词汇转向经济词汇，如质量、绩效、教育服务等。应该说，以上一系列的市场化行为都对大学行政化有一股冲击力。

> 政治全能社会体制造就了依附型人格，这种性格形成了依附型的政治文化。它严重地阻碍政治社会改革与发展，必须消除。随着社会的转型、政治体制改革的进行、经济体制市场化的深入，政治人格开始从依附型向独立自主型转变，政治人的主体意识明显增强。比如见于报端的“民告官”等事例逐渐增多。因为市场经济能培育人们的主体意识、竞争意识、自由精神、宽容精神、平等观念、妥协思维。这些意识和

精神必然要渗透到政治领域，形成独立政治人格和新型政治文化。①但是，导致市场失灵的关键因素还存在，这严重制约了市场作用的发挥。

(1)垄断。现任生产者对新生产者具体的排他行为，或由在职者实施的自我调控，会妨碍市场的正常运行。虽然各种各样的民办高等教育数量庞大，但是还无法提供优质的教育服务，民办高等教育基本上还是“低水平”、“低质量”的代名词。优质教育服务及高层次教育主要还是由“211”、“985”等公立高校垄断。

(2)外部效应。外部效应是市场失灵的另一个证明。对公共物品而言，市场无法激励生产商生产最佳数量的这种产品。纯公共物品的特征是非排他性(任何人都不会从他人的消费中排除出去)和非竞争性(A 的消费不会影响 B 对同一物品的消费)。公共物品最典型的例子就是国防。而我国的高等教育强调培养社会主义建设者和接班人，为社会主义现代化建设服务，具有强烈的外部效应。

(3)信息不对称。信息不对称是市场失灵的一个重要根源。由于高等教育服务属于经验后物品，同时大学信息公开还不充分且信息渠道有限，学生及学生家长对大学的选择还普遍存在次优甚至是盲目性。

随着高等教育内外环境的变化，进一步放大市场效用的因素逐渐明朗。

(1)高等教育服务供求变化。国内有学者对我国未来四五十年的高等教育学龄人口数量进行了预测(见表 7-3)。

表 7-3　　2006～2050 年中国(内地)学龄人口变化趋势

年份	总人口/亿	高中教育学龄人口/万(15～17 岁)	高等教育学龄人口/万(18～22 岁)
2006	13.20	7143	11440
2007	13.20	6529	11917
2008	13.29	5815	12488
2009	13.48	5675	12192
2010	13.57	5619	11463
2020	14.34	4915	8208

① 谢桂娟:《公民政治文化的建构》,http://blog.sina.com.cn/s/blog_5ff4922a0100d5mp.html

续表

年份	总人口/亿	高中教育学龄人口/万（15～17岁）	高等教育学龄人口/万（18～22岁）
2030	14.66	5229	8812
2040	14.80	4145	7443
2050	14.57	4316	6938

资料来源：中国教育与人力资源问题报告课题组《从人口大国迈向人力资源强国》，高等教育出版社2003年版，第107页。

我国高等教育适龄人口从2008年达到峰值12488万人后开始下降，至2020年人口为8208万人，到2050年不足7000万人。在未来几十年里，即使高等教育的总规模不再扩大，生源短缺也将成为突出矛盾，高等教育服务将从卖方市场——大学转向买方市场——学生。

(2)优质的高等教育服务垄断将被逐步打破。随着中国经济实力的增强和家庭支付能力的提高，以及人力资本观念的被广泛认同，投资教育、提升自身的“稀缺性”促使人们选择到高等教育发达国家留学。同时，高等教育发达国家纷纷加大吸引留学生力度，提高教育服务贸易受益。教育部发布的数据表明，从1978年到2007年底，各类出国留学人员总数达121.17万人，留学回国人员总数达31.97万人。以留学身份出国，目前在外的留学人员有89.20万人。其中，65.72万人正在国外进行本科、硕士、博士阶段的学习，以及从事博士后研究或学术访问等。

1998年，香港地区的高校开始招收内地本科生。随后，澳门地区的高校也在内地招生。近年来两地区高校招生规模、招生专业不断扩大，不但招收本科生，也包括硕士、博士层次，对内地学生的吸引力很大，内地不少省份的高考状元选择到港澳地区上大学。2011年，台湾地区的大学开始在大陆招收本科生。

很多国外一流大学已经进入我国，成立中外合作大学，争夺高等教育市场。如宁波诺丁汉大学、西交利物浦大学等，其中宁波诺丁汉大学已经开设本科、硕士、博士层次课程。

(3)大学的信息将进一步透明公开。

一方面，政府努力推动大学信息公开。2009年4月，教育部就《高等学校信息公开实施办法》征求意见。有学者评价说，即将进行的高校信息公开，区别于以往的校务公开，在三个方面有很大发展：在公开的对象范围上，

既有对校内的公开，也有对社会的公开，这是一个很重要的发展。在目标上，原来校务公开主要是为了实现教职员工对学校事务的参与和管理，针对的是参与权、民主管理。而信息公开的核心目标是确保校内和校外公众的知情权得到落实，通过知情权的落实进一步促进参与权和监督权，包括全社会的监督。可以说，信息公开是把知情权、参与权和监督权结合在一起。另外，《高等学校信息公开实施办法》强调了法制化、程序化，关注了操作性，这一点尤为重要。[①]

另一方面，市场力量也在推动大学公开信息。自 1987 年以来，我国至少有 18 家以上单位或团体发布了数十个大学排行榜。目前，我国影响广泛的大学排行发布单位主要有广东管理科学研究院、网大（中国）有限公司、高等学校与科研院所学位与研究生教育评估所等。这些排行给学生及其家长明智地选择所要就读的学院提供了尽可能全面、丰富的信息。这种比较典型的"消费者导向"排行，以"消费者"的需要为确定指标体系的基础，对学校声誉、学生保持率以及附加值等可以用来衡量学校对学生的教育效果，即学校所提供的教育质量的指标给予了较高的权重。[②] 这些大学排行必然带来大量的大学信息，特别是教育质量信息。

高等教育为消费者提供充分的信息，其作用是显而易见的。"更充分的信息不仅服务于保护消费者的目的，而且也可以提高生产者的效益。产品的质量信息可以激励生产者投资于质量改进，进而更好地在市场上进行竞争。"[③]

2. 市场要求大学去行政化

一方面，市场要求政府调整与大学的关系。

高等教育的市场化并不是取消政府对大学的管理权，只是要求政府改变对大学的管理方式，使大学真正具备一定的自主权。"哪里有竞争，哪里就需要调控。但是政府的角色需要重新定位。……问题不是政府能做多少，而是政府能做什么以及怎么才能将它做到最好？这等于给了政府一个新的范例：政府必须避免使用负向的或听起来敏感的词，如命令、干预、调控，应该把它们替换成诸如授权、引导、合作、协调和影响这样的词。"[④]由于政府在大学（高等教育）的财政拨款逐渐减少，政府的角色已由主要提供者

---

① 参见《信息公开：让高校透明运行》，《光明日报》2009 年 4 月 15 日。

② 参见董秀华：《对我国大学排行实践的回顾与思考》，《清华大学教育研究》2002 年第 4 期。

③ [葡]佩德罗·泰克希拉等主编：《理想还是现实——高等教育中的市场》，胡咏梅等译，北京师范大学出版社 2008 年版，第 71 页。

④ [葡]佩德罗·泰克希拉等主编：《理想还是现实——高等教育中的市场》，第 106～107 页。

(sole provider)转向监控角色(regulator)。为了保证由不同非政府团体及市场提供的教育水平和素质,政府借由绩效责任的强调和外部评价的需求,提出一系列的“考绩”及“评价”活动。为了增加高等学府的管理效率和营运的效益,不同政府纷纷引入企业精神及管理主义以提升高等教育机构的效率和效益。凡此种种,皆可引证高等教育正经历市场化的洗礼和挑战。①

当然,面对市场化,不同国家采用不同的策略来处理与大学的关系。对于英国而言,通向拯救之路,引领高等教育沿着充满危险的道路,向中央对筹资、资金分配方法(有时包括学生数量在内)的控制的不断加强发展。而路两侧分布的是一套调整好的、将会把拨款同表现联结起来的监督和评价工具。这的确是一个有趣的情景。随着英国对市场化的解释的形成,欧洲最为自治的高等教育系统也被迫包含了某种程度的中央监督……这一局面极富嘲讽的意味,因为与此同时,拿破仑一世(科西嘉)的家乡刚刚从摆脱拿破仑式的严密中央控制的束缚而进行的艰苦斗争中兴起。②

卡尔·萨勒诺(Carlo Salerno)在研究荷兰高等教育市场化的发展中指出,荷兰的高等教育市场化在短时期内经历了一个快速的转型,在很大程度上,计划的努力取得了显著成功。与二十年前相比,学生在今天有了更多的选择机会,他们可以选择在哪里学习或者学习什么。大学拥有了更多操作层面的自治权力。他们可以自主地将学校的学科划分为一系列的教育和非教育活动。很多规则已经提升了竞争力,将学生浪费教育资源降低为最小限度,并且保持了院校的质量或者学术声誉。③

从英国、荷兰等西欧国家的实践中,可以看出:“西欧市场化的结果经常表现为中央管理机构的功能和有效责任的变化——国家控制化的结果经常表现为中央管理机构的功能和有效责任的变化——国家控制向国家监督的转变,‘放权型国家’和‘评估型国家’兴起。”④因此,有学者认为,市场经济背景下国家对高等教育的干预和调控活动是市场调节机制的一个必要补充手段,其目的是为了完善高等教育的管理体制和运行机制,其性质是属于宏观性的第二次调节。⑤

---

① 参见戴晓霞等:《高等教育市场化》,北京大学出版社2004年版,第75页。

② 参见[葡]佩德罗·泰克希拉等主编:《理想还是现实——高等教育中的市场》,第170页。

③ 参见[葡]佩德罗·泰克希拉等主编:《理想还是现实——高等教育中的市场》,第342页。

④ [葡]佩德罗·泰克希拉等主编:《理想还是现实——高等教育中的市场》,第176页。

⑤ 参见陈列:《市场经济与高等教育:一个世界性的课题》,人民教育出版社1996年版,第110~114页。

另一方面，市场要求大学不断优化内部管理模式。

制度变迁的成本与收益之比对于促进或推迟制度变迁起着关键作用，只有在预期收益大于预期成本的情形下，行为主体才会去推动直至最终实现制度的变迁，反之，行为主体不会去推动制度的变迁：这就是制度变迁的原则。[①] 大学要在生源市场、教师市场和院校市场中占有一席之地，保持竞争力，必然要提高学术质量，采用最有效的学术管理办法；否则，就会面临生存的危机。“考虑到学术知识的复杂性和动态变化性，我们认为在竞争性的学术市场中专业的自我管制仍可能是最有效的保证学术标准的方式。”[②]

有学者对市场的功能提出一个假定，认为：

> 如果有适当的公共补贴和调整做市场失灵的校正，那么，随着时间的推移，竞争应该能激励学术机构采取最有效的内部组织形式。美国最著名的公立和私立研究大学的管理服从于市场力量的时间，比其他成熟经济体中同类研究大学的管理服从于市场力量的时间要长，但仍然反映出强大的学术权威，并且形成使全体教员参与战略决策过程的系统性机制。因此，在大学还是公共资助的垄断机构时产生的管理和控制结构，必须向更适合新的竞争性环境的管理和控制机构转变。[③]

这只是一个关于市场的假设，市场还需要一个能有效运行的环境，而这个环境的创设显然离不开政府的努力。

正如本书二、三、四、五章所说，大学的行政化表现在组织结构、组织权力、组织政治、组织文化等方面。同样，去行政化也必然要求或者说体现在这些方面发生变革，而这些变革必然充满艰辛、充满探索，将会是一个漫长的历程。相信我们今天关注、批评、研究大学行政化，也是推动大学去行政化的力量——至少是一种观念的力量，而这种力量在很多时候是巨大的。下面引用一段话作为本书的结语：

> 我们如何判断对于变迁的各种展望？首先，是什么力量在驱动它？一种力量无疑是公众对高等教育的不满，这不光可以从媒体对于各种学术丑闻，从研究欺诈到用人舞弊的关注上，也可以从雇主、政府领导人和家长更为深刻、更为个人化的批评中明显地看出来。[④]

---

① 参见[美]道格拉斯・C・诺斯：《经济史中的结构与变迁・前言》，第 3 页。

② [葡]佩德罗・泰克希拉等主编：《理想还是现实——高等教育中的市场》，第 94 页。

③ [葡]佩德罗・泰克希拉等主编：《理想还是现实——高等教育中的市场》，第 405～406 页。

④ [美]唐纳德・肯尼迪：《学术责任》，第 330 页。

参考文献

一、中文著作

[1][德]马克斯・韦伯:《经济与社会》(上),林荣远译,商务印书馆 1997 年版。

[2][德]马克斯・韦伯:《韦伯论大学》,孙伟钊译,江苏人民出版社 2006 年版。

[3][德]马克斯・韦伯:《学术与政治》,冯克利译,三联书店 1998 年。

[4][加]约翰・范德格拉夫等编:《学术权力——七国高等教育管理体制比较》(第 2 版),王承绪译,浙江教育出版社 2001 年版。

[5][加]许美德:《中国大学 1895～1995:一个文化冲突的世纪》,许洁英等译,教育科学出版社 2000 年版。

[6][美]理查德・H・霍尔:《组织:结构、过程及结果》,张友星等译,上海财经大学出版社 2003 年版。

[7][美]理查德・L・达夫特:《组织理论与设计》,王凤彬等译,清华大学出版社 2003 年版。

[8][美]沃尔特・W・鲍威尔,保罗・J・迪马吉奥:《组织分析的新制度主义》,上海人民出版社 2008 年版。

[9][美]斯蒂芬・P・罗宾斯:《组织行为学》,孙健敏、李原译,中国人民大学出版社 2005 年版。

[10][美]W. 理查德・斯格特:《组织理论》,黄洋等译,华夏出版社 2002 年版。

[11][美]乔治・凯勒:《大学战略与规划——美国高等教育管理革命》,别敦荣等译,中国海洋大学出版社 2005 年版。

[12][美]伯顿・克拉克:《高等教育新论——多学科的研究》,王承绪等译,浙江教育出版社 1988 年版。

[13][美]伯顿・克拉克:《高等教育系统——学术组织的跨国研究》,王承绪等译,杭州大学出版社 1994 年版。

[14][美]约翰・S・布鲁贝克:《高等教育哲学》,王承绪等译,浙江教育出版社 2002

年版。

[15][美]厄内斯特·博耶:《大学:美国大学生的就读经验》,徐凡等译,北京师范大学出版社 1993 年版。

[16][美]亨利·罗索夫斯基:《美国校园文化:学生·教授·管理》,谢宗仙等译,山东人民出版社 1996 年版。

[17][美]菲利普·G·阿特巴赫:《比较高等教育:知识、大学与发展》,人民教育出版社 2001 年版。

[18][美]唐纳德·肯尼迪:《学术责任》,阎凤桥译,新华出版社 2002 年版。

[19][美]威廉·F·韦斯特:《控制官僚》,重庆出版社 2001 年版。

[20][美]B.盖伊·彼得斯:《官僚政治》,聂露等译,中国人民大学出版社 2006 年版。

[21][美]罗伯特·西蒙斯:《控制》,鲜红霞、郭旭力译,机械工业出版社 2004 年版。

[22][美]丹尼斯·朗:《权力论》,陆震纶、郑明哲译,中国社会科学出版社 2001 年版。

[23][美]丹尼斯·朗:《权力论》,陆震纶等译,中国社会科学出版社 2001 年版。

[24][美]华勒斯坦等:《学科·知识·权力》,刘健芝等译,三联书店 1999 年版。

[25][美]詹姆斯·杜德斯达:《21 世纪的大学》,刘彤等译,北京大学出版社 2005 年版。

[26][美]德里克·博克:《走出象牙塔——现代大学的社会责任》,徐小洲等译,浙江教育出版社 2001 年版。

[27][美]克拉克·克尔:《高等教育不能回避历史——21 世纪的问题》,王承绪译,浙江教育出版社 2001 年版。

[28][美]罗伯特·丹哈特:《公共组织理论》,项龙等译,华夏出版社 2002 年版。

[29][美]埃特加·沙因:《组织文化与领导》,陈千玉译,台北五南图书出版公司 1996 年版。

[30][葡]佩德罗·泰克希拉等:《理想还是现实——高等教育中的市场》,胡咏梅等译,北京师范大学出版社 2008 年版。

[31][日]西尾胜:《行政学》,毛桂荣译,中国人民大学出版社 2006 年版。

[32][英]迈克尔·夏托克编:《高等教育的结构和管理》,王义端译,华东师范大学出版社 1987 年版。

[33][英]戴维·毕瑟姆:《官僚制》,韩志明、张毅译,吉林人民出版社 2005 年版。

[34][英]托尼·布什:《当代西方教育管理模式》,强海燕译,南京师范大学出版社 1998 年版。

[35]别敦荣:《中美大学学术管理》,华中理工大学出版社 2000 年版。

[36]北京师范大学教育改革与发展研究中心:《中国教育发展报告——教育体制的变革与创新》,北京师范大学出版社 2000 年版。

[37]蔡璧煌:《教育政治学》,台北五南图书出版公司 2008 年版。

[38]陈列:《市场经济与高等教育——一个世界性的课题》,人民教育出版社 1999 年版。

[39]陈平原:《大学何为》,北京大学出版社 2006 年版。

[40]陈平原:《大学之道》,北京大学出版社 2006 年版。

[41]戴晓霞:《高等教育市场化》,北京大学出版社 2004 年版。

[42]丁学良:《什么是世界一流大学?》,北京大学出版社 2004 年版。

[43]董健:《跬步斋读思录续集》,南京大学出版社 2006 年版。

[44]关培兰:《组织行为学》,中国人民大学出版社 2003 年版。

[45]何东昌:《中华人民共和国重要教育文献》,海南出版社 1998 年版。

[46]贺国庆、王保星等:《外国高等教育史》,人民教育出版社 2003 年版。

[47]霍益萍:《近代中国的高等教育》,华东师范大学出版社 1999 年版。

[48]郝维谦、龙正中主编:《高等教育史》,海南出版社 2000 年版。

[49]胡建华等:《高等教育学新论》,江苏教育出版社 2006 年版。

[50]胡建华:《现代大学制度的原点:50 年代初期的大学改革》,南京师范大学出版社 2001 年版。

[51]胡建雄等:《学科组织创新》,浙江大学出版社 2001 年版。

[52]黄福涛:《外国高等教育史》,上海人民出版社 2003 年版。

[53]季诚钧:《大学属性与结构的组织学分析》,人民教育出版社 2006 年版。

[54]季明明主编:《中国高等教育改革与发展》,高等教育出版社 1994 年版。

[55]教育部中外大学校长论坛领导小组编:《中外大学校长论坛文集》,中国人民大学出版社 2004 年版。

[56]金耀基:《大学之理念》,三联书店 2001 年版。

[57]李岚清:《李岚清教育访谈录》,人民教育出版社 2003 年版。

[58]李路路、李汉林:《中国的单位组织——资源、权力与交换》,浙江人民出版社 2000 年版。

[59]林毅夫:《诱致性制度变迁与强制性制度变迁》,盛洪主编:《现代制度经济学》,北京大学出版社 2003 年版。

[60]林玉体:《美国高等教育之发展》,高等教育文化事业有限公司 2002 年版。

[61]马凤歧:《教育政治学》,人民教育出版社 2002 年版。

[62]聂运麟:《政治现代化与政治稳定》,湖北人民出版社 2000 年版。

[63]曲士培:《中国大学教育发展史》,山西教育出版社 1993 年版。

[64]谈松华:《体制创新与高教改革》,田正平编:《国际视野中的高等教育:高等教育改革与发展国际研讨会论文集》,浙江大学出版社 2002 年版。

[65]石伟:《组织文化》,复旦大学出版社 2004 年版。

[66]王建华:《第三部门视野中的现代大学制度》,广东高等教育出版社 2008 年版。

[67]吴琼恩等:《公共行政学》,北京大学出版社 2006 年版。

[68]吴志功:《现代大学组织结构设计》,北京师范大学出版社 1998 年版。

[69]谢泳:《逝去的年代——中国自由知识分子的命运》,文化艺术出版社 1999 年版。

[70]许纪霖编:《20 世纪中国知识分子史论》,新星出版社 2005 年版。

[71]薛天祥:《高等教育管理学》,华东师范大学出版社 1997 年版。

[72]杨东平主编:《大学精神》,文汇出版社 2003 年版。

[73]阎光才:《识读大学》,教育科学出版社 2000 年版。

[74]周学光:《组织社会学》,社会科学文献出版社 2003 年版。

[75]赵曙明:《美国高等教育管理研究》,湖北教育出版社 1992 年版。

[76]张德祥:《高等学校的学术权力与行政权力》,南京师范大学出版社 2002 年版。

[77]张康之、李传军:《公共行政学》,北京大学出版社 2007 年版。

[78]张康之:《寻找公共行政的伦理视角》,中国人民大学出版社 2002 年版。

[79]张新平:《教育组织范式》,江苏教育出版社 2001 年版。

[80]张建邦:《台湾六所大学官僚同僚政治管理模式之研究》,惊声出版社 1982 年版。

[81]郑登云:《中国高等教育史》,华东师范大学出版社 1994 年版。

[82]中央教育科学研究所:《中华人民共和国教育大事记(1949～1982)》,教育科学出版社 1984 年版。

[83]朱光磊:《现代政府理论》,高等教育出版社 2006 年版。

[84]朱国云:《组织理论与历史流派》,南京大学出版社 1997 年版。

二、中文报刊及论文

[1]别敦荣:《 我国高等学校管理权力结构及其改革》,《辽宁高等教育研究》1998 年第 5 期。

[2]蔡定剑:《没有大学自治,就谈不上教育改革》,《中国改革杂志》2009 年 4 月 29 日。

[3]查永军:《我国大学学术组织科层化及应对》,《中国高教研究》2009 年第 3 期。

[4]陈潮光:《塑造我国现代大学组织文化》,《华南师范大学学报(社会科学版)》2006 年第 3 期。

[5]陈玉琨、戚业国:《论我国高校内部管理的权力机制》,《高等教育研究》1999 年第 3 期。

[6]丁小浩、李锋亮、孙毓泽:《我国高等教育投资体制改革 30 年——成就与经验、挑战与完善》,《中国高教研究》2008 年第 6 期。

[7]丁东、谢泳:《大学行政化与高教大跃进》,《民主与科学》2007 年第 3 期。

[8]董云川:《中国高等教育政治化基因浅析》,《教育发展研究》2002 年第 11 期。

[9]董云川:《现代大学制度中的政府、社会、学校》,《高等教育研究》2002 年第 5 期。

[10]董秀华:《对我国大学排行实践的回顾与思考》,《清华大学教育研究》2002 年第 4 期。

[11]费坚、巫丽君:《我国大学行政权力的重新配置——基于“三权制衡”模式的思考》,《扬州大学学报(高教研究版)》2005 年第 1 期。

[12]郭世佑:《这样的大学是什么?》,《南方周末》2005 年 9 月 23 日。

[13]顾海兵、余翔:《淡化科研成果奖的“官味”》,《社会科学报》2006 年 12 月 14 日。

[14]顾海兵、曹帆:《解读社科领域的“官味度”》,《社会科学报》2007 年 09 月 20 日。

[15]顾海兵、陈小重:《中国大学网站新闻的官味度分析》,《复旦教育论坛》2009 年 7 月 4 日。

[16]韩水法:《大学制度与学科发展》,《中国社会科学》2002 年第 3 期。

[17]韩延明:《强化大学文化育人功能》,《教育研究》2009 年第 4 期。

[18]黄俊伟:《说过去的教授和现在的教授》,《书屋》2004 年第 5 期。

[19]胡建华:《中国高等教育管理体制改革分析》,《南京师大学报(社会科学版)》2005 年第 4 期。

[20]胡成功:《高等基层学术组织现状与问题》,《高等教育研究》2003 年第 11 期。

[21]胡弼成、徐跃、蒋婷轶:《和而不同——大学文化培育论》,《清华大学教育研究》2008 年第 5 期。

[22]揭爱花:《单位:一种特殊的社会生活空间》,《浙江大学学报(人文社会科学版)》2000 年第 5 期。

[23]金保华、张国强:《大学组织文化建设刍议》,《扬州大学学报(高教研究版)》2007 年第 1 期。

[24]李莉:《我国高校辅导员专业化发展研究》,南京师范大学教育科学学院博士论文,2009 年。

[25]李海萍:《上官剑,解构与重构:大学内部权力结构研究》,《自然辩证法研究》2009 年第 9 期。

[26]李成彦:《组织文化研究综述》,《学术交流》2006 年第 6 期。

[27]李汉林、王奋宇、李路路:《 中国的单位现象与体制改革》,《中国社会科学季刊》1994 年第 1 期。

[28]李松:《行政化倾向,高校难以承受之重》,“新华社”2005 年 12 月 29 日。

[29]李路路、李汉林:《单位组织中的资源获得》,《中国社会科学》1999 年第 6 期。

[30]李清:《校长公选难以撼动大学管理行政化》,《东方早报》2008 年 7 月 18 日。

[31]李琳:《中国高校官场化批判》,《政府法治》2007 年第 6 期。

[32]李江源:《对我国高等学校行政化的反思》,《有色金属高教研究》2000 年第 1 期。

[33]林荣日:《 论高校内部权力》,《现代大学教育》2005 年第 2 期。

[34]柳新元:《制度安排的实施机制与制度安排的绩效》,《经济评论》2002 年第 4 期。

[35]刘士民:《 传统与超越:高校权力结构的解构与重建》,《高教发展与评估》2006

年第 1 期。

[36]刘军、宋继文、吴隆增:《政治与关系视角的员工职业发展影响因素探讨》,《心理学报》2008 年第 2 期。

[37]刘晖:《论大学文化的特征、嬗变与功能》,《高教探索》2006 年第 3 期。

[38]刘圣中:《政党整合下的官僚制行政——当代中国公共行政的组织行为分析》,《公共管理学报》2005 年第 2 期。

[39]路风:《中国单位体制的起源和形成》,《中国社会科学季刊》1993 年第 5 期。

[40]路风:《单位:一种特殊的社会组织形式》,《中国社会科学》1989 年第 1 期。

[41]马超:《组织政治认知及其对人力资源管理影响的研究》,暨南大学博士论文,2005 年。

[42]马凤岐:《发达国家高等学校管理的专业化趋势及其启示》,《高教探索》2000 年第 2 期。

[43]马廷奇:《大学组织的变革与制度创新》,华中科技大学博士论文,2004 年。

[44]马廷奇:《大学管理的科层化及其实践困境》,《清华大学教育研究》2006 年第 1 期。

[45]苗素莲:《中国大学组织特性历史演变研究》,华东师范大学博士论文,2004 年。

[46]苗体君:《"教授"贬值为哪般》,《瞭望新闻周刊》2001 年 5 月 21 日。

[47]潘海生:《作为利益相关者组织的大学治理理论分析》,《中国地质大学学报(社会科学版)》2007 年第 5 期。

[48]彭江:《论分散化的大学公共治理》,《复旦教育论坛》2004 年第 6 期。

[49]彭兰、张泽麟:《大学组织文化建设之思考》,《现代大学教育》2004 年第 3 期。

[50]秋风:《教育不当做经济的奴仆》,《中国经营报》2009 年 3 月 23 日。

[51]冉亚辉、易连云:《取消高校行政级别是一个短视的观点》,《江苏高教》2007 年第 5 期。

[52]任剑涛:《大学组织文化与办学模式》,《中国人民大学学报》2007 年第 5 期。

[53]赏芝堂:《教授·科长·名片》,《现代大学教育》2004 年第 3 期。

[54]宋伟:《大学组织行政权力生成的哲学基础》,《清华大学教育研究》2005 年第 4 期。

[55]孙静:《中国事业单位管理体制改革研究》,武汉大学博士论文,2005 年。

[56]孙汉银:《论组织行为学中的组织政治知觉》,《北京师范大学学报(社会科学版)》2004 年第 1 期。

[57]滕玉成、丁长青:《教工对大学文化的评价调查与分析》,《江苏高教》2009 年第 5 期。

[58]童建挺:《政治制度:作用和局限》,《当代世界与社会主义》2009 年第 1 期。

[59]王利平、金淑霞:《组织政治研究回顾与展望》,《经济管理》2009 年第 5 期。

[60]王洪才:《论现代大学制度的雏形》,《中国高等教育》2007 年第 Z2 期。

[61]王曾瑜:《衙门化:大学、科研机构的沉病痼疾》,《新观察》2006 年第 2 期。

[62]王彦斌:《权力的逻辑——大学组织运行的社会学管窥》,华中师范大学博士论文,2008 年。

[63]王宗礼、龙山:《论政治权威的社会基础》,《甘肃社会科学》1999 年第 5 期。

[64]王少安:《试析大学文化的内涵、特色和功能》,《中国高教研究》2008 年第 5 期。

[65]邬大光:《论建立有中国特色的现代大学制度》,《中国高等教育》2006 年第 19 期。

[66]项贤明:《大学能否淡化行政级别?》,《中国社会科学报》2009 年 9 月 24 日。

[67]肖雪慧:《有必要从根本上检讨的教育政策——反思九十年代的教育》,《社会科学论坛》2003 年第 5 期。

[68]谢安邦、阎光才:《高校的权力结构与权力结构的调整——对我国高校管理体制改革方向的探索》,《高等教育研究》1998 年第 2 期。

[69]熊丙奇:《大学行政化是迫不得已?》,《东方早报》2008 年 6 月 26 日。

[70]熊丙奇:《高校行政管理不改革,建一流大学是空话》,《第一财经日报》2007 年 10 月 26 日。

[71]熊丙奇、张鸣:《学堂,抑或衙门》,《中国改革》2006 年第 7 期。

[72]熊丙奇:《大学领导的职数能否减少》,《东方日报》2007 年 8 月 1 日

[73]熊丙奇:《大学最深刻的危机:体制化》,《科学时报》2007 年 4 月 3 日。

[74]徐小洲、张剑:《我国大学行政权力分配中的问题与改革策略》,《高等教育研究》2004 年第 3 期。

[75]徐显明:《要办受人尊敬的大学》,《经济观察报》2009 年 9 月 28 日。

[76]许纪霖:《计划学术何时休?》,《中国新闻周刊》2004 年 1 月 12 日。

[77]许志红:《试析大学权力结构的重组》,《黑龙江高教研究》2005 年第 6 期。

[78]宣勇:《大学组织结构研究》,华东师范大学博士论文,2004 年。

[79]阎光才:《学院人的癖好与大学制度的安排》,《高等教育研究》2006 年第 1 期。

[80]阎凤桥、康宁:《中国大学管理结构变化实证分析》,《高等教育研究》2004 年第 5 期。

[81]杨东平:《改革中国的大学体制刻不容缓》,《南方周末》2007 年 3 月 30 日。

[82]杨福家:《关于如何办好大学的思考》,《学习时报》2008 年 8 月 18 日。

[83]杨涛:《高校领导频频落马根源于大学行政化》,《九江日报》2009 年 10 月 10 日。

[84]于海琴:《社会文化心理视野下的学术依附行为》,华中科技大学博士论文,2007 年。

[85]张建邦:《淡江大学组织文化与四个管理模式》,《淡江时报》2004 年 2 月 16 日。

[86]张宝库:《哲学视阈中的单位社会》,吉林大学博士论文,2008 年。

[87]张玮:《知识密集型组织若干组织政治行为及其政治知觉模型的构建与实证研究》,第三军医大学博士论文,2005 年。

[88]赵炬明:《精英主义与单位制度——对中国大学组织与管理的案例研究》,《北京大学教育评论》2006 年第 1 期。

[89]钟秉林、张斌贤、李子江:《大学如何协调学术权力和行政权力》,《中国教育报》2005 年 2 月 4 日。

[90]周川:《中国高等教育管理体制改革的政策分析》,《高等教育研究》2009 年第 8 期。

[91]朱平:《制度伦理视角下的高等教育制度》,厦门大学博士论文,2007 年。

[92]朱清时:《办一所去官化去行政化的大学》,《南方人物周刊》2010 年 1 月 8 日。

[93]朱清时:《学术在衰退,还谈什么诺贝尔奖》,《南方周末》2010 年 1 月 15 日。

三、外文文献

[1]Blau, P. *The Dynamics of Bureaucracy*. Chicago: University of Chicago Press, 1955.

[2] Blau, P. M. *The Organization of Academic Work*. New York: John Wiley, 1968.

[3]Blau, P. M. *On the Nature of Organizations*. New York:John wiley, 1974.

[4]Cohen, M. D. & March, J. G. *Leadership and Ambiguity: The American College President*. New York: McGraw-Hill, 1974.

[5]Gross, E. & Etzioni, A. *Organizations in Society*. New Jersey: Prentice-Hall Inc. , 1985.

[6]Farrell, D. & Petersen, J. C. "Patterns of Political Behavior on Organizations." *Academy of Management Review*, 7(3),1982.

[7]Ferris, G. R. & Kacmar, K. M. "Perceptions of organizational Politics." *Journal of Management*, 18, 1992.

[8]Ferris, G. R. et al. "Development and Validation of the Political Skill Inventory. " *Journal of Management*. 31(1), 2005.

[9]Kast, F. E. & Rosenzweig, J. E. *Organization and Management: A System and Contingency Approach*. New York: McGraw-Hill,1979.

[10]Hage, J. "An Axiomatic Theory of Organization." *Adminiso Science Quarterly*,10,1965.

[11]Mintzberg, H. *Structuring of Organization*. Englewood Cliffs, New Jersey: Prentice-Hall Inc. , 1979.

[12]Weik, K. E. "Educational Organization as Loosely Coupled Systems." *Administrative Science Quarterly*,21,1976.

[13]Kimberly, J. R. "Organizational Size and the Structuralist Perspective: A Review, Critique,and Proposal." *Adminisrtative Science Quarterly*,21,1976.

[14]Lutz, F. W. "Tightening up Loose Coupleing in Organizations of Higher Education." *Administrative Science Quarterly*, 27, 1982.

[15]Price, J. L. *Organizational Effectiveness: An Inventory of Propositions*. Homewood, IL: Richard D. Irwin, 1968.

[16]Pugh, D. S. et al. "Dimensions of Organizational Structure." *Administrative Science Quarterly*, 13, 1968.

[17]Dahl, R. A. "The Concept of Power." *Behavioral Science*, 2, 1957.

[18]Ruth-Hayhoe. *China University, 1895 - 1995: A Century of Cultural Conflict*. New York: Garland Publishing, Inc., 1996.

[19]Robbins, S. P. *Managing Organizational Conflict: A Nontraditional Approach*. New Jersey: Prentice-Hall Inc., 1974.

后　记

八年前硕士毕业，非常偶然的机会，我成为南京审计学院党委办公室、院长办公室（“两办”合一）一名普通的秘书。珍惜工作岗位是我对当时的情境最深刻的记忆，因为那时候研究生就业已经变得很困难。艰难的成长经历让我极具危机感，怎样尽快适应、胜任工作岗位是我经常思考的问题。学校时任校长王家新教授对办学精妙而生动、极富魅力的阐述让我对高等教育着了迷，也让我更加觉得难以胜任秘书岗位。2005 年秋天，学校邀请潘懋元老先生来校讲座，是关于高校办学特色和质量的主题。潘先生的解析和指点甚为精彩，他及他的高等教育学深受“追捧”和礼遇。这是我第一次听说高等教育学，也就在这之后，我开始有了一个念头——考高等教育学的博士可能是成为一名合格秘书的路径。现在想来，或许是在无意间，两位前辈引领我走上了高等教育学习与研究的征程。

2010 年，我获得高等教育学博士学位，成为一个学术人，在大学相当于有了安身立命的“执照”。同时，我又是一名任职八年的办公室秘书。八年来，从科员到科长、主任助理，再到副主任，从这个角度来说，我是一个有着副处级行政级别的行政人。双重角色带来了矛盾的价值取向。学术人意味着质疑、批判、创新，追求学术自由、人文精神。行政人意味着执行、服从，讲政治，讲大局。过去的八年也是我处理两者关系的八年。大致可以分为三个阶段：第一阶段是两者的胶着、混沌，难以在实践中划分清楚。第二阶段是努力把两者分开，在工作中遵守行政人原则，在研究中遵守学术人原则。第三阶段，就是把两者融合，不仅在思想上，也体现在实践中，这本书的出版就是融合的产物。我把工作中历经的困惑放入高等教育学的视野中考量，于是就有了关于大学行政化的思考与研究。

其实，行政工作也是一门“学问”。当对高等教育的研究有所感悟的时候，我忽然发现我对行政工作越来越没有信心了。近来，我向上司请教了一个问题："当我分管部门的同事遇到工作中的难题，问我如何解决，而我也无法决定，需要您决策的时候，我是按照行政效率原则让这名同事直接向您请示呢，还是按照等级原则由我来请示？"上司回答说："当然要由你来请示，否则你的下属以后有困难就不找你了，慢慢地就跳过你这一层了。"或许我们每个行政人员都是行政等级框架体系中的一份子，我们所从事的工作也必须在此前提下开展，不可逾越，也不必超越。由此也似乎可以得出结论：在某些情况下，等级原则高于效率原则，或者是工作形式大于工作本身。因为我们从事的工作有不小的部分就是这样一个固化的行政等级框架。不管怎样分析，我至今还是有一种"迷茫"的感觉。做一名批评者恐怕是较为容易的，但做一名改革者、实践者就不那么容易了。因此，我在本书中对"大学行政化"的批判多少有点"站着说话不腰疼"的意味。然而，我们终究生活在现实与理想之间，就像我们国家的领导人有勇气提出"中国梦"，我们也必须敢于超越现实，追逐自己理想的高等教育国度与神圣的大学殿堂。

就本书而言，还有一些想说的话。组织理论作为本书最为重要的分析工具，我虽然看了不少相关的著作与论文，但是我自己的认识还不够深入，更没有对组织理论的发展有所贡献。在本书中借鉴了许多前人的研究成果，我深深地感到，此书是建立在诸多学者研究的基础之上的。他们的主要成果在书中已经尽量列出，在此表示深深的谢意，如有遗漏，欢迎指正。

另外，此书是我撰写的第一本专著，着实有点诚惶诚恐，虽然本意想写得更好一点，但又感觉力有不逮。书中恐不免存在各种瑕疵，恳请同行善意指出，以便日后修正。

最后，要衷心感谢我的导师胡建华教授费心指导并不吝写序。此外，王建华老师、陈何芳老师、李钢老师，胡钦晓、李昕等同门博士，在本书的写作过程中帮助颇多，在此一并致谢！山东大学出版社的马银川主任、董付兰编辑认真负责，使本书得以顺利出版，在此亦深表感谢！

徐　波
2013 年 11 月